BABYLON

Beiträge zur jüdischen Gegenwart

verlag neue kritik

BABYLON
Beiträge zur jüdischen Gegenwart

Herausgeber:
Micha Brumlik, Dan Diner, Gertrud Koch, Cilly Kugelmann und Martin Löw-Beer

Redaktionsanschrift:
Verlag Neue Kritik, Kettenhofweg 53, 60325 Frankfurt, Telefon (069) 72 75 76, Fax (069) 72 65 85

Heft 16-17, Oktober 1996

BABYLON erscheint unregelmäßig zweimal jährlich. Es kann im Abonnement auch über den Verlag bezogen werden. Die bisher erschienenen Hefte sind, bis auf Heft 2, noch alle lieferbar.

CIP-Kurztitelaufnahme der Deutschen Bibliothek

Babylon: Beitr. zur jüd. Gegenwart, –
Frankfurt (Main) : Neue Kritik
Erscheint jährl. circa zweimal. – Aufnahme
nach 1986, H.1

1986, H.1 –

ISSN 0931-6418
ISBN 3-8015-0302-X

Umschlagfoto Michael McAuliffe
Druck Druckerei Dan Ljubljana (Slowenien)

Inhalt

Editorial

Haßtiraden oder freimütige Provokationen? Schutz der Integrität der Einzelnen oder Zensur durch die Vielen?

I.

Die Schwierigkeiten fangen schon bei der Wahl der Worte für ihre Beschreibung an: Ist die demonstrative, öffentliche Verneinung, daß in Auschwitz und anderswo der Holocaust stattfand, eine »Auschwitzlüge« oder eine »Auschwitzleugnung«? Ist das Gesetz, das der Deutsche Bundestag zu Beginn des Jahres 1996 verabschiedete und das die Leugnung des Holocaust unter Strafe (bis zu fünf Jahren) stellt, ein Schutz gegen die Verleumdung der Opfer, oder ist es ein Fall von Zensur, die das Äußern einer bestimmten Meinung verbietet?

Die Frage, wie das Bestreiten der Schoa zu benennen ist und wie darauf reagiert werden soll – politisch, rechtlich, moralisch, ist nur eine unter vielen. Und man tut gut daran, entsprechende Fragen in anderen Fällen zu bedenken, um sich das ganze Ausmaß der Schwierigkeiten zu vergegenwärtigen, die jeweils richtige Reaktion zu finden.

Je nach Beispiel dürften die spontanen Reaktionen unterschiedlich ausfallen. Wer das Holocaust-Gesetz gutheißt, wird die Verurteilung des notorischen Neonazis Deckert oder die anhängige Anklage gegen Roger Garaudy, der den Holocaust bestritt, begrüßen. Aber wird er oder sie ebenso umstandslos der Verurteilung des amerikanischen Orientalisten Bernard Lewis applaudieren? Lewis war im Juni 1995 von einem französischen Gericht zu einer symbolischen Geldstrafe verurteilt worden. Er hatte auch vor Gericht auf der Meinung bestanden, daß das Wort »Genozid« in bezug auf den Massenmord an den Armeniern im Ersten Weltkrieg der armenischen Version der Vorgänge entnommen ist – eine Version, die er sich nicht zu eigen machen wollte.

Mag sein, daß in diesem Fall bei denjenigen, die dazu überhaupt ein Urteil haben, sich die Meinungen passend zusammenfügen. Aber wie sehr deckt sich bei wie vielen die Meinung über das bundesdeutsche Holocaust-Gesetz mit ihrer Meinung darüber, ob die Äußerung »Soldaten sind Mörder« (Kurt Tucholsky) unter Strafe gestellt werden soll?

Und sind unter denjenigen, die den Tucholsky-Spruch über den verblichenen »Kernkraft – Nein danke!« -Button kleben, nicht etliche, die seinerzeit Alice Schwarzers Kampagne »PorNo!« unterstützten? -Natürlich wird es genügend Zeitgenossen geben, die spontan einheitlich und durchdacht auf diese Fälle reagieren werden. Aber was ist mit Benettons »HIV-positiv« -Gravur auf einem entblößten Oberschenkel, die einen Sommer lang auf den Litfaßsäulen prangte? Und was würde mit den eigenen Meinungen geschehen, wenn man bei dem Flachslandener Prozeß zur Kinderpornographie zugegen gewesen wäre?

II.

Das Problem ist, daß die Reaktion in all diesen Fällen nicht einfach abhängig gemacht werden kann von der jeweiligen eigenen, subjektiven Meinung über diese Fälle. Jedenfalls ist dies das Problem in einer Demokratie, wenn die Reaktionen auf Meinungsäußerungen nicht bloß privater, individueller Natur sind, sondern rechtlich öffentliche Reaktionen, also letztlich: Reaktionen wie Bußgelder und Freiheitsstrafen.

Denn ein lebenswichtiger Grundsatz der Demokratie ist ja das Recht auf freie Meinungsäußerung. Das Verbot bestimmter Meinungsäußerungen verletzt dieses Recht. Schränkt man das Recht auf freie Meinungsäußerung ein, dann läuft dieses Recht auf die Erlaubnis hinaus: »Brave Kinder dürfen alles.« (Rüdiger Bittner) – so scheint es zumindest.

Es gibt ein Argument dafür, daß der Schein trügt. Es greift den Gedanken auf, daß das Recht auf freie Meinungsäußerung ein Lebenselixier für die Demokratie ist. Das Argument ist, daß man zwischen Meinungsäußerung und Meinungsmache unterscheiden muß.

Der Idee nach ist die Demokratie eine Veranstaltung, in der die Mitglieder einer rechtlich verfaßten Gesellschaft ihre allgemeinen Angelegenheiten selber organisieren. Dazu braucht es einen offenen Prozeß der Meinungs- und Willensbildung, in dem jeder und jede frei Stellung nehmen kann zu dieser Organisation der allgemeinen Angelegenheiten. Nun ist aber nicht jede symbolische Äußerung in Wörtern, Sätzen, Bildern, Liedern, Skulpturen, Installationen usw. eine solche Stellungnahme; und nicht jede Äußerung trägt zu einer vernünftigen Meinungs- und Willensbildung bei. Manche dieser Äußerungen sind eben nur Meinungsmache, die nicht der Demokratie dienen. Sie erfüllen nicht die Funktion, um deren Willen es ein Recht auf freie Meinungsäußerung gibt. Also verletzt ihr Verbot auch nicht dieses Recht.

Dieses Argument kommt vielleicht zur Rechtfertigung einer liberalen, permissiven Meinung bei »Soldaten sind Mörder«- Äußerungen: Solche Äußerungen – so könnte man verteidigend sagen – dürfen nicht unter Strafe gestellt werden, weil sie eine Stellungnahme in der öffentlichen Meinungs- und Willensbildung zu einer allgemeinen Angelegenheit sind – wie eine demokratische Gesellschaft zur Frage des Einsatzes militärischer Zwangsmittel stehen soll.

Eine Schwierigkeit unter anderen mit diesem Argument ist: Wer sagt, was eine wertvolle Stellungnahme ist? Wer befindet darüber, was bloße Meinungsmache ist? Die Gesetze über Volksverhetzung und über das sog. Rowdytum in der früheren DDR sind eine Illustration für das, was der amerikanische Rechtsphilosoph Ronald Dworkin im Auge hat, wenn er auch mit Blick auf die Bundesrepublik schreibt:

»Wir dürfen nicht das Prinzip unterstützen, daß eine Meinung verboten werden kann, wenn diejenigen, die an der Macht sind, von ihrer Falschheit überzeugt sind und davon, daß eine Gruppe tief und verständlicherweise von ihrer Veröffentlichung verletzt würde. (...) Man hüte sich vor Prinzipien, die vertrauenswürdig nur so lange sind, wie sie in Händen von Leuten liegen, die wie man selber denken.« (R. Dworkin, Krasse Provokationen, in: *taz* vom 17. Juni 1995, S. 13.).

Dworkin und mit ihm viele Liberale glauben, daß die Alternative »Verbieten oder gewähren lassen« unvollständig ist. Sie setzen auf eine Öffentlichkeit, in der wach und intelligent auf Äußerungen reagiert wird, so daß einerseits die Haßtiraden wirkungslos oder gar erstickt werden und andererseits die wirklich horizonterweiternden Provokationen wahrgenommen werden. Auch ohne rechtliche Sanktionen bleibt ja die ganze Palette moralischer Empörung erhalten. Und wenn dann die moralische Entrüstung decouvriert werden sollte als das, was sie oft ist: Heuchelei oder ungerechtfertigtes Moralisieren, dann ist es um so besser, wenn sie nicht noch die Rückendeckung von rechtlichen Sanktionen gehabt hatte.

III.

Man muß nach Dworkin trennen zwischen einem rechtlichen Eingriff in den Bereich der freien Meinungsäußerung und einem öffentlichen, politischen Angriff auf einzelne frei geäußerte Meinungen. Diese Trennung läßt sich nicht nur mit den schlechten Folgen rechtfertigen, die rechtliche Beschränkungen von Meinungsäußerungen haben können. Man kann sie auch mit dem beschränkten Zweck des Zwangsrechts verteidigen: In einer Demokratie soll das zwangsbewehrte Recht nur Handlungen, nicht Gesinnungen regeln. Man findet diesen Gedanken u.a. bei Kant, und er gilt vielen als eine Einsicht.

Nun ist es aber ebenso eine Einsicht, daß auch Wörter Taten sind. Mehr noch: daß die Bedeutungen von Handlungen oft durch ihre (kommentierenden) Reaktionen auf sie festgelegt werden.

Es gibt einen Dokumentarfilm von Georg Hafner und Esther Schapira »Der Mann, der Adolf Eichmanns Asche ins Meer streute« (1996). Darin erinnert sich der 72jährige Eichmann-Bewacher und israelische Polizeioffizier Michael Gilead an den Jerusalemer Eichmann-Prozeß von 1961. Im Verlauf des Prozesses kommt auch zur Sprache, wie der SS-Mann Schwammberger einen Jungen mit 80 Stockschlägen zu Tode zu prügeln versuchte. Wie durch ein Wunder überlebte der Junge. Andere vor ihm, Erwachsene gar, hatten nicht 50 Schläge überlebt. Bis zu dem Prozeß gegen Eichmann hatte dieser Junge nur ein einziges Mal davon erzählt, und zwar einem prominenten Landsmann in Israel. Und dann nie wieder. Denn als er seinen Bericht beendet hatte, drehte sich sein Zuhörer zu seiner Frau um und bemerkte mitleidig: »Da sieht man, wie schlimm den Leuten in Europa im Krieg mitgespielt worden ist. Jetzt erfinden sie schon Geschichten.« – Das sei, so der Eichmann-Bewacher und Junge von damals, Michael Gilead der 81. Schlag gewesen. Und dieser Schlag habe ihn verstummen lassen.

Auch Befürworter von Einschränkungen bestimmter Äußerungen (z.B. in der Pornographie) sprechen von den Effekten des Verstummenlassens (»Silencing«) einzelner durch die geduldete, herabwürdigende Fremdbeschreibungen ganzer Gruppen, denen die einzelnen angehören.

Es gibt Reaktionen oder Nicht-Reaktionen auf Handlungen, die diese derealisieren; die ihnen den Charakter von Fiktionen geben oder ihnen den Status von Unrechtshandlungen nehmen. Auch das muß man bei der Frage nach dem Für und Wider von rechtlichen Regelungen symbolischer Äußerungen, die etwas zu verstehen geben, bedenken.

Wenn in einer Gesellschaft zu rechtlichen Mitteln gegriffen wird, wird es ernst. Denn das Recht ist immer auch mit Zwang verbunden. Rechtliche Reaktionen sind die massivsten Reaktionen in einer Demokratie; in ihnen drückt sich am entschiedensten das vorherrschende Selbstverständnis der repräsentierten Mehrheit in einer Gesellschaft aus. Deshalb hatte der Eichmann-Bewacher Gilead auch das Gefühl, wie er sagte, ein Stück aufrechter gehen zu können nach dem Prozeß gegen Eichmann.

Vielleicht erlaubt diese Überlegung eine gesonderte Behandlung des Gesetzes zur Auschwitzleugnung in der Bundesrepublik. Gleichwohl muß man sich der Zweischneidigkeit des rechtlichen Schwerts bewußt bleiben. Rechtliche Regelungen sind naturgemäß allgemein; in Gesetzestexten tauchen kaum Eigennamen auf. Man mag einen Gutteil von Problemen vom Tisch bekommen, wenn man beachtet, daß das Recht auf Schutz der eigenen Persönlichkeit (»Ehrenschutz«) das Recht auf freie Meinungsäußerung begrenzt.

Aber es bleiben genug Probleme, wenn man das komplizierte Zusammenspiel von individueller Persönlichkeit und Gruppenzugehörigkeit bedenkt. Wen trifft eine bestimmte Darstellung oder Meinung über die Gruppe, der man angehört? Soll man sagen, daß das Verächtlichmachen einer Gruppe so lange geduldet werden muß, so lange es nicht übergeht in die Herabwürdigung des konkreten Einzelnen – dieser Frau mit Namen und Gesicht (in der Pornographie), dieses Soldaten, dieses Moslems, dieses Juden usw.? Oder soll die Selbstbeschreibung einer Gruppe stets Vorrang haben vor ihrer Fremdbeschreibung? Wo bleibt dann der Raum für Ironie, Belustigung, aggressive Kritik? Und was heißt eigentlich »Selbstbeschreibung einer Gruppe«? Wer ist der Autor der Beschreibung? Öffnet das nicht der politischen Korrektheit Tür und Tor, über die die Repräsentanten einer Gruppe wachen, die nicht immer ihre Rolle einer demokratischen Wahl verdanken?

IV.

Der Schwerpunkt dieses BABYLON-Heftes behandelt solche Fragen im Zusammenhang mit rechtlichen Einschränkungen der Meinungsfreiheit. Der bekannteste Fall einer solchen Einschränkung ist in Deutschland die Strafbarkeit der öffentlichen Leugnung oder Verharmlosung des NS-Völkermords. Die nachfolgenden Beiträge fragen allgemein nach Gründen für und gegen solche rechtlichen Einschränkungen und insbesondere, ob es richtig ist, die Verleugnung des Völkermords rechtlich zu erfassen.

Lena Inowlocki beschreibt wie es zu dem Verbotsgesetz gekommen ist, worin sein Sinn liegen könnte. Sie hebt hervor, daß den Gerichten eine wichtige Funktion in gesellschaftlichen Auseinandersetzungen zukommen. Das Verbotsgesetz könne helfen, Taten für die Öffentlichkeit und die Täter angemessen zu beschreiben. Peter Niesen stellt die amerikanische Debatte um die Beschränkung von Redefreiheit vor. Auslösende Themen der Diskussion sind hier auf der einen Seite Gewaltpornographie, auf der anderen Seite verbaler Rassismus (»hate speech«), der überwiegend gegenüber Afroamerikanern auftaucht, die Zugang zu den Universitäten gefunden haben. Stefan Huster diskutiert vor allem, wie in der Verfassung und in den Interpretationen des Verfassungsgerichts über Meinungsfreiheit und Gründe ihrer Einschränkung nachgedacht wird. Er macht darauf aufmerksam, daß die Demokratie freier Kommunikationsprozesse bedarf. Wenn man beginnt, Kommunikationsprozesse wegen möglicher gefährlicher Wirkungen zu reglementieren, schafft man ein Klima, das dem Prozeß der freien Meinungsbildung abträglich ist, aber jenen, die Glaubensinhalte verordnen möchten, entgegenkomme. Die Gefahr bestünde darin, daß sich die Demokraten im Kampf gegen Feinde der Demokratie den Ast absägen, auf dem sie sitzen.

Inowlocki hingegen meint, daß das Verbotsgesetz die Chance eröffnet, durch Gerichtsverhandlungen eine gesellschaftlich anerkannte Beschreibungsfunktion zu erfüllen. Demnach obliegt es den Gerichten, begangenes Unrecht öffentlich festzustellen. Wie schwierig das ist, zeigt sie an der Kritik eines Freispruchs von Neonazis, die den Begriff »Auschwitzmythos« als 'code' für die Verleugnung verwendeten. Das hier behandelte Hamburger Gericht legte den Grundsatz, daß im Zweifel für die Unschuld der Angeklagten zu entscheiden sei, so aus, daß jedes entlastende Verständnis von inkriminierten Äußerungen zu berücksichtigen sei. Mit Hilfe sprachanalytischer Untersuchung zeigt Inowlocki, daß zum Verständnis der Intention der Angeklagten nicht beliebige mögliche Kontexte hinzugezogen werden dürfen, sondern nur solche, die auch den Hintergrund für die Äußerungen der Neonazis bilden. Die Loslösung von Äußerungen aus ihrem Zusammenhang, habe zur Folge, daß sich immer Interpretationen finden lassen, die ihr Verständnis als Leugnungen des Völkermords in Frage stellen.

Inowlocki geht auch auf das Verhältnis der Neonazis zu ihren Glaubensinhalten ein: der Leugnung des Völkermords an den europäischen Juden als Eintrittskarte in die rechtsradikale Szene, als aufregendes Geheimwissen, und zugleich persönlicher Machtbeweis.

Niesen referiert die Diskussion über die Einschränkung von Meinungsfreiheit, wie sie in den USA geführt wird. Während in Deutschland der Ehrenschutz Vorrang vor der Meinungsfreiheit hat, gilt dies in Amerika ausdrücklich nicht für Personen, die eine öffentliche Rolle spielen (»public figures«). Die freie Meinungsäußerung, wenn sie nicht auf Lüge oder bösen Absichten beruht, hat Vorrang vor dem Persönlichkeitsschutz. Da dem Prozeß der öffentlichen Meinungsbildung größte Wichtigkeit zugemessen wird, können selbst rassistische oder frauenfeindliche Äußerungen rechtlichen Schutz in Anspruch nehmen. An dieser Stelle wird eingewendet, daß solche Redebeiträge auch eine Gefahr für die demokratische Öffentlichkeit darstellen. Sie beschädigen die Rollen von Teilnehmern an der Öffentlichkeit. So werden die Opfer von diskriminierender Rede eingeschüchtert und als Gesprächspartner desavouiert.

Dadurch wird ihre Möglichkeit, sich zu äußern, reduziert und ihre Chance schwindet, sich ernsthaft Gehör zu verschaffen. Beispiele für diese Zerstörung von Chancengleichheit in Diskursen finden amerikanische Autoren in Themen wie Gewaltpornographie und rassistischer Rede (»hate speech«). Hier wird folgerichtig von den Autoren Zensur gefordert. Im Namen von gleicher Redefreiheit für die Einschränkung von Redefreiheit! Niesen wendet ein, daß offener Haß oder Gewalt im Kontext sexueller Phantasien, die Rolle von Diskursteilnehmern möglicherweise weniger beschädigt als die Wirkung alltäglicher Stereotype wie die, daß Frauen weniger begabt seien usw. Wenn es stimmt, daß solche Stereotype Benachteiligungen in Diskursen bewirken, dann müßte »political correctness« vor allem in den Formen alltäglicher Kommunikation verankert werden. Das führt aber das Argument von der Zensur als Mittel zur Herstellung symmetrischer Rederechte ad absurdum. Denn der staatliche Eingriff in die Redepraxis müßte so massiv sein, daß seine schädlichen Folgen unabsehbar würden. (An die Stelle von freier Öffentlichkeit würden Verordnungen wie in einem totalen Überwachungsstaat treten.)

Niesen läßt die Relevanz der amerikanischen Diskussion für die deutschen Probleme offen. Dem deutschen Demokratieverständnis steckt die Erfahrung in den Knochen, daß die Weimarer Republik dem Nationalsozialismus freie Entfaltung gewährte, so daß dieser legal an die Macht kommen konnte. Die Nazis hätten von dem Recht auf freie Meinungsäußerung mit ihrem Propagandafeldzügen massiven Gebrauch gemacht, um der politischen Freiheit, sobald sie die Macht hatten, den Garaus zu machen. Das vielbeschworene Schlagwort von der »wehrhaften Demokratie« wird in diesem Sinne oft so verstanden, daß Freiheit nicht für die Feinde der Freiheit gelten solle. Die Demokratie müsse sich in acht nehmen vor jenen, die freie Öffentlichkeit nur instrumentalisieren, um sie, sobald sie an der Macht sind, abzuschaffen. So dürfe man die Freiheit der Neonazis einschränken, weil diese sie zu undemokratischen Zwecken mißbrauchen. Denn sie propagieren keine freiheitliche Staatsform. Die Devise heißt hier »Wehret den Anfängen«.

Bleibt die Frage, wie man sich am Besten wehrt: Ist das Strafgesetz eine taugliche Waffe gegen die Verleugnung der Ermordung der europäischen Juden?

Die rechtlichen Überlegungen werden von Huster dargestellt. Das Grundgesetz schützt nicht (erwiesene) falsche Tatsachenbehauptungen. Denn während Wertungen als subjektive Perspektive, die man nicht teilen muß, zu durchschauen sind, erheben Tatsachen einen Anspruch auf Objektivität. Einem von uns wurde dieses rechtliche Verständnis von seinem dreizehnjährigen Sohn beigebracht. Auf die Frage, ob man die »Auschwitzlüge« bestrafen sollte, bejahte er nach kurzer Überlegung. Auf die Nachfrage, ob man nicht frei sein solle zu sagen, was man wolle, antwortete er: »Wenn man der Meinung ist, die Juden sollten weiter vernichtet werden, so soll man das sagen dürfen, aber so zu tun, als ob sie nicht vernichtet wurden, das soll bestraft werden. Denn beispielsweise Kinder glauben, was man ihnen sagt.« Dieses Argument trifft sicher auf die Erziehung zu. Lehrern sollte verboten sein, die Vernichtung zu leugnen. Aber geht für mündige Bürger wirklich eine Gefahr von einer immer wieder in der Öffentlichkeit widerlegten Behauptung aus?

Es ist wichtig einen Unterschied zu machen zwischen demokratischen Spielregeln und undemokratischen Ansichten. Die Spielregeln sollen so sein, daß jeder die gleiche Chance, andere in seinem Sinn zu beeinflussen, erhält. Jeder soll die Möglichkeit haben, daß die Ideen, die sie bewegen, von anderen geteilt werden. Diese Ideen können undemokratisch sein, gegen Gleichheit und Freiheit opponieren. Demokraten würden den demokratischen Spielregeln widersprechen, wenn sie nur Meinungen zulassen, die ihrer Gesellschaftsauffassung entsprechen. Demokratie wäre keine, wenn sie nicht auch noch ihre Infragestellung zuließe. Das macht sie zu einer gefährdeten Form des Zusammenlebens; denn auszuschließen ist niemals, daß sich Antidemokraten verbinden, um die demokratischen Spielregeln abzuschaffen. Die Diskussion um das Verbotsgesetz hat mit dieser Spannung zwischen demokratischen Spielregeln und menschenverachtenden Auffassungen zu tun.

Martin Löw-Beer/Lutz Wingert

Lena Inowlocki

Leugnen ohne Absicht?
Zum Hamburger Freispruch für das Behaupten eines »Auschwitzmythos«*

Seit 1989 werden Gerichtsverhandlungen über rechtsextreme Straftaten viel ausführlicher in der Berichterstattung der Zeitungen kommentiert als in den Jahren zuvor. Wegen der Mordanschläge auf Asylsuchende und Einwanderer finden auch Gerichtsurteile zu rechtsextremer Propaganda mehr Beachtung und werden, wie im Fall des früheren NPD-Vorsitzenden Günter Deckert und des Richters Rainer Orlet, ausführlich diskutiert. Eine Tendenz zeichnet sich ab, daß von der Rechtsprechung eine wirkungsvolle Reaktion auf rechtsextreme Straftaten und insbesondere auf deren Anstieg seit der Vereinigung beider deutscher Staaten erwartet wird. Diese Erwartung ist bereits als ein Delegieren der Verantwortung an die Gerichte kritisiert worden. Die Rechtsprechung jedenfalls scheint die gesellschaftliche Relevanz rechtsextremer Vorfälle eher abzustreiten. So findet sich in Polizeiberichten und Gerichtsurteilen zu Anschlägen gegen Ausländer der stereotyp wiederholte Befund, es seien »keine ausländerfeindlichen Motive« eines Anschlags erkennbar, und manifeste Handlungen wie Grabschändungen werden (zumeist durch den Verweis auf »zuviel Alkohol«) trivialisiert. So lautet eine typische Zeitungsnotiz[1]: »Friedhofsschändung.

UNBEKANNTE VERWÜSTETEN JÜDISCHE GRABSTÄTTEN

PORTA WESTFALICA, 10. September (ap). Unbekannte Täter haben am Sonntag neun Gräber auf einem jüdischen Friedhof im westfälischen Porta Westfalica geschändet. Wie die Kreispolizeibehörde in Minden mitteilte, rissen die Täter die Grabsteine aus ihren Fundamenten, warfen sie um und zerstörten die Aufschriften. Über Motive und Täter konnte die Polizei noch keine Angaben machen. Konkrete Hinweise auf einen rechtsextremen Hintergrund seien am Tatort nicht gefunden worden, sagte ein Sprecher. Ermittelt werde in mehrere Richtungen.
Möglicherweise stehe die Schändung in Zusammenhang mit einem Stadtfest vom Sonntag. Es könne durchaus sein, daß ein paar Jugendliche zuviel Alkohol getrunken und auf dem Friedhof randaliert hätten.

Beinahe satirisch mutet hier die standardisierte Formel des Fehlens »konkreter Hinweise auf einen rechtsextremen Hintergrund« an: als müßten die bezeichnenden Zerstörungshandlungen noch zusätzlich gekennzeichnet werden. Dazu paßt, daß »Stadtfest« und »Alkohol« als ausreichende Erklärung der Schändung gelten können: Was getan wurde, bedeute weiter nichts. Als wahlloses Randalieren wird die Schändung de-symbolisiert.

Nimmt man für das Abstreiten eine mehr oder weniger konsensuelle Vorgehensweise an, so könnte deren Motiv sein, rechtsextreme Straftaten sehr eng zu definieren (etwa durch vorliegende Bekennerschreiben), um diese Straftaten in ihrem Ausmaß und hierdurch auch in ihrer gesellschaftlichen Bedeutung einzuschränken. Eine damit verbundene Erwartung, solche Straftaten tatsächlich zu reduzieren, kann sich so nicht erfüllen. Ganz im Gegenteil müßte es Inhalt einer allgemeinen Bewußtseinsveränderung sein, rassistische und rechtsextreme Äußerungen und Handlungen als alltägliche wahrzunehmen, auf die im sozialen Umfeld reagiert werden muß.

Durch Umdefinieren oder Nicht-Benennen allein entsteht kein verändertes Problembewußtsein. In den Niederlanden wurde der Versuch aufgegeben, Meldungen über rassistische Angriffe, die Polizeibüros gemacht werden, nicht an die Medien weiterzugeben; die »Normalität« stellt in diesem Fall nicht die Lösung, sondern das Problem dar[2]. Rechtsextreme Straftaten werden nicht weniger oder weniger wichtig, wenn sie als solche nicht wahrgenommen werden. Im Gegenteil kann nur durch eine moralisch-normative Diskussion eine Sensibilisierung gegenüber Rassismus und Rechtsextremismus entstehen.

Im folgenden wird diskutiert, inwiefern die Rechtsprechung Bestandteil eines gesellschaftlichen Reflektionsprozesses über Rechtsextremismus sein kann, und wann dies nicht der Fall ist. Dazu wird an einer Urteilsbegründung untersucht, mit welchen Gründen die rechtsextreme Propaganda der Leugnung der Judenvernichtung für straffrei erklärt wird. Die Kritik bezieht sich nicht auf die Motive des Hamburger Richters; im Unterschied zum Fall Deckert ist im hier diskutierten Fall des »Nationalen Info-Telefons« nicht die politische Sympathie des Richters für den Angeklagten Grundlage des Freispruchs, sondern gerade der Versuch, die Position eines »objektiven Beobachters« einzunehmen. Daraus folgt, wie hier gezeigt werden soll, eine falsche Einschätzung der Leugnungsrhetorik. Eine Bedingung gesellschaftlich bewußter Rechtsprechung wäre hingegen die Kontextualisierung der Leugnung im Sprachgebrauch rechtsextremer Gruppen.

Die Frage der Strafzumessung insbesondere für Jugendliche bedarf einer besonderen Diskussion und soll hier ausgeklammert werden. Hier wird nach dem Verfahren der Rechtsprechung gefragt, insbesondere nach der Rekonstruktion des Tatgeschehens durch das Gericht und nach der Urteilsbegründung. Insbesondere letztere könnte, würde sie verantwortlich wahrgenommen, eine »öffentliche Argumentationspraxis« (Habermas 1990, S.40) zum Rechtsextremismus in Gang setzen, die dem Ausklammern und Bagatellisieren entgegenstünde. Die strafrechtliche Verfolgung des Rechtsextremismus ist dann keine Vermeidung der gesellschaftlichen Auseinandersetzung, wenn sie zu einer intensivierten moralisch-normativen Diskussion des Rechtsextremismus beiträgt. Vor allem die Urteilsbegründung könnte »Verfahrensgerechtigkeit« (Habermas o.c. S.324) in der politischen Meinungs- und Willensbildung repräsentieren. Die Beschreibung der Tat durch das Gericht hat für die Opfer, die Angeklagten, für die anderen am Prozeß Beteiligten sowie für die öffentliche Berichterstattung eine normative, gesellschaftlich relevante Wirkung: Der Tat wird eine bestimmte soziale und gesellschaftliche Bedeutung gegeben. Als ein Beispiel dafür kann die ungewöhnliche Rechtsprechung in einem Verfahren gegen den Brandstifter eines Asylbewerberheims gelten: Das Landgericht Frankfurt/Oder verurteilte ihn zu einer Jugendstrafe auf Bewährung und zu einer Geldbuße an eine Menschenrechts-Organisation und erklärte in der Urteilsbegründung die Ortsbewohner für mitverantwortlich: Durch ihre Ausländerfeindlichkeit sei die Tat begünstigt worden.[3]

Im vergangenen Jahr ist es zu zwei gerichtlichen Entscheidungen darüber gekommen, wann eine Leugnung der nationalsozialistischen Vernichtung der Juden straffrei bleibt. Im Revisionsverfahren gegen den NPD-Funktionär Günther Deckert, der wegen seiner Propagierung einer »Auschwitzlüge« zu einer Bewährungsstrafe verurteilt worden war, sollte aufgrund einer Entscheidung des Bundesgerichtshofes der Fall durch eine andere Kammer des Landgerichts Mannheim wieder aufgenommen werden, um zu klären, ob Deckert auch wegen Volksverhetzung zu verurteilen sei: Dazu müsse festgestellt werden, ob sein Leugnen der Vernichtung mit einem Verfechten der NS-Ideologie einhergehe. Im Juni 1994 wurden von dem berichterstattenden Richter der 6. Strafkammer, Rainer Orlet, die Behauptungen Deckerts dahingehend gewürdigt, daß der Angeklagte von deren sachlicher Richtigkeit überzeugt gewesen wäre. Dies galt als strafmildernd ebenso wie »ein berechtigtes Interesse« des Angeklagten, »die Widerstandskräfte im deutschen Volk gegen die aus dem Holocaust abgeleiteten jüdischen Ansprüche zu stärken«.

Was bedeutet es in gesellschaftlicher Hinsicht, wenn Gerichte über die Leugnung zu befinden haben? Diese Frage betrifft einerseits die einschlägige Strafgesetzgebung und deren Veränderungen, andererseits die Rechtsprechung, insbesondere die Urteilsbegründung. Für einen zweiten Fall, einen Freispruch des Hamburger Amtsgerichts für die öffentliche Behauptung eines »Auschwitz-mythos«, soll die Urteilsbegründung im folgenden analysiert werden. Zunächst wird kurz angeführt, wie es zu den jetzt geltenden Gesetzesparagraphen kam[4], um vor diesem Hintergrund auf die Bedeutung der Urteilsbegründung des Amtsgerichts Hamburg einzugehen.

Als Reaktion auf die Behauptung einer »Vergasungslüge« in einem Pamphlet, mit dem ein Hamburger Holzhändler 1957 Aufsehen erregte, sowie auf die Schändungen jüdischer Friedhöfe im Winter 1959/60 wurde 1960 im Bundestag über einen Tatbestand der »Volksverhetzung« beschlossen. Dieser § 130 StGB lautete:

> Wer in einer Weise, die geeignet ist, den öffentlichen Frieden zu stören, die Menschenwürde anderer dadurch angreift, daß er 1. zum Haß gegen Teile der Bevölkerung aufstachelt, 2. zu Gewalt- oder Willkürmaßnahmen gegen sie auffordert oder 3. sie beschimpft, böswillig verächtlich macht oder verleumdet, wird mit Freiheitsstrafe von drei Monaten bis zu fünf Jahren bestraft.

Als sich um 1980 neonazistische Aktivitäten, darunter auch die Behauptungen einer »Auschwitzlüge« verstärkten, forderte die damalige SPD-Regierung 1982 eine Verschärfung des §140, des »Billigens von Straftaten«: Das »Billigen, Leugnen oder Verharmlosen« des nationalsozialistischen Völkermordes sollte damit strafbar werden. Von der anschließenden CDU/CSU-Regierung wurde hingegen 1985 die Beleidigung (nach § 185) zum Offizialdelikt erklärt: Der Staatsanwalt sollte eingreifen, wenn Beleidigte »als Angehörige einer Gruppe unter der nationalsozialistischen oder einer anderen Gewalt- und Willkürherrschaft verfolgt wurden«. Dieser § 194 zeichnet sich zwar dadurch aus, daß Beleidigte nicht persönlich Klage erheben mußten und somit anstelle einer Personalisierung der Beleidigung eine kollektiv-gesellschaftliche Beleidigung erkannt wurde – eine Grundlage anti-diskriminatorischer Gesetzgebung. Mit »einer anderen Gewalt- und Willkürherrschaft« hatte die CSU jedoch eine fiktive »Vertreibungslüge« als Ausdruck geschichtsrevisionistischen Aufrechnens in der Gesetzesformulierung untergebracht.

Aufgrund der Mordanschläge und Brandstiftungen durch Mitglieder rechtsextremer Gruppen und Szenen wurde eine Verschärfung des § 130 gegen rassistische Propaganda gefordert. Ein Urteil des Bundesgerichtshofs vom 15. März 1994 stellte im Fall Deckert fest, die »einfache« Leugnung des Holocaust sei eine Beleidigung, jedoch kein »Angriff gegen die Menschenwürde« und erfülle somit auch nicht den Tatbestand der Volksverhetzung. (Zur Klärung wurde der Fall Deckert, wie eingangs geschildert, an eine andere Kammer des Landgerichts zurückverwiesen.) Nicht zuletzt wegen der schwer nachvollziehbaren Begründung des BGH beschloß der Bundestag im Mai 1994 eine Gesetzesänderung des Volksverhetzungsparagraphen. Am 1. Dezember 1994 wurde dann dem § 130 ein Absatz dahingehend hinzugefügt, daß sich strafbar macht, »wer eine unter der Herrschaft des Nationalsozialismus begangene Handlung der in § 220a Abs.1 StGB bezeichneten Art (Völkermord) in einer Weise, die geeignet ist, den öffentlichen Frieden zu stören, öffentlich oder in einer Versammlung billigt, leugnet oder verharmlost«.

Durch diese Novelle wird die sogenannte »einfache« Leugnung als Volksverhetzung und nicht mehr wie bislang nur als Verleumdung strafbar. Die Gesetzesänderung ist aus unterschiedlicher Perspektive gewürdigt und auch kritisiert worden. Einerseits gilt nun die »einfache« Leugnung als Verletzung der Menschenwürde und eine persönliche Verleumdung muß nicht nachgewiesen werden (Frommel 1994). Andererseits wurde kritisiert, daß die Meinungsfreiheit beschnitten und politisch-autoritären Haltungen Vorschub geleistet würde (Meier 1994).

Über die unmittelbare Diskussion dieser Gesetzesänderung hinaus kann gegen eine strafgesetzliche Verfolgung rechtsextremer Handlungen eingewandt werden:
1) mit der Strafverfolgung der Leugnung sei eine Einschränkung des Rechtes der Meinungsfreiheit verbunden,
2) die Delegation an die Gerichte verhindere die allgemeine gesellschaftliche Auseinandersetzung mit dem Neonazismus,
3) es werde rechtsextremen Straftätern gerade in der Gerichtsverhandlung Gelegenheit gegeben, sich propagandistisch darzustellen und dabei neue Formen der Verleugnung reaktiv zur Strafgesetzgebung zu entwickeln (auf die mit Gesetzesverschärfungen wieder nur reagiert werden könne).

Zu 1): Über eine Einschränkung des Rechts auf Meinungsfreiheit im Zusammenhang neonazistischer Behauptungen ist ausführlich geschrieben worden. Erstens handelt es sich dabei nicht um Meinungen, sondern um offensive und verletzende argumentative Behauptungen, die darauf angelegt sind, Einspruch zu provozieren und sich darüber weiter aufzubauen (Lipstadt 1994). Zweitens negiert die Leugnung Wahrheitskriterien, die die Basisbedingungen gesellschaftlicher Diskursuniversa bilden: Die Vertreter der Leugnung fordern ein Recht, das sie selbst nicht nur instrumentalisieren, sondern ad absurdum führen. Dies wurde aus ganz unterschiedlicher Perspektive dargelegt (Arendt 1967,

Billig 1988, Lyotard 1989). Es ist daher auch logisch widersinnig und in der Praxis sinnlos, mit Vertretern der »Auschwitzlüge« zu diskutieren. Hingegen ist es manchmal notwendig, über die Leugnungsrhetorik zu reden.

Zu 2): Dem Einwand des Delegierens steht gegenüber, daß das Strafrecht ein wichtiger Teil der gesellschaftlichen Auseinandersetzung ist, indem es – beispielsweise in der Gesetzgebung gegen die Leugnung – die fundamentalen Normen des Zusammenlebens symbolisiert. Allerdings wird, dies möchte ich in der Folge zeigen, hierfür weniger die Gesetzgebung als die Rechtsprechung relevant. Es wird ja nicht nur ein Strafmaß verhängt, die Tat wird in der Gerichtsverhandlung in Worte gefaßt. Insofern verdienen Gerichtsverhandlungen und Urteilsbegründungen besondere Aufmerksamkeit: Durch sie wird die Tat beschrieben (Frommel 1994, S.338), für Täter und Öffentlichkeit.

Zu 3): Wenn Gerichtsverhandlungen dazu benutzt werden, die Leugnungsrhetorik auszubauen, so ist dies ein weiterer Anlaß, anhand konkreter Fälle die Rechtsprechung daraufhin zu untersuchen, wie durch sie die Tat beschrieben, kategorisiert und beurteilt wird, und inwiefern hierdurch die Leugnungsrhetorik gefördert oder demontiert wird. Das Leugnen der nationalsozialistischen Vernichtung der europäischen Juden ist nicht nur programmatische Grundlage von Verlautbarungen und Zusammenarbeit verschiedener rechtsextremer Gruppen, es ist das Trittbrett zum Einstieg in diese Gruppen. Der Tabubruch wirkt sich gerade auf Jugendliche eindrucksvoll und nachhaltig aus, nicht nur als symbolischer Ausdruck eines Normenverstoßes, sondern vor allem durch die Entdeckung rhetorischer Wirklichkeitskonstruktionen, die ihnen vorgeführt und schnell zu eigen werden. Wer behaupten kann, die Vernichtung habe es nie gegeben, verfügt nicht nur über ein konspiratives, aufsehenerregendes »Geheimwissen«. Die Verfügung erstreckt sich auf alle Bereiche sozialer Wirklichkeit. Die rhetorischen Mittel, mit denen geleugnet wird, führen zu voluntaristischen Wirklichkeitskonstruktionen: Wahr ist, was ich behaupte, und: Es geschieht, was ich will. Wie diese Möglichkeit der Aneignung von Wirklichkeitskonstruktionen durch rechtsextreme Gruppen angeboten wird, erwies sich in Fallanalysen von Interviews mit rechtsextremen Jugendlichen. Es wurde gezeigt, wie die Leugnung als aufregende neue Möglichkeit wahrgenommen wird, als tragendes Element und als Rechtfertigung rechtsextremer Auffassungen wirksam ist und zur Festigung und Abschottung der eigenen oder der Gruppenposition gegenüber der gesellschaftlichen Realität dient (Inowlocki 1989, 1992, 1996).

Wenn Instanzen der Öffentlichkeit, beispielsweise die Gerichte, sich mit der sogenannten »Auschwitzlüge« und deren Varianten befassen müssen, sollte deren sozialisatorische Wirkung gerade auf Jugendliche für ihre Einbeziehung in rechtsextreme Gruppen und Szenen mitbedacht werden. Gerichtsentscheidungen über die Vertretbarkeit einer »Lüge« sollten sich an Sprachgebrauch und Funktion der Behauptungen orientieren.

Das Urteil des Amtsgerichts Hamburg hat für weitaus weniger Aufsehen gesorgt als dasjenige gegen Deckert. An der Urteilsbegründung des Amtsgerichts Hamburg gegen zwei junge Rechtsextreme kann jedoch gezeigt werden, in welche Fallen – unabhängig von Gesetzesänderungen – die Rechtsprechung gegen die Leugnung gerät, wenn, wie geschehen, täter- und nicht tatorientiert vorgegangen und geurteilt wird. Es bedarf keiner mit den Angeklagten sympathisierender Richter, allein durch die Vorgehensweise der Bestandsaufnahme können Kriterien angelegt werden, die einer angemessenen Beschreibung der Tat geradezu widersprechen. Dies kann dazu führen, daß eine neue Rhetorik der Leugnung gefördert und legitimiert wird: die der Leugnung »ohne Absicht«. Mit der Hamburger Urteilsbegründung des Freispruchs wurden Bedingungen dafür geschaffen, die Leugnung straffrei vertreten zu können. Es kann angenommen werden, daß noch weitere Gerichtsverhandlungen über Leugnungsbehauptungen folgen werden. Um dem entgegenzuwirken, daß Gerichte als Instanzen der Öffentlichkeit im normativen Bereich instrumentalisiert werden, ist es an der Zeit, über die Kriterien nachzudenken, die eine solche Instrumentalisierung ausschließen.

Zum Fall:
Über einen Anrufbeantworter, der als »Nationales Info-Telefon Hamburg« angewählt werden konnte, verbreiteten G. und S., 23 bzw. 24 Jahre alt, ab dem 22.3.1994 den folgenden Text[5]:

> Wie nicht anders zu erwarten war, ist die Hollywood-Seifenoper des Juden Steven Spielberg »Schindlers Liste« mit Oscar-Auszeichnungen überhäuft worden. Ein Film von Spielberg erhält grundsätzlich einen Oscar. Richtet er sich gegen Nazideutschland, kommen weitere dazu, und hält (er) den Auschwitzmythos am Leben, wird er mit sieben Oscars zum Film des Jahres. In Deutschland haben trotz Medienpropaganda erst 300 000 Manipulierbare den Film gesehen. Vor allem viele Schulkinder wurden gezwungen, das Machwerk anzuschauen. Zum Vergleich, »Otto. Der Film« kam auf über 3 Millionen Besucher.

Am 25.3.1994 wurde aufgrund eines Durchsuchungsbeschlusses des Amtsgerichts Hamburg die Kassette mit diesem Text beschlagnahmt. In der Anklageschrift der Staatsanwaltschaft Hamburg vom 14.9.1994 wird den beiden Beschuldigten u.a. vorgeworfen,

> a)...daß sie Teile der Bevölkerung beschimpften, böswillig verächtlich machten und verleumdeten, b) wider besseres Wissen in Beziehung auf einen anderen eine unwahre Tatsache öffentlich behauptet zu haben, welche denselben verächtlich zu machen geeignet ist, c) das Andenken Verstorbener verunglimpft zu haben.

In der Anklageschrift heißt es weiter:

> Durch das in dem Wort »Auschwitzmythos« zum Ausdruck gebrachte Bestreiten der offenkundigen historischen Tatsache der systematischen Gaskammermorde durch das NS-Regime haben sie in massiv ehrverletzender Weise den Anspruch der in der Bundesrepublik Deutschland lebenden Juden, die unter der nationalsozialistischen Gewaltherrschaft wegen ihrer jüdischen Abstammung verfolgt wurden, und den Anspruch der in den Gaskammern ermordeten Juden auf Achtung ihres gemeinsamen, einzigartigen Verfolgungsschicksals, welches Teil ihrer – auch über den Tod fortbestehenden – Würde ist, mißachtet.
> Zugleich haben die Beschuldigten mit der dem Ansagetext zu entnehmenden Äußerung, daß durch »die mit Oscars überhäufte Hollywood-Seifenoper des Juden Steven Spielbergs »Schindlers Liste«, die einschließlich »vieler Schulkinder«, die man gezwungen habe, »das Machwerk anzuschauen«, »trotz Medienpropaganda erst 300 000 Manipulierbare« gesehen hätten, der »Auschwitzmythos am Leben« gehalten werde, den Holocaust als ein von den Juden aufgebrachtes »Märchen« dargestellt, das ins Leben gerufen worden sei, um namentlich die Bundesrepublik Deutschland und ihre Bevölkerung fortwährend moralisch unter Druck zu setzen.

Die Anklage der Staatsanwaltschaft wegen Volksverhetzung, Verleumdung und der Verunglimpfung des Andenkens Verstorbener wurde von dem Amtsgericht Hamburg nach Anhörung der Angeklagten abgewiesen.[6]

Im folgenden wird zunächst der Ansagetext des »Nationalen Info-Telefons« argumentationsanalytisch untersucht, dann die Urteilsbegründung des Freispruchs. Anschließend wird der Frage nachgegangen, inwiefern es sich bei den Aussagen der Angeklagten vor Gericht um eine neue Form rechtsextremer Rhetorik handelt, die den Leugnungs-Diskurs weiter ausbaut – unabhängig von der Frage, ob dies nun strategisch, das heißt absichtsvoll, geschieht oder ob es sich um ein Nebenprodukt der Beweisaufnahme und der Urteilsbegründung handelt.

Zum Ansagetext

Der konspirative Charakter einer Botschaft für Eingeweihte wirkt gerade vor dem Hintergrund der im Prinzip öffentlichen Zugänglichkeit der Ansage über einen Telefonanschluß. Das, was alle erfahren könnten, bleibt doch denjenigen vorbehalten, die sich bereits auskennen und wissen, wo sich »Andersdenkende« und »Gleichgesinnte« weiter informieren. Der abrufbare Ansagetext erfüllt die zweifache Wirkung einer exklusiv zugänglichen Botschaft und einer öffentlich hörbaren Provokation. Die Verlautbarung richtet sich an alle Informierte: Dazu kann sich zählen, wer von der Existenz des »Nationalen Info-Telefons« weiß. Es wird also eine informierte, exklusive Zuhörerschaft konstituiert, die an öffentlich-provokativen Behauptungen interessiert ist. Mit dem Abrufen der Ansage kann die Zugehörigkeit zum Kreis der Hörer jedem gegenwärtig werden. Insofern ist es von Bedeutung, daß die Einleitung des Ansagetextes ein Vorwissen andeutet (»Wie nicht anders zu erwarten war«). Am Wissensvorsprung des Ansagers kann, wie nahegelegt wird, partizipiert werden, ohne Einzelheiten kennen zu müssen: entscheidend ist, daß es sich um ein systematisches Wissen handelt. Es folgt nun im Ansagetext in einer Agglomeration von Substantiven, die Wortgewalt und Ausdrucksstärke nahelegt, das Stichwort, das das angedeutete systematische Vorwissen zu erkennen gibt (»ist die Hollywood-Seifenoper des Juden Steven Spielberg »Schindlers Liste« mit Oscar-Auszeichnungen überhäuft worden«). Die Kennzeichnung des Regisseurs Spielberg als »Juden« gibt hier keine neue Information preis, es ist schon allgemein bekannt, daß Spielberg jüdisch ist. Die Kennzeichnung bezieht sich vielmehr auf die Nennung dieser Eigenschaft des Regisseurs als einer bezeichnenden.

Zwei Inhalte des Satzes wirken als implizite potentielle Erklärungen des Erfolges dieses Films: »Hollywood-Seifenoper« und »der Jude«. Im weiteren werden beide Erklärungsangebote miteinander verschmolzen. Effektvoll gefilmte Hohlheit und Kommerzialität seien typisch für eine US-Produktion, der Regisseur als »Jude« verfolge damit eine bestimmte, anti-deutsche Absicht. Das systematische Vorwissen wird nun Schritt für Schritt, Satz für Satz expliziert. Daß ein Film von Spielberg »grundsätzlich« einen Oscar erhalte, liege an der kennzeichnenden Eigenschaft des Regisseurs; er erhalte den Preis als »Jude« von anderen »Juden«. Dabei wird auf das Vorwissen der Hörer-Gemeinde gebaut, die US-Filmwelt sei jüdisch dominiert. Der folgende Satz enthält eine dramatische Steigerung: Richte sich ein Film von Spielberg »gegen Nazideutschland«, kämen weitere Preise dazu. Mit der Richtung »gegen Nazideutschland« wird die Assoziationskette 'jüdischer Regisseur – USA – Medienmacht – abgekartete Preisverleihung' in Gang gesetzt. Dabei ist »Nazideutschland« als Übersetzung von »Nazi-Germany« ein Begriff, der die Nürnberger Prozesse und die Re-education assoziiert. Die Zielrichtung des Films scheint also zunächst eine amerikanische Sprach-Konstruktion zu treffen und nicht die geschichtliche Realität in Deutschland (die wäre beispielsweise mit

»Nazizeit« angesprochen worden). Der stigmatisierende Begriff »Nazideutschland« wird hier möglicherweise als Eigenbezeichnung aufgegriffen und mit positiver Identifikation umbewertet, wie dies auch durch die Aneignung des ausgrenzenden Begriffs »Nazi« durch rechtsextreme Jugendliche geschehen ist. Gleichzeitig wird durch die Bezeichnung »gegen Nazideutschland« nahegelegt, der Film richte sich grundsätzlich gegen »Deutschland« – ob »Nazi« oder nicht. Die zweite Satzhälfte (»und hält (er) den Auschwitzmythos am Leben, wird er mit sieben Oscars zum Film des Jahres«) kulminiert in einem »Auschwitzmythos«, der »am Leben gehalten« werde. Dies sei der Grund, daß der Film mit sieben Oscars zum Film des Jahres gewählt wurde. Die Argumentation des Ansagetextes führt also zum »Auschwitzmythos« als expliziter Begründung der Preisverleihung. Explizit wird ebenfalls, daß dieser »Auschwitzmythos« »am Leben gehalten«, also immer wieder reproduziert werde: eben durch diesen Film, und durch Filme ähnlicher Thematik.

Der Schluß des Ansagetextes (»In Deutschland haben trotz Medienpropaganda erst 300 000 Manipulierbare den Film gesehen. Vor allem viele Schulkinder wurden gezwungen, das Machwerk anzuschauen. Zum Vergleich, »Otto. Der Film« kam auf über 3 Millionen Besucher«) enthält typische rechtsextreme Konstrukte: einer feindlich gesinnten, manipulativen »Medienpropaganda«; eines Re-education-Zwangs, der sich gegen das eigene, wohlverstandene Interesse richtet und Unschuldige – Schulkinder – mit dem Filmbesuch eines »Machwerks« von widernatürlicher, artifizieller, unwahrhafter Beschaffenheit bestrafen und beeinflussen will; schließlich eine Zahlenmanipulation: nicht 300 000, sondern drei Millionen Zuschauer hatten den Film gesehen (laut SPIEGEL 15/1994, S.18). Der Schlußsatz (»Zum Vergleich«) basiert auf der Zahlenmanipulation und soll beweisen, an den Zuschauerzahlen zeige sich die große Mehrheit der Nicht-Manipulierbaren, der Gleichgesinnten und Informierten. Vor allem wird durch die Inkongruenz des Filmvergleichs die Thematisierung des Holocaust lächerlich gemacht.

Zur Urteilsbegründung

In der Beweisaufnahme stellte das Hamburger Amtsgericht fest, daß »das Nationale Info-Telefon Hamburg« der Verbreitung von Erklärungen beziehungsweise Botschaften in rechtsgerichteten Kreisen insbesondere in Hamburg dient, zu denen sich auch der Angeklagte G. rechnet, der sich selbst als »Nationaler Bürger« bezeichnet. G. gab zu, daß er den Ansagetext verfaßt und auf Band gesprochen habe. (Am Ende der Urteilsbegründung wird von dem zweiten Angeklagten, S., berichtet, dieser habe nicht gewußt, daß G. auf seinen, also den Anrufbeantworter von S., einen Text gesprochen habe, und er habe diesen auch nicht gehört.) Die Urteilsbegründung beginnt nun damit, daß G. in der Hauptverhandlung geäußert habe, es läge ihm fern, die allgemein bekannte Tatsache der systematischen Ermordung von Juden in den Gaskammern des Konzentrationslagers Auschwitz abzustreiten, und er habe nicht beabsichtigt beziehungsweise gewollt, daß der Ansagetext als Leugnen der historischen Tatsache aufgefaßt werde. Demzufolge sei es ihm, G., auch nicht darum gegangen, der jüdischen Bevölkerung zu unterstellen, sie habe die an den Juden begangenen Verbrechen erfunden, um moralischen oder finanziellen Druck auszuüben. Er habe vielmehr den Film »Schindlers Liste« kritisieren wollen »und außerdem seine Meinung deutlich machen wollen, wonach der Film entgegen seiner künstlerischen Qualität in den Medien unverhältnismäßig positiv bewertet worden sei«; dies habe seiner Meinung nach dazu geführt, daß die Diskussion um die Auschwitz-Verbrechen »unnötig emotionalisiert worden« sei. Er habe nicht behaupten wollen, daß bestimmte Personen den Film gegen ihren Willen hätten anschauen müssen; seines Wissens hätten »viele Schulkinder« im Rahmen des Schulunterrichts den Film angeschaut.

Zunächst fällt auf, daß G. darüber spricht, was er glaubt und was er intendiert hat: Damit kann er erklären, wie er den Ansagetext gemeint habe. Er wird – so ist seinen Ausführungen zu entnehmen – vom Gericht auf den Anklagepunkt der Leugnung hin angesprochen. Das Gericht versucht also zu klären, ob dieser Anklagepunkt zutreffe – dies jedoch nicht über den Weg einer Analyse des tatsächlich Gesagten, sondern durch eine Frage an den Angeklagten zu seiner Absicht. Er kann also vor Gericht die Bedeutung und Intention des Gesagten bestimmen. Als sei das, was er tatsächlich gesagt hat, nicht deutlich, wird er nach seiner Motivation oder Absicht gefragt – davon soll abhängen, ob er straffällig geworden ist. An G.s Erklärung zeigt sich, daß er zu einer neuen Generation Rechtsextremer gehört: Er muß seine Gesinnung nicht wie eine Uniform tragen. Insofern ist dieser Fall von soziologischem Interesse, da sich daran Generationsunterschiede in der Leugnungsrhetorik abzeichnen. Für G. ist es keine Ehrensache und auch kein Zeichen von Charakterstärke, vor Gericht zu verkünden, daß der Holocaust eine Erfindung sei. Dies hat er bereits in seinem Ansagetext kundgetan. Nun kann er einen Schritt weitergehen und sein strategisches Denken dadurch unter Beweis stellen, daß er seine Provokation der Öffentlichkeit für legal erklären läßt.

Im Mannheimer Urteil wurde Deckert, ein Rechtsextremer der älteren Generation, gerade wegen seines Einstehens vor Gericht für seine Leugnungsversuche als eine verantwortungsvolle, charakterstarke Persönlichkeit mit klaren

Grundsätzen gewürdigt. Im Fall gegen G. wird von dem Hamburger Gericht ebenfalls davon ausgegangen, G. müsse, damit seine Behauptung eines »Auschwitzmythos« einen Strafbestand erfülle, diese Behauptung wiederholen und »dazu stehen«. Während Deckert durch seinen »aufrichtigen« Auftritt vor Gericht von einem mit ihm sympathisierenden Richter entlastet wurde, ist es am Hamburger Gericht durch eine formalistische, dekontextualisierende Vorgehensweise des Richters zum Freispruch gekommen.

In der Urteilsbegründung wird die Vorgehensweise des Gerichts angegeben; der Ansagetext solle »auf seinen objektiven Aussagegehalt hin« überprüft werden, dabei sollen »die allgemein anerkannten Auslegungskriterien« herangezogen werden. Es solle hierbei geprüft werden, ob die Auslegung durch die Staatsanwaltschaft »die einzige Deutungsmöglichkeit des Textes« sei beziehungsweise ob es »unter Berücksichtigung des Kontextes« Deutungsmöglichkeiten gebe, die nicht zur Bestrafung führen könnten. Für diese Vorgehensweise stützt sich das Gericht auf eine Entscheidung des Bundesverfassungsgerichts (BVerfG in NJW 1994, S. 2943), »daß die zur Bestrafung führende Deutung nur zugrunde gelegt werden kann, wenn die anderen Deutungsmöglichkeiten zuvor mit überzeugenden Gründen ausgeschlossen werden konnten«.

Bei dieser Entscheidung des Bundesverfassungsgerichts handelt es sich um die Verfassungsbeschwerde eines Sozialpädagogen und Kriegsdienstverweigerers, der wegen eines Auto-Aufklebers »Soldaten sind Mörder« mit der Faksimile-Unterschrift »Kurt Tucholsky« wegen Volksverhetzung und Beleidigung verklagt und von einem Amtsgericht verurteilt worden war. Das Landgericht bestätigte die Verurteilung. Das Oberlandesgericht hat die Revision als unbegründet verworfen. Das Bundesverfassungsgericht entschied, daß die Urteile des Amtsgerichts und des Landgerichts den Beschwerdeführer in seinem Grundrecht aus Art. 51 I GG verletzen.

Während das Bundesverfassungsgericht in diesem Fall von der Berücksichtigung des Kontextes ausging (z.B. bei dem inkriminierten Aufkleber die Autorenschaft Tucholskys berücksichtigte und den Zusammenhang mit zwei anderen Aufklebern beurteilte) und die Bedeutung von »Mördern« in diesem Zusammenhang als ein Werturteil ansah, das durch das Recht auf freie Rede in einer die Öffentlichkeit berührenden Frage geschützt ist, hat das Amtsgericht Hamburg gerade den kontextuellen Aspekt der Interpretation nicht beachtet. Dies zeigt sich in der Argumentation der Urteilsbegründung, die sich mit folgenden Erörterungen befaßt:

- des Begriffs »Auschwitzmythos«
- einer Kritik des Films »Schindlers Liste«.

Das Gericht erklärt seine Vorgehensweise der Auslegung des Ansagetextes damit, zu untersuchen, »welchen Sinn ihm ein objektiver Hörer oder Leser beimessen muß oder kann«.[7] Das Gericht nimmt hier an, es gäbe einen objektiven Aussagegehalt von Texten oder Begriffen (überdies von polemischen), und verkennt, daß sich der Aussagegehalt erst aus dem argumentativen Aufbau sowie kontextuell über den Sprachgebrauch ergibt. Die Struktur des Textes muß sequentiell und kontextuell untersucht werden, um den spezifischen Sinn einer begrifflichen Konstruktion zu bestimmen.

Zum Begriff »Auschwitzmythos«
Das Hamburger Gericht nimmt an, daß dem Begriff »Auschwitzmythos« im Ansagetext eine zentrale Bedeutung zukommt. Es untersucht jedoch nicht die Begriffskonstruktion im Text und auch nicht die anderweitige Verwendung dieses Begriffes. Es wird vielmehr der Begriff »Mythos« untersucht, als sei dieser ohne weiteres identisch mit der Bedeutung von »Mythos« innerhalb des Konstrukts »Auschwitzmythos«. Der Urteilsbegründung folgend, soll zunächst die darin vertretene Auffassung von »Mythos« untersucht werden. Das Gericht stellt fest, daß mit »Mythos« im Sinne von »Märchen« oder »Sage« »von einem historisch nicht nachweisbaren beziehungsweise von einem historisch nicht nachgewiesenen Ereignis die Rede ist, das folglich nicht stattgefunden haben muß oder kann«. Die Gleichsetzung von »Auschwitzmythos« mit »Auschwitzlüge« oder »-märchen« sei also möglich, folgert das Gericht. Das Wort »Mythos« werde jedoch auch in anderen Sinnzusammenhängen verwendet.

In der nun folgenden Argumentation bezieht sich das Gericht auf einen Lexikoneintrag und auf zwei Zitate aus Nachrichtenmedien. Diese Vorgehensweise dokumentiert den interessanten Versuch, sich auf den Sprachgebrauch zu beziehen, der in wissenschaftlich-standardisierter und in thematisch-aktueller Hinsicht vergleichbar erscheint.

Zunächst beruft sich das Amtsgericht auf einen Lexikoneintrag (in Meyers Großem Taschen-Lexikon, 3. Auflage, Mannheim/Wien/Zürich 1990, Band 15, S. 116) und zitiert wie folgt:

> Im Gegensatz zur logischen Erkenntnis bildet nämlich der Mythos keine Urteile, sondern will Realitäten darstellen, für die er keine rationalen Beweise zu erbringen braucht.

Aus dem Kontext des langen Eintrages genommen, scheint es, als bilde der Mythos keine Urteile, als sei er entsprechend auch voraussetzungslos, neutral, objektiv, vorurteilslos. Der Lexikoneintrag beginnt allerdings mit der Definition, »Mythos« bedeute »Wort, Rede, Erzählung, Fabel« »im Sinne einer letztgültigen und deshalb nicht mehr zu begründenden Aussage«.

Der (von mir) hervorgehobene semantische Gehalt des Begriffs »Mythos« beruht gerade auf dem Umstand, daß ein Mythos durch die Rede und nur durch die Rede existiert. Er verweist auf eine Wirklichkeitskonstruktion, der außerhalb ihrer sprachlichen Gestalt keine Realität zukommt. In diesem Sinne wird auch am Ende des Lexikoneintrags auf die Kritik am Mythos (am Göttermythos durch den Monotheismus, am philosophischen Mythos durch das rationale Denken der Aufklärung) hingewiesen; ferner darauf, daß der Begriff für politische Ideologien gebraucht wird. Die selektive Lektüre des Lexikoneintrages durch das Gericht übersieht, daß bereits der erste Satz »Mythos« als bar jeder Realität definiert. Es wird nicht berücksichtigt, daß jede Deutung des Ausdrucks »Auschwitzmythos« den Kernbestandteil der Leugnung von Auschwitz miteinbezieht.

Zur Verdeutlichung der argumentativen Funktion von »Mythos« wird hier ein weiterer Lexikoneintrag herangezogen (übersetzt nach dem Eintrag »Myth« in: The Compact Edition of the Oxford English Dictionary, 1971, Vol. I, S.1889):

> Der Mythos ist eine phantastische Geschichte (»a fanciful tale«), manchmal überliefert, manchmal neu erfunden, durch den Sokrates oder ein anderer Gesprächspartner die argumentative Unterhaltung, welche die Bewegung des Platonischen Dramas hauptsächlich ausmacht, unterbricht oder abschließt.

Ein Mythos ist eine Erzählung, die in eine laufende Unterhaltung eingeführt wird, um diese unter Hinweis auf eine höhere Autorität, ein höheres Sinnsystem zu unterbrechen. Textanalytisch wird das Schema der Sachverhaltsdarstellung dabei ebenso unterbrochen wie das der Narration. Über Mythos läßt sich nicht ohne Bezug auf Rhetorik reden, und zwar in mehrfachem Sinne. Erstens ist der Bezug auf einen »Mythos« immer ein rhetorisches Instrument, das eine Bedeutungsebene einführt, die der argumentativen oder geschichtlich-narrativen Rede Einhalt gebietet und eigene Geltungs-oder Wahrheitskriterien aufstellt, die der rationalen Überprüfung nicht unterliegen. Zweitens ist gerade im Zusammenhang rechtsextremer Behauptungen die Berufung auf einen »Mythos« ein vielfach beanspruchter Topos, um die Geltung einer Gegen-Realität zu behaupten: gegen die Realität der Vernichtung einen Mythos zu bilden, der das Geschehene bestreitet, um den Nationalsozialismus zu rehabilitieren. Gleichzeitig wird implizit auf der totalen Machtentfaltung und systematischen Destruktivität des Nationalsozialismus aufgebaut. Die zweifache Stütze rechtsextremer Behauptungen ist historisch vorgegeben, durch die gleichzeitige Propaganda der Ausrottung und durch die Geheimhaltung der Ausführung. Die Möglichkeit, über die Wirklichkeit voluntaristisch zu bestimmen, also zu behaupten, was wahr sein soll, und sich gleichzeitig der NS-Machtsymbolik zu bedienen, ist instrumentell für die Rekrutierung und Mobilisierung rechtsextremer Jugendlicher. Die Behauptung eines »Mythos« der Vernichtung und die Übernahme und weitere Ausarbeitung von Gegen-Mythen, wie der eigenen primären Opferschaft der Deutschen, bildet den Kern rechtsextremer Zugehörigkeit in den unterschiedlichen lose oder fest organisierten Gruppen. In rhetorischer Hinsicht beinhaltet der »Mythos« den Vorteil, daß man sich auf ihn berufen kann, ohne ihn im einzelnen ausführen zu müssen. Die bloße Nennung reicht aus, um sich als Gleichgesinnte zu erkennen.

Das Amtsgericht Hamburg hat in seiner Urteilsfindung übersehen, daß, wenn es um den Sinn geht, den »ein objektiver Hörer oder Leser« dem Begriff »Mythos« beimißt, dieser bereits eine semantische Besetzung vorfindet, die auf zwei Jahrzehnten aktiver Ausarbeitung der Leugnungsrhetorik basiert, in der »Mythos« stets in eindeutigem Zusammenhang auftaucht, und zwar gleichbedeutend mit »Lüge«[8].

Wäre der Ansagetext in seiner objektiven Bedeutung kontextualisiert worden wie der Text des Autoaufklebers, hätten auch hier Autorenschaft, Semantik und Pragmatik berücksichtigt werden müssen. Das Amtsgericht hingegen dekontextualisiert: Trotz G.s Zugehörigkeit zur rechtsextremen Szene wird nicht der dort herrschende Sprachgebrauch zum Kriterium des Bedeutungsgehaltes genommen, sondern – obwohl es gerade um den Doppelbegriff »Auschwitzmythos« geht – wird der Verwendung des Begriffs »Mythos« in keinesfalls rechtsextremen Druckmedien nachgegangen: in SPIEGEL und taz. Zu dem SPIEGEL-Zitat (4/1995, S. 41) – aus einem Titelessay von Rudolf Augstein – soll hier nur angemerkt werden, daß dort von den Bedeutungsveränderungen die Rede ist, die ein Mythos »Auschwitz« nach dem Fall der Berliner Mauer durchlaufen würde, und von einer Beunruhigung der Israelis darüber. Wie das Zitat in der Urteilsbegründung auftaucht, erscheint es allerdings verfälschend so, als seien die Israelis beunruhigt, daß sich der Mythos allein durch das Verstreichen der Zeit abschwäche, nicht darüber, wie er sich durch politische Umwälzungen transformiere. Zentral jedoch ist ein anderes Mißverständnis des Gerichts: ein Mythos »Auschwitz« ist grundsätzlich verschieden von dem »Auschwitzmythos«. Wenn Auschwitz im ersten Fall in Anführungszeichen steht, so bedeutet dies gerade, daß die Rede über Auschwitz und deren Bedeutungsveränderungen unterschieden wird von der Realität dieses Vernichtungslagers. Diese Realität wird jedoch durch das Begriffskonstrukt des Ansagetextes gerade abgestritten.

Ein ähnliches Mißverständnis liegt dem Zitat aus der »Tageszeitung Hamburg« (vom 23.12.1994, S.27) zugrunde. Darin geht es um die mythische Bedeutung, die der Holocaust in Israel habe, die jedoch das Verhältnis zu Deutschland heute nicht mehr bestimme. Hier bezieht sich der Mythos auf die große Bedeutung (mit anderen Worten, auf die vielfache Rede davon), die der Holocaust in Israel hat.

Es bleibt unklar, wieso das Gericht diese völlig anders gelagerten Zitate hier anführt und noch zu der Schlußfolgerung kommen kann, sie würden belegen, »daß der Begriff 'Auschwitzmythos' in seinem objektiven Bedeutungsgehalt indifferent geworden ist und damit für sich gesehen neutral, jedenfalls aber nicht negativ im Sinne von 'Auschwitzlüge' besetzt ist«. Dieser Schluß widerspricht der »objektiven« Semantik und Pragmatik des Doppelbegriffs und zeigt ein tiefes Mißverständnis darüber, wie Begriffe verwendet und konstruiert werden.

Zur »Filmkritik«

Den zweiten Entlastungsgrund sieht das Gericht darin, der Angeklagte habe Filmkritik üben und nicht etwa einen »Auschwitzmythos« verbreiten wollen. Zwar wird die Filmkritik als ehrenrührig für Spielberg angesehen, weil er als »Jude« bezeichnet wird: doch »trotz alledem läßt sich auch aus diesem Kontext nicht allein das Auslegungsergebnis ableiten, daß hierin dem Regisseur beziehungsweise ganz allgemein der jüdischen Bevölkerung unterstellt werde, sie verbreiteten mit der Schilderung der Verbrechen von Auschwitz eine »Erfindung« beziehungsweise »Lüge»«.

Steht dies überhaupt zur Debatte, oder sollte nicht vielmehr die Verbreitung der Leugnung durch die Angeklagten verhandelt werden? Die Frage der »Mißachtung der Ehre« Spielbergs müsse, so das Gericht, offen bleiben, da kein entsprechender Strafantrag zum Tatbestand der Beleidigung nach §185 gestellt worden sei. Zeigt der antisemitische Sprachgebrauch der Ansage nicht, daß die Frage einer – persönlichen – Beleidigung Spielbergs absurd ist, wenn es um eine kollektive Verleumdung geht? Das Gericht verkennt die starke Form des Antisemitismus in der Opfer-Täter-Umkehr (Wodak 1990, S.352), Juden verbreiteten die »Auschwitzlüge«, und Deutsche wären die Opfer.

Der Film »Schindlers Liste« streift das Vernichtungslager Auschwitz nur am Rande. Eine ernstzunehmende Kritik an diesem Film (wie sie u.a. von Claude Lanzmann und von Detlev Claussen formuliert wurde) richtet sich gerade darauf, daß der Film dazu beiträgt, daß die Überlebenden und nicht die Vergasten die Wahrnehmung der Judenverfolgung bestimmen. Der Ansagetext bezieht sich jedoch ausgerechnet auf diesen Film über die Rettung einer kleinen Gruppe von Menschen, um zu behaupten, hier solle ein »Auschwitzmythos« aufrechterhalten werden. Als »Filmkritik« firmiert hier der Versuch, die Polemik eines »Auschwitzmythos« zu aktualisieren.

Zur Förderung einer »unbeabsichtigten« Leugnung
Dem Gericht sei »nicht verborgen geblieben«, daß die Angeklagten zu rechtsextremen Kreisen gehören, deren Ideologie »ganz wesentlich auch auf der Leugnung der historischen Verbrechen von Auschwitz und des Holocausts an den Juden basiert, und daß die Anhänger dieser menschenverachtenden Ideologie das Wort »Auschwitzmythos« im Sinne von »Auschwitzlüge« verwenden«.

Diese Erkenntnis des Gerichts wird mit einem Hinweis auf den Fall Deckert belegt, der explizit von »Gaskammerlüge« und »Auschwitzmythos« gesprochen habe. Allerdings, und hier begründet der Richter den Freispruch, habe G. in der öffentlichen Hauptverhandlung »klar und eindeutig« gesagt, er sehe die Verbrechen an den Juden als historische Tatsache an und bezweifle diese nicht. Daher habe das Gericht »Auschwitzmythos« nicht mit »Auschwitzlüge« gleichsetzen können. Es konnte nicht erwiesen werden, daß der Angeklagte diese Gleichsetzung »subjektiv beabsichtigt« hat.

An dieser Rechtsprechung ist problematisch, daß hiermit eine neue Möglichkeit der Leugnung öffentlich anerkannt und legalisiert wird. Der Angeklagte wird nicht dafür belangt, was er bereits eindeutig geäußert hat, nämlich für seine Propagierung eines »Auschwitzmythos«. Es wird ihm vielmehr Gelegenheit gegeben, vor Gericht und für seine Zuhörerschaft zu demonstrieren, auf welche Weise die Leugnung weiter vertreten werden kann. Die Äußerung, die ihm der Richter abverlangt, schafft eine Formel, die in ritualisierter Form, etwa »klar und deutlich«, ausgesprochen werden muß: Nach dieser Ablaßhandlung kann wieder alles behauptet werden wie zuvor.

Die neue Strategie, die eigene Absicht der Leugnung zu verneinen und gleichzeitig durch den Gebrauch der rhetorischen Figur »Auschwitzmythos« die Leugnung zu propagieren, kennzeichnet eine jüngere Generation Rechtsextremer und unterscheidet sie von dem »Glaubensbekenntnis«, der traditionellen Zugehörigkeits- und Propagandastrategie älterer Rechtsextremer. Stand Deckert also noch »charakterstark« zu seinen Behauptungen, so kann G. bereits durch ein doppelbödiges Manöver vor Gericht Glaubwürdigkeit erzeugen und dies zur weiteren Profilierung nutzen.[9]

Gerade durch die problemlos erfüllte Forderung, die Vernichtung vor Gericht »zuzugeben«, kommt es zu einer Abspaltung oder Isolierung der historischen Realität; ihre Existenz wird für wirkungs- und konsequenzlos erklärt, wenn sie, auf eine Absichtserklärung reduziert, zur Voraussetzung der Leugnung werden kann. Schlimmer noch: die Passagen der Urteilsbegründung, in denen das Gericht die Verfolgung und Vernichtung gegen deren Leugnung benennt, erscheinen im Kontext der Absichtserklärungen des Angeklagten als ritualisierte, folgenlose Übungen. Da der Angeklagte vor Gericht den Ansagetext nicht zurückzieht, sondern ihn noch damit rechtfertigt, daß er ohne weiteres die »historisch feststehenden Tatsachen« einräumt, wird irrelevant, was geschehen ist: Je nach Situation kann die Vernichtung zugegeben werden oder auch nicht.

Der gemeinsame Nenner »traditioneller« und neuer Strategien ist die nazistische Anwendung der Rhetorik, durch die eine Realitätsbehauptung dramatisch evoziert wird. Die Leugnung besteht aus rhetorischen Wirklichkeitskonstruktionen, die in provokativer, dramatischer Form vertreten werden. Eben diese »öffentliche Übung« dient der Profilierung rechtsextremer Führer und der Mobilisierung ihrer Adepten. Dafür wird eine akademische Öffentlichkeit gebraucht wie in Frankreich zu den Behauptungen Rassiniers, ein Medienpublikum wie in den USA für Talk-Shows zur »Wahrheit« des Holocaust (Lipstadt 1994) oder wie jetzt in der Bundesrepublik Gerichtsverhandlungen und die Berichterstattung darüber.

Wenn Gerichte zu den Instanzen der Öffentlichkeit geworden sind, die auf die Leugnung reagieren müssen, sollten Richter sich dessen bewußt sein, daß Verhandlungen dann zur wirkungsvollen Dramatisierung und zur weiteren strategischen Ausarbeitung der Leugnung instrumentalisiert werden, wenn Semantik, Pragmatik und Funktion rechtsextremer Rhetorik außer acht gelassen werden. Ein »objektiver Beobachter« sollte nicht naiv sein oder Scheuklappen tragen. Die gesellschaftlichen Zusammenhänge rechtsextremer Straftaten werden nur dann erkennbar, wenn symbolische Handlungen – zu denen an zentraler Stelle die Leugnung gehört – angemessen interpretiert werden. Eine Reduktion der rechtsextrem beanspruchten Positionen durch das Gericht – die Aussagen seien nicht so gemeint, bzw. man müsse sie anders verstehen – reproduziert Kommunikationsformen der »Ausblendung« nationalsozialistischer Gewalt (Schütze 1992) durch weitere De-Thematisierung.

Ausschluß und Verfolgung im Nationalsozialismus bilden historische Muster sozialer »Lösungen«, die keineswegs nur von erklärt rechtsextremer Seite artikuliert, jedoch von dieser weiter ausgearbeitet und propagandistisch vertreten werden. In den symbolischen Sinnbezügen rechtsextremer Betätigung und Rhetorik kommt zum Ausdruck, auf welche Weise der Nationalsozialismus für Jugendliche Macht und Herrschaft verkörpert. Nicht durch Ausklammern, erst durch Berücksichtigen der symbolischen Bezüge und der historischen und »modernisierten« Bedeutungsebenen der Rhetorik könnte – durch Urteilsbegründungen, sozialwissenschaftliche Untersuchungen zum Rechtsextremismus, in der öffentlichen Diskussion – ein diskursiver Reflektionsprozeß über die Aktualisierung historischer Muster in Gang gesetzt werden.

Literatur

Arendt, Hannah: Wahrheit und Politik, in: Wahrheit und Lüge in der Politik. Zwei Essays. München/Zürich 1967.

Billig, Michael: Arguing and thinking. A rhetorical approach to social psychology. Cambridge 1987.

Cobler, Sebastian: Das Gesetz gegen die »Auschwitz-Lüge«. Anmerkungen zu einem rechtspolitischen Ablaßhandel, in: Kritische Justiz 18. Jg, S.159-170, 1985.

Frommel, Monika: Fremdenfeindliche Gewalt, Polizei und Strafjustiz, in: Kritische Justiz 27. Jg. Heft 3 1994, S.323-343.

Habermas, Jürgen: Faktizität und Geltung. Frankfurt 1990.

Inowlocki, Lena: Denial and violence: signs of a historical context. A comparison of story telling in two right-extremist youth groups. In: From Sign to Text, Yishai Tobin (Hg.), Amsterdam/Philadelphia 1989.

Inowlocki, Lena: Zum Mitgliedschaftsprozeß Jugendlicher in rechtsextremistischen Gruppen: Ergebnisse einer interpretativ-qualitativen Untersuchung. Psychosozial Nr. 51, 1992.

Inowlocki, Lena: Sich in die Geschichte hineinreden. Rechtsextreme Gruppenzugehörigkeit und der Mitgliedschaftsprozeß Jugendlicher. Weinheim i.V.

Lipstadt, Deborah E.: Betrifft: Leugnen des Holocaust. Zürich 1994.

Lyotard, François: Der Widerstreit. München 1989.

Meier, Horst: Das Strafrecht gegen die Auschwitzlüge, in: Merkur 1994, 48. Jg. Heft 12, S. 1128-1132.

Schütze, Fritz: Pressure and guilt: war experiences of a young German soldier and their biographical implications. Part 1: International Sociology 1992, Vol. 7 no.2 pp.187-208; Part 2: Vol.7 no.3 pp.347-367.

Springeneer, Helga: Die Strafbarkeit der Auschwitz-Lüge nach § 130 StGB a.F. (Volksverhetzung) im Fall Deckert sowie im Fall Goertz/Siefert, in: Deutsch-Israelische Juristenvereinigung e.V., Mitteilungen aus dem Verein, Ausgabe IV, 1995, S.44-53.

Wodak, Ruth u.a: Wir sind alle unschuldige Täter. Diskurshistorische Studien zum Nachkriegsantisemitismus. Frankfurt/Main 1990.

* Für kritisches Lesen früherer Fassungen danke ich Marek Czyzewski, Wolfgang Apitzsch, Leon Steif, Regina Kreide, Utta Müller-Handl und Martin Löw-Beer.

1 Frankfurter Rundschau, 11.9.1995, S.4.

2 Ein Beispiel aus einem anderen Bereich sozialer Probleme betrifft die niederländische Drogenpolitik, die auch durch eine Strafverfolgung und eine Rechtsprechung funktioniert, denen bei der Definition eines »sozialen Problems« viel pragmatischer Spielraum gegeben wird (so durch eine »low enforcement priority«) – dies allerdings nur, weil allgemein die problematischen Aspekte des Drogengebrauchs als pragmatisch zu lösende gelten und keine moralisch-normativen Debatten ausgefochten werden müssen.

3 »Dolgenbrodter tragen Mitschuld am Brandanschlag«, (Frankfurter Rundschau, 27.1.1996, S.4): »Die Verantwortung der Dolgenbrodter sieht das Gericht in offenen Briefen gegen das Heim und in Äußerungen während einer Einwohnerversammlung, in der Stimmung dagegen gemacht wurde und bei der Worte wie »Abfackeln« fielen.«

4 Dabei beziehe ich mich auf die Darstellung von Meier 1994, Frommel 1994 und Cobler 1985.

5 Alle Zitate sind der Urteilsbegründung entnommen. Diese wurde im Wortlaut auch in der Frankfurter Rundschau abgedruckt (4.3.1995, S.16).

6 In zweiter Instanz hat das Landgericht Hamburg am 6.9.1995 die Berufung der Staatsanwaltschaft gegen den Freispruch verworfen. Diese kündigte wiederum Rechtsmittel an (Frankfurter Rundschau, 7.9.1995, S.4).

7 Ein extremes Beispiel für Dekontextualisierung, die zur »objektiven Beobachtung« erklärt wird, lieferte der 5. Strafsenat (Beschluß vom 22.3.1990, RReg. 5 St 136/89). Ein NPD-Kreisvorsitzender hatte Plakate anbringen lassen, die auf einer Art Verkehrsverbotsschild die rassistische Karikatur eines dunkelhäutigen Kopfes zeigten, mit den Aufschriften: »Statt Abtreibung in Deutschland« »Kondome für die dritte Welt«. Der Strafsenat gab dem Angeklagten recht, der Revision gegen das Urteil des Amtsgerichts eingelegt hatte, er habe mit dem Plakat zum Haß aufstacheln wollen. In einer Weise, die nicht anders als rassismus-produzierend bezeichnet werden kann, bemängelt der Strafsenat, das Amtsgericht sei nicht »vom objektiven Sinngehalt« ausgegangen, »wie ihn ein unbefangener Betrachter« versteht. Es wird allen Ernstes behauptet, die Plakataufschrift wende sich »gegen den Abbruch der Schwangerschaft« und verweise – bezüglich der Dritten Welt – auf ein Mittel zu deren Verhütung«. Durch die »anreißerische Darstellung des Negerkopfes« solle lediglich »in erhöhtem Maße die Aufmerksamkeit des Betrachters auf die politische Forderung zur Bevölkerungsexplosion« gelenkt werden. Durch die weitere akribische Beschreibung des Plakates (»die Abbildung eines Mundes mit Zahnlücken ist nicht notwendig auf Herabsetzung oder Verächtlichmachung gerichtet«) werden dessen rassistische Bestandteile unter Berufung auf einen »objektiven Sinngehalt« Stück für Stück legitimiert. (Volker Hinnenkamp danke ich für den Hinweis auf dieses Urteil.)

8 Eine kurze Bibliographie (zitiert nach der »Zeit«, Nr.39, 18.9.1992, S.104) soll dies illustrieren: »Im Jahre 1970 erschien das Buch »Hexen-Einmal-Eins einer Lüge« von Emil Aretz, 1973 die Broschüre »Die Auschwitz-Lüge. Ein Erlebnisbericht« von Thies Christophersen (..). 1979 wurden dann »Der Auschwitz-Mythos – Legende oder Wirklichkeit« des Hamburger Oberfinanzrichters Dr. Wilhelm Stäglich und »Die Tragödie der Juden. Schicksal zwischen Propaganda und Wahrheit« von Erich Kern publiziert.« Bereits diese wenigen Titel zeigen, wie doppelbödig-eindeutig mit »Lüge«, »Mythos«, »Legende«, »Wirklichkeit«, »Propaganda« und »Wahrheit« operiert wird.

9 »Schon zwei Tage nach der Urteilsverkündung war von dem besagten Anrufbeantworter die Botschaft zu vernehmen, der Freispruch setze ein positives Zeichen, den ein anständiger Richter mit Zivilcourage gefällt habe« (Springeneer 1995, S.44).

Stefan Huster

Die Meinungsfreiheit zwischen Selbststeuerung und rechtlicher Regulierung

Zu einigen aktuellen Problemen der Kommunikationsfreiheiten aus verfassungsrechtlicher Sicht

Einschränkungen der Meinungsfreiheit gelten seit jeher als Kennzeichen obrigkeitsstaatlicher, gar totalitärer politischer Systeme. Kaum ein anderes Grundrecht stand und steht in gleicher Weise im Mittelpunkt des Kampfes um das Recht der individuellen Entfaltung und um die Gewinnung einer freiheitlichen politischen Öffentlichkeit.[1] Diese klare Frontstellung von Meinungsfreiheit und demokratisch-freiheitlichem Verfassungsstaat einerseits, Beschränkungen der Meinungsfreiheit und repressiven politischen Systemen andererseits scheint sich partiell aufzulösen: denn nun werden Beschränkungen gerade unter Berufung auf die Prinzipien gefordert, die der Meinungsfreiheit zunächst ein argumentatives Fundament geliefert haben. Im politischen Raum wird diskutiert, ob die Gleichberechtigung der Frau nicht ein Verbot der Pornographie erfordere. Das Verbot der »Auschwitz-Lüge«, also der Leugnung der Massenvernichtung unter dem Nationalsozialismus, hat bereits Aufnahme in das Strafgesetzbuch gefunden. Das Saarland hat kürzlich das Gegendarstellungsrecht zu Lasten der Presse verschärft; und das Bundesverfassungsgericht (BVerfG) sieht sich seit einigen Jahren in seiner Rechtsprechung zum Verhältnis von Meinungsfreiheit und Ehrenschutz Angriffen von politischer und wissenschaftlicher Seite ausgesetzt, die in ihrer Heftigkeit ohne Beispiel sind.

Nun hat es Beschränkungen der Kommunikationsfreiheiten zum Schutz anderer Rechtsgüter auch in freiheitlichen Verfassungsstaaten schon immer gegeben; und immer ist auch über die richtigen Grenzziehungen gestritten worden. Neu an der gegenwärtigen Diskussion ist aber zum einen, daß sich fast alle Beiträge für eine weitergehende Beschränkung der Äußerungsfreiheiten aussprechen. Und zum anderen und vor allem hat es den Anschein, daß – ausdrücklich oder implizit – die Grundannahmen und -voraussetzungen des liberalen Modells der Meinungsäußerungsfreiheit und der Öffentlichkeit zunehmend in Frage gestellt werden.

Letzteres trifft das geltende Verfassungsrecht im Kern. Ich will versuchen, diese These zu begründen, indem ich zunächst eine geraffte und möglichst untechnische Darstellung der maßgeblichen verfassungsgerichtlichen Rechtsprechung gebe, um dann die neueren Entwicklungen auf dieser Grundlage einschätzen zu können.

I. Die Meinungsfreiheit im Grundgesetz

1. Die Doppelfunktion der Meinungsfreiheit

Das in Art. 5 Abs. 1 Satz 1 GG gewährleistete »Recht, seine Meinung in Wort, Schrift und Bild frei zu äußern und zu verbreiten«, hat in der Rechtsprechung des BVerfG einen doppelten Sinn: Zunächst ist das Grundrecht der Meinungsfreiheit »als unmittelbarster Ausdruck der menschlichen Persönlichkeit in der Gesellschaft eines der vornehmsten Menschenrechte überhaupt«.[2] In dieser Funktion gewährleistet es im Interesse des einzelnen einen elementaren Bereich der freien Persönlichkeitsentfaltung: angstfrei und unbeeinflußt von staatlicher Regulierung zu beliebigen Themen Stellung nehmen zu können und sich auf diese Weise gegenüber anderen als Persönlichkeit mit bestimmten Ansichten und Meinungen darzustellen.

Darüber hinaus ist dieses Grundrecht aber auch »für eine freiheitliche-demokratische Staatsordnung (...) schlechthin konstituierend, denn es ermöglicht erst die ständige geistige Auseinandersetzung, den Kampf der Meinungen, der ihr Lebenselement ist«.[3] Hier wird die Freiheit der Meinungsäußerung also für das Allgemeinwohl in Anspruch genommen; nicht im Interesse des einzelnen findet es insoweit seine Rechtfertigung, sondern in der Gewährleistung eines freien und offenen Meinungsbildungsprozesses als Wesensbestandteil der Demokratie.

Diese zweite Grundrechtsfunktion ist – anders als die menschenrechtliche Funktion – in ihrer juristischen Bedeutung nie unumstritten gewesen. Dies liegt zunächst daran, daß die Formulierung vom »Kampf der Meinungen« unterschiedliche theoretische Konkretisierungen zuläßt – von idealistisch überhöhten Repräsentationskonzeptionen bis hin zu skeptisch-relativistischen reinen Marktmodellen. Die Entscheidung zwischen diesen Modellen könnte aber Einfluß auf den Schutzumfang des Grundrechts haben; ein von vornherein normativ imprägniertes Konzept ließe es eher als hinnehmbar erscheinen, bestimmte Meinungsäußerungen, die zur Wahrheitsfindung ersichtlich nichts beitragen, vom grundrechtlichen Schutz auszunehmen.[4] Das BVerfG hat hier nie eindeutig Position bezogen, den Schutzbereich des Art. 5 Abs. 1 Satz 1 GG aber weitgehend offengehalten.

Aufgrund dieses im Ausgangspunkt weiten Verständnisses des Grundrechts hat sich auch die Kritik nicht durchsetzen können, die dem BVerfG vorwirft, es interpretiere die Meinungsfreiheit demokratisch-funktional und höhle damit den Schutz für »private« Meinungsäußerungen aus, die keinen Beitrag zur öffentlichen Meinungsbildung leisten.[5] Das BVerfG ist hier differenziert vorgegangen und hat es dadurch wohl weitgehend vermieden, Meinungsäußerungen im privaten und im öffentlichen Bereich gegeneinander auszuspielen: Alle Meinungsäußerungen fallen unter den Schutz des Grundrechts; erst wenn sie in Konflikt mit anderen Rechtsgütern geraten, kann ihr politisch-öffentlicher oder privat-eigennütziger Charakter rechtliche Bedeutung gewinnen. Daraus ergibt sich auch der Unterschied insbesondere zur Rundfunkfreiheit des Art. 5 Abs. 1 Satz 2 GG: Der Rundfunk ist für das BVerfG »Medium und Faktor« der individuellen und öffentlichen Meinungsbildung; die Rundfunkfreiheit ist daher eine dieser Meinungsbildung »dienende Freiheit«, die einer »positiven Ordnung« in Form rechtlicher Ausgestaltung bedarf und gegenüber der der menschenrechtliche Gehalt einer »Veranstalterfreiheit« zurücktritt.[6] Die Meinungsfreiheit ist dagegen im Grundsatz vorstaatliche Freiheit, deren auf den demokratischen Willensbildungsprozeß bezogenen Gehalte ihren grundrechtlichen Schutz nicht bedingen, sondern allenfalls verstärken.

2. Der Schutzbereich der Meinungsfreiheit

Unumstritten in den Kernbereich des grundrechtlichen Schutzes fällt die Meinungsäußerung im engeren Sinne: die wertende, an das äußernde Subjekt gebundene Stellungnahme zu Ereignissen, Personen und Ideen.[7] Der Grundrechtsschutz ist insofern umfassend: Alle Meinungsäußerungen in diesem Sinne sind grundrechtlich geschützt; wenn sie mit anderen Rechtsgütern kollidieren, betrifft dies zuerst die Frage einer zulässigen Beschränkung dieser Freiheit. Geschützt ist grundsätzlich auch die Wirkung einer Meinungsäußerung auf andere. Dies gilt allerdings nur, soweit diese Wirkung »geistiger«, argumentativer Natur ist; eine Durchsetzung der eigenen Meinung mittels Drohung oder wirtschaftlichen Drucks wird durch Art. 5 Abs. 1 Satz 1 GG nicht geschützt.[8]

Keine Meinungsäußerungen im Sinne des Art. 5 Abs. 1 Satz 1 GG sind dagegen reine Tatsachenbehauptungen. Das BVerfG gesteht ihnen daher nur einen abgeleiteten Grundrechtsschutz zu: Sie sind geschützt, soweit sie Voraussetzungen für die Meinungsbildung darstellen; dies ist insbesondere der Fall, wenn sie als Grundlage für die Äußerung einer wertenden Stellungnahme fungieren und mit dieser verknüpft sind.

Diese Rechtsprechung zum Grundrechtsschutz der Tatsachenbehauptung hat zwei nicht unproblematische und im gewissen Sinne gegenläufige Konsequenzen. Zum einen führt sie zu einer Einschränkung des Grundrechtsschutzes: Denn wenn Tatsachenbehauptungen nur einen abgeleiteten Schutz aufgrund ihrer mittelbar meinungsbildenden Funktion genießen, so fallen unwahre Tatsachenbehauptungen aus dem Schutzbereich des Grundrechts heraus. Weil sie zum Prozeß der Meinungsbildung nichts beizutragen vermag, ist »unrichtige Information kein schützenswertes Gut«.[9] Um aber zweifelhafte und sich erst im nachhinein als unrichtig herausstellende Tatsachenbehauptungen nicht schutzlos zu stellen und dadurch deren Äußerung zu einem unkalkulierbaren Risiko zu machen, sollen nur die Tatsachenbehauptungen nicht dem Recht auf Meinungsfreiheit unterliegen, deren Unwahrheit dem Äußernden bewußt ist oder die erwiesen unwahr sind. Als eine derartige erwiesene Unwahrheit hat das BVerfG jetzt die Leugnung der Judenverfolgung im Nationalsozialismus eingeordnet.[10] Zwingend ist diese funktionsbezogene Schutzbereichseinschränkung nicht. Die Schrankensystematik des Grundrechts legt es eher nahe, daß Äußerungen jeglicher Art nur dann sanktioniert werden können, wenn sie mit den Schrankenrechtsgütern kollidieren; die grundrechtsdogmatische Umsetzung dieses Gedankens würde aber verlangen, daß überhaupt ein – wenn im Ergebnis auch sehr schwacher – Grundrechtsschutz gegeben ist.[11] Die Zurückweisung »nur falscher«, aber im übrigen für konkrete Rechtsgüter unschädlicher Tatsachenbehauptungen müßte dann von Verfassung wegen der Kommunikationsprozeß selbst leisten.

Die andere, gegenläufige Konsequenz besteht in einer vielfach als fragwürdig angesehenen Verstärkung des Grundrechtsschutzes für Tatsachenbehauptungen. Dies hängt damit zusammen, daß nach der verfassungsgerichtlichen Rechtsprechung auch falsche oder zumindest unbewiesene Tatsachenbehauptungen vom starken Schutz der Meinungsäußerung im engeren Sinne profitieren, da Tatsachen- und Meinungsäußerungen regelmäßig in einer unentwirrbaren Mixtur auftreten. Dies führt im Konflikt zwischen Meinungsfreiheit und dem Recht der persönlichen Ehre gelegentlich zu mißlichen Ergebnissen.[12]

3. Möglichkeiten der Freiheitsbeschränkung

Daß eine Meinungsäußerung durch das Grundrecht der Meinungsfreiheit geschützt wird, bedeutet nicht, daß sie definitiv zulässig ist. Das Grundrecht gewährt zunächst nur einen prima facie-Schutz und überläßt es dem Gesetzgeber, den Konflikt zwischen der Meinungsfreiheit und anderen Rechtsgütern ausgleichend zu regeln. Ein derartiger Ausgleich kann auch darin bestehen, daß bestimmte Meinungsäußerungen im Ergebnis untersagt werden; allerdings stellt das Grundrecht an gesetzliche Beschränkungen der Meinungsfreiheit bestimmte Anforderungen.

Diese für alle Grundrechte einschlägige Konstruktion – tendenziell umfassender Grundrechtsschutz, verbunden mit gesetzgeberischen Eingriffsbefugnissen – ist nicht unumstritten. Vielfach wird versucht, anhand unterschiedlicher Kriterien eine Grenzziehung zwischen grundrechtlich geschützter Freiheitsbetätigung und kollidierenden Rechtsgütern bereits auf der Schutzbereichsebene des Grundrechts vorzunehmen – z. B. indem Freiheitsbetätigungen, die in die Rechte anderer eingreifen, von vornherein vom Grundrechtsschutz ausgeschlossen werden. Motiviert sind derartige Versuche vielfach durch die im Ansatz richtige – und auch für die Meinungsfreiheit relevante – Einsicht, daß das herkömmliche sog. Eingriffs- und Schrankendenken, das zunächst von einem umfassenden Grundrechtsschutz ausgeht, zu einer gewissen Privilegierung des aggressiven Grundrechtsgebrauchs neigt[13]: Auf sein grundrechtliches Abwehrrecht gegenüber staatlichen Eingriffen kann sich derjenige berufen, der andere beleidigt oder mit seinem Betrieb die Umwelt belastet. Verfassungsrechtlich schwächer geschützt ist dagegen die Position des Beleidigten oder in seiner Gesundheit Geschädigten, da ihm die staatliche Abstinenz in keiner Weise hilft; er ist vielmehr auf staatliches Eingreifen zum Schutz seiner Rechtsgüter angewiesen. Ob und in welchem Umfang die Grundrechte aber auch – zudem individuell einklagbare – Ansprüche auf staatliches Tätigwerden schaffen, ist aber erst in den letzten Jahren diskutiert worden und nach wie vor nicht wirklich geklärt.[14] Das Eingriffs- und Schrankendenken wirft damit durchaus einige grundsätzliche Fragen auf. An ihm sollte aber aus einem eher pragmatischen Grund bis auf weiteres festgehalten werden: Allein die dogmatische Abschichtung von grundrechtsgeschütztem Verhalten einerseits und gesetzlichen Eingriffen andererseits stellt ein Modell zur Verfügung, in dem die gegenläufigen Interessen und Rechtsgüter deutlich werden und beurteilt werden kann, ob ein kollidierendes Rechtsgut die vorgenommene Freiheitsbeeinträchtigung tatsächlich erfordert. Es gewährleistet insofern Freiheitsschutz durch Transparenz und Zweckdeutlichkeit.

Nach Art. 5 Abs. 2 GG findet das Recht der Meinungsfreiheit seine Schranken in den Vorschriften der allgemeinen Gesetze, den gesetzlichen Bestimmungen zum Schutze der Jugend und in dem Recht der persönlichen Ehre. Während

Jugend- und Ehrenschutz im grundsätzlichen wenig Probleme bereiten, ist die Bedeutung des Begriffs der »allgemeinen Gesetze« bereits seit der insoweit gleichlautenden Formulierung in Art. 118 Abs. 1 der Weimarer Reichsverfassung umstritten.[15] Nach einer der traditionellen Interpretationen ist damit nichts Spezifisches, sondern nur gemeint, daß die Meinungsfreiheit – wie alle anderen Grundrechte auch – zum Schutz höherwertiger Rechtsgüter beschränkt werden darf (sog. Abwägungslehre). Nach der Gegenposition, der sog. Sonderrechtslehre, verweist der Begriff der Allgemeinheit darauf, daß die beschränkenden Gesetze nicht gegen die Meinungsfreiheit als solche gerichtet sein dürfen, sondern dem Schutz eines schlechthin, ohne Rücksicht auf eine bestimmte Meinung zu schützenden Rechtsgutes dienen müssen; häufig wird auch formuliert, die Beschränkung dürfe sich nicht gegen eine bestimmte Meinung richten.

Beide Positionen werfen Probleme auf: die Abwägungslehre, weil sie den Begriff der Allgemeinheit in der Sache und als Verfassungstext ignoriert; die Sonderrechtslehre, weil sie nicht recht zu klären vermag, wann ein Gesetz gegen die Meinungsfreiheit gerichtet ist. Das BVerfG hat sich dem Dilemma entzogen, indem es die beiden Lehren einfach kumulativ kombiniert hat. Es ist dafür häufig kritisiert worden, aber vielleicht liegt in dieser Lösung eine höhere Weisheit, als die Kritiker wahrhaben wollen. Denn beide Positionen besitzen einen richtigen Kern: Zu Recht verlangt die Sonderrechtslehre, daß die die Meinungsfreiheit beschränkenden Gesetze gegenüber den Meinungsinhalten grundsätzlich – in einem näher zu bestimmenden Sinne – neutral sein müssen. Aber auch inhaltsneutrale Beschränkungen können nicht unbeschränkt zulässig sein, wenn das Recht der Meinungsfreiheit sein »Schwellengewicht«[16] gegenüber kollidierenden Rechtsgütern nicht verlieren soll; die Abwägungslehre betont die Notwendigkeit eines derartigen differenzierenden, schonenden Ausgleichs. In der Sache handelt es sich demnach um eine Verhältnismäßigkeitsprüfung, wie sie auch bei anderen Grundrechten vorgenommen wird, die um den für die Meinungsfreiheit spezifischen Neutralitätsaspekt ergänzt wird.

4. Die Abwägung im Einzelfall

Diese subtile Schrankendogmatik hat allerdings bisher noch keine besondere Rolle gespielt, soweit es um die verfassungsrechtliche Beurteilung der meinungsbeschränkenden Gesetze selbst geht; die Probleme verschieben sich in der verfassungsgerichtlichen Praxis regelmäßig auf die Auslegung dieser Gesetze und ihre Anwendung auf einen konkreten Sachverhalt. Dies hat seinen Grund vornehmlich darin, daß die einschlägigen einfachgesetzlichen Normen zum

Schutz der Jugend, der persönlichen Ehre und anderer Rechtsgüter den Konflikt dieser Rechtsgüter mit der Meinungsfreiheit nicht detailliert regeln und damit abschließend entscheiden, sondern regelmäßig inhaltlich weit und unbestimmt gefaßt sind. Dies kann auch nicht anders sein: Zum einen sind die denkbaren Konflikte so vielgestaltig, daß sie anders als durch Generalklauseln gar nicht erfaßt werden können. Zum anderen liegt dies in der Logik der Schranken des Art. 5 Abs. 2 GG: Die »allgemeinen« Schrankengesetze sollen ja nicht unmittelbar in die Meinungsfreiheit eingreifen, sondern – indem sie ein anderes Rechtsgut schützen – die Meinungsfreiheit nur bei Gelegenheit dieses Schutzes – sozusagen mittelbar – beschränken. Unter dieser Prämisse ist es aber von vornherein ausgeschlossen, detaillierte »Meinungsäußerungsverbote« zu normieren.

Die Einsicht, daß die Meinungsfreiheit gegenüber kollidierenden Rechtsgütern nicht schlechthin, sondern nur dann zurücktreten muß, wenn die Kollisionsgüter dies im Einzelfall zwingend verlangen, macht sich demzufolge auf der Ebene der Auslegung und Anwendung der Schrankengesetze geltend. Insoweit gibt es hier eine »Wechselwirkung« zwischen Grundrecht und Schrankengesetz: Das Schrankengesetz muß im Lichte des Grundrechts verfassungskonform ausgelegt werden. Die »gegenseitige Beziehung zwischen Grundrecht und 'allgemeinem Gesetz' ist also nicht als einseitige Beschränkung der Geltungskraft des Grundrechts durch die 'allgemeinen Gesetze' aufzufassen; es findet vielmehr eine Wechselwirkung in dem Sinne statt, daß die 'allgemeinen Gesetze' zwar dem Wortlaut nach dem Grundrecht Schranken setzen, ihrerseits aber aus der Erkenntnis der wertsetzenden Bedeutung dieses Grundrechts im freiheitlichen demokratischen Staat ausgelegt und so in dieser das Grundrecht begrenzenden Wirkung selbst wieder eingeschränkt werden müssen.«[17]

Das BVerfG gerät durch die danach erforderliche Einzelfallabwägung in eine schwierige Position. Zwar hat sich das Gericht bemüht, generelle Vorrangregeln für die unterschiedlichen Konfliktkonstellationen zu formulieren; die Gefahr ist aber nicht von der Hand zu weisen, daß die Entscheidung im Einzelfall für die Beteiligten nicht mehr vorhersehbar ist und das BVerfG nicht nur Verstöße gegen »spezifisches Verfassungsrecht« überprüft, sondern eine vollständige Prüfung jedes Einzelfalls vornimmt und dadurch die instanzgerichtliche Rechtsprechung, gegen deren Entscheidung Verfassungsbeschwerde eingelegt worden ist, außer Kraft setzt.[18]

II. Die scheinbaren und wirklichen Probleme mit der Meinungsfreiheit aus der Sicht des Verfassungsrechts

1. Der Konflikt von Meinungsfreiheit und Ehrenschutz

Die Probleme der Wechselwirkungs- und Einzelfallabwägungs-Rechtsprechung des BVerfG treten besonders deutlich zutage, wenn ein Dritter sich durch eine Äußerung in seiner persönlichen Ehre verletzt fühlt. Unstreitig sind die zivilrechtlichen Normen, auf deren Grundlage Unterlassungs-, Widerrufs- und ggf. sogar Schadensersatzansprüche geltend gemacht werden können, zulässige Beschränkungen der Meinungsfreiheit. Dies gilt – trotz ihrer Unbestimmtheit – im Grundsatz auch für die einschlägigen Straftatbestände. Allerdings ist mit dieser Erkenntnis nicht viel gewonnen, da nun alles davon abhängt, wie diese Normen im Einzelfall ausgelegt werden. Im Kern ist dies ein traditionelles Problem des Grundrechts auf Meinungsfreiheit; überraschend ist nur, mit welcher Vehemenz dem BVerfG in letzter Zeit vorgeworfen wird, den Schutz der Meinungsfreiheit – gleiches gilt bei Konflikten mit der persönlichen Ehre übrigens auch für die Kunstfreiheit des Art. 5 Abs. 3 GG – zu übertreiben.[19] Der Streit um den »Soldaten sind Mörder«-Beschluß[20] ist insofern nur die Spitze des Eisberges.

Das BVerfG hat eine Reihe von Regeln dafür entwickelt, wie die Straf- und Zivilgerichte bei der Auslegung des einfachen Rechts das Grundrecht der Meinungsfreiheit zu berücksichtigen haben. In aller Kürze sind dabei folgende Unterscheidungen von Bedeutung[21]:

Ausgangspunkt der Prüfung ist die Frage, ob eine Äußerung ein Werturteil oder eine Tatsachenbehauptung darstellt, da diese beiden Arten von Äußerungen durch das Verfassungsrecht unterschiedlich geschützt werden. Handelt es sich um ein ehrenrühriges Werturteil, so geht der Ehrenschutz nur dann ohne weiteres vor, wenn die Äußerung die Menschenwürde antastet, eine Formalbeleidigung enthält oder – in der Praxis besonders bedeutsam – sich als Schmähkritik präsentiert, bei der es nicht mehr um die Auseinandersetzung in der Sache, sondern nur noch um die Diffamierung der Person geht. In allen anderen Fällen von ehrenrührigen Werturteilen muß eine Abwägung im Einzelfall vorgenommen werden. Dabei muß z. B. beachtet werden, inwieweit der Angegriffene selbst durch Inhalt und/oder Art einer Äußerung Anlaß zu heftiger Kritik gegeben hat; einen entsprechenden »Gegenschlag« muß er dann in der Regel hinnehmen. Von überragender Bedeutung ist in der Rechtsprechung die Frage, inwieweit sich die inkriminierte Äußerung als Beitrag zu einer Auseinandersetzung darstellt, die eine die Öffentlichkeit wesentlich berührende Angelegenheit betrifft. Sei dies der Fall, so wirke sich zugunsten der Äußerung aus, daß hier die Garantie der Meinungsfreiheit in ihrem Kernbereich, der Gewährleistung eines freien Meinungsbildungsprozesses als unabdingbarer Voraussetzung der Demokratie, betroffen sei; es spräche daher insoweit eine Vermutung für die Freiheit der Rede. Diese Vermutung greift dagegen nicht ein, wenn mit einer Äußerung lediglich private oder wirtschaftliche Interessen verfolgt werden.

Anders stellt sich die Lage dar, wenn eine Äußerung als ehrenrührige Tatsachenbehauptung zu qualifizieren ist. Die Grenzen für derartige Behauptungen müssen enger gesteckt sein, da die Tatsachenbehauptung – anders als das Werturteil – unbestritten wahr oder falsch ist und damit ein höheres Gefährdungspotential in sich birgt: Während sich das Werturteil (»Der Innenminister ist ein politischer Versager«) als subjektive Einschätzung zu erkennen gibt, die man teilen kann oder nicht, nimmt die Tatsachenbehauptung (»Der Innenminister hat Steuern hinterzogen«) eine Objektivität für sich in Anspruch, der sich der Leser oder Hörer kaum entziehen kann, solange er nicht über anderweitige Informationen verfügt. Maßgeblich für die Zulässigkeit ehrenrühriger Tatsachenbehauptungen muß daher ihre Wahr- oder Unwahrheit sein. Wahre Tatsachenbehauptungen sind dabei regelmäßig zulässig, solange sie nicht die Intimsphäre des Angegriffenen betreffen. Erwiesen oder bewußt unwahre Tatsachenbehauptungen spielen dagegen auf der Abwägungsebene keine Rolle, weil sie bereits vom Schutzbereich des Grundrechts ausgeschlossen sind. Schwierig ist die Behandlung von Tatsachenbehauptungen, deren Unwahrheit sich erst nachträglich herausstellt oder deren Wahrheitsgehalt sich gar nicht klären läßt. Eine wichtige Rolle spielt dann die Frage, ob der Äußernde sich zuvor im Rahmen seiner Möglichkeiten hinreichend um eine Aufklärung des Sachverhalts bemüht hat. Hat er das nicht getan – wobei das BVerfG insoweit zur Wahrung der Meinungsfreiheit keine allzu strengen Anforderungen stellen will –, trägt er das Risiko der Unwahrheit; andernfalls ist das Ergebnis der Abwägung von den Umständen des Einzelfalls abhängig.

Auf der Ebene dieser Abwägungsprinzipien ist gegen die Rechtsprechung des BVerfG wenig einzuwenden. Die neuralgischen Punkte, an denen sich die Kritik entzündet, stecken im Detail. Ich will drei Aspekte nennen. Zunächst hängt die Zulässigkeit einer Äußerung nicht selten weniger von der eigentlichen Abwägung der kollidierenden Interessen ab, sondern entscheidet sich bereits bei der Frage, ob eine Äußerung z. B. noch als »normales« Werturteil oder schon als Schmähkritik einzustufen ist. Dies zwingt das BVerfG geradezu, bereits die von den Instanzgerichten vorgenommene Interpretation der Äußerung bis ins Detail nachzuprüfen. Zwar betont das BVerfG, es wolle nicht seine eigene Interpretation verbindlich vorschreiben, sondern nur überprüfen, ob die Äußerung den ihr von den Instanzgerichten zugeschriebenen Sinn besitzt bzw. – bei mehrdeutigen Äußerungen – andere mögliche Deutungen, die nicht zur Verurteilung geführt hätten, mit überzeugenden Gründen ausgeschlossen worden sind. Im Ergebnis läuft diese Beschränkung aber weitgehend ins Leere: Wenn das BVerfG schon eine solche andere Deutung für möglich hält, können sie die Instanzgerichte regelmäßig nicht mehr »mit überzeugenden Gründen« ausschließen, sondern müssen sie als die »meinungsfreiheitsfreundlichere« Interpretation ihrer Entscheidung zugrundelegen. Die auf diesen Grundsätzen ergangene Rechtsprechung des BVerfG bietet ein uneinheitliches Bild. Gelegentlich fördert sie tatsächlich offensichtliche Fehlgriffe der Instanzgerichte zutage; so kann die – zutreffende – Behauptung in einem Flugblatt, ein Politiker habe sich im 2. Weltkrieg beim Überfall auf Polen als besonders eifrig und willfährig erwiesen und die Untaten seien »unter seinen Augen geschehen«, wohl kaum in die Unterstellung uminterpretiert werden, er habe sich an Vernichtungsaktionen beteiligt, weil nicht auszuschließen sei, daß ein »flüchtiger Leser« das Flugblatt so verstehe.[22] Auf der anderen Seite stehen Entscheidungen, die ein wenig übersubtil wirken. Daß das Satiremagazin »Titanic« einen Querschnittsgelähmten, der partout seine Einberufung bei der Bundeswehr erreichen will, nicht als »Krüppel«, wohl aber unter Umständen als »geb. Mörder« bezeichnen darf[23], ist nicht mehr unmittelbar einleuchtend. Die Instanzgerichte empfinden diese Differenzierungen jedenfalls gelegentlich als besserwisserischen Eingriff in ihre tatrichterliche Funktion und reagieren indigniert.[24] Auch wird geltend gemacht, daß das verfassungsgerichtliche Postulat, von mehreren Deutungsmöglichkeiten einer Äußerung immer diejenige Interpretation einer Entscheidung zugrundezulegen, die zur Zulässigkeit der Äußerung führt, zu mißbräuchlich zweideutigen Aussagen, die von den Gesinnungsgenossen augenzwinkernd schon richtig verstanden werden, geradezu einlade. So ist das AG Hamburg kürzlich – unter ausdrücklicher Berufung auf dieses Postulat des BVerfG – zu dem Ergebnis gekommen, daß der Ausdruck »Auschwitzmythos«, gesprochen auf ein rechtsradikales »Nationales Info-Telefon«, keine hinreichend eindeutige Leugnung der Massenvernichtung enthalte, sondern auch andere Interpretationen zulasse, auf deren Grundlage ein Freispruch erfolgen könne – was dann folgerichtig auch geschah.[25]

Soweit es sich um reine Werturteile handelt, hat das BVerfG nach verbreiteter Ansicht zudem die Zulässigkeit scharfer und pointierter Äußerungen im Ergebnis überdehnt. In der Kritik steht hier vor allem die Vermutungsregel, daß in einer Angelegenheit von öffentlichem Interesse die freie Rede zulässig sei. Daß man unter bestimmten Umständen die CSU im Wahlkampf als die »NPD Europas« und Franz Josef Strauß einen »Zwangsdemokraten« nennen, der Polizei aufgrund einer Abschiebung bei Nacht und Nebel »Gestapomethoden« vorwerfen und seine pazifistische Einstellung durch den Aufkleber »Soldaten sind Mörder. Kurt Tucholsky« zum Ausdruck bringen darf,[26] trägt für die Kritiker des BVerfG eher zur Verwilderung als zur Freiheitlichkeit der öffentlichen Auseinandersetzung bei.

Der wohl problematischste Punkt in der Rechtsprechung des BVerfG ist die Abgrenzung von Werturteilen und Tatsachenbehauptungen, wenn – wie häufig – eine Äußerung sowohl wertende als auch Elemente enthält, die auf die Behauptung einer Tatsache abzielen. Dazu gehören z. B. die Äußerungen »Das Kreiskrankenhaus S ist durch Dr. M heruntergewirtschaftet worden« oder »Mißliebige Kritiker werden vom X-Konzern bespitzelt und unter Druck gesetzt, rechte und willfährige Politiker werden unterstützt und finanziert«[27]: Hier wird jeweils ein bestimmter Sachverhalt behauptet, gleichzeitig aber durch die Art der Formulierung (»heruntergewirtschaftet«, »bespitzelt«) auch negativ bewertet. Das BVerfG hat in Fällen dieser Art regelmäßig entschieden, daß die Äußerung in ihrer Gesamtheit nicht als Tatsachenbehauptung, sondern – im Interesse des Schutzes der Meinungsfreiheit – als wertende Meinungsäußerung aufzufassen sei und daher grundrechtlichen Schutz genieße. Die erwiesene Wahrheit oder Unwahrheit des tatsächlichen Elements der Äußerung könne erst auf der Ebene der Abwägung eine Rolle spielen.

Diese Rechtsprechung ist tatsächlich nicht unbedenklich. Zum einen schwächt sie den einfachrechtlichen Rechtsschutz des Angegriffenen. Denn während bei ehrenrührigen Tatsachenbehauptungen in der Regel der Äußernde die Beweislast für ihre Wahrheit trägt, existiert für tatsachenhaltige Meinungsäußerungen keine derartig eindeutige Regel. Zudem scheint diese Rechtsprechung polemische und überspitzte Äußerungen gegenüber sachlicher Kritik geradezu zu privilegieren: Denn der Äußernde kann sich den Schutz der Meinungsfreiheit »besorgen«, indem er einen Vorwurf hinsichtlich eines tatsächlichen Verhaltens mit möglichst scharf wertenden Formulierungen verbindet.

Was folgt aus dieser Durchsicht der Rechtsprechung des BVerfG und der Argumente seiner Kritiker? Nach meiner Einschätzung gibt es ein ernstes Problem, nämlich die Abgrenzung von Tatsachenbehauptungen und Werturteilen, insbesondere in den Fällen, in denen eine Äußerung von beiden Elementen geprägt ist. Hier sollte man überlegen, ob man die Einordnung derartiger Äußerungen nicht doch davon abhängig macht, ob sie schwerpunktmäßig eine tatsächliche Behauptung enthält, anstatt jede Äußerung, die – wenn auch nur am Rande – eine Wertung enthält, als Meinungsäußerung zu qualifizieren.

In den anderen Fragen sehe ich allerdings keine Unzulänglichkeiten, die sich durch eine Änderung der Rechtsprechung beheben ließen. Dies gilt zunächst für die hohe Intensität der verfassungsgerichtlichen Prüfung in Fragen der Meinungsfreiheit. Die einschlägigen gesetzlichen Rechtsgrundlagen in diesem Bereich sind nun einmal so vage, daß verfassungsrechtlichen Gesichtspunkten häufig ein überragender Stellenwert zukommt. Damit wird das BVerfG quasi automatisch zu einer »Superrevisionsinstanz«, weil eine Trennung von einfachem und Verfassungsrecht kaum mehr möglich ist. Auch ist es hier noch seltener als in anderen Bereichen möglich, für die Zulässigkeit von Meinungsäußerungen generelle Vorrangregeln aufzustellen, die den Einzelfall unabhängig von seinen konkreten Umständen definitiv entscheiden. Wenn die verfassungsgerichtliche Kontrolle der Beschränkungen der Meinungsfreiheit nicht partiell leerlaufen soll, bleibt dem BVerfG nichts anderes übrig, als sich auf den jeweiligen Sachverhalt einzulassen. In seiner Quantität wird das Problem wohl auch überschätzt; die weitaus überwiegende Anzahl der Verfassungsbeschwerden gegen instanzgerichtliche Verurteilungen wegen einer Meinungsäußerung wird, ohne daß dies in der Öffentlichkeit wahrgenommen würde, unter Verweis auf die zutreffenden Erwägungen der Zivil- und Strafgerichte zurückgewiesen, obwohl man über viele Einzelfälle noch lange diskutieren könnte.[28]

In der politischen Öffentlichkeit herrscht eine stark ergebnisorientierte Kritik vor, die sich insbesondere an den Beleidigungsfällen entzündet hat. Nun kann man über Einzelfälle immer streiten, aber insgesamt ist es m. E. gutzuheißen, daß das BVerfG insbesondere im politischen Meinungskampf auch deutliche und verletzende Äußerungen zuläßt. Dies muß gerade dann gelten, wenn nicht konkrete Personen, sondern Kollektive angegegriffen werden (»Alle Soldaten...«), deren Mitglieder insoweit nicht als Individuen, sondern als Träger einer sozialen Rolle betroffen sind. Allerdings muß man sich darüber im klaren sein, daß unter dem Gebot der Meinungsneutralität und der Verallgemeinerungsfähigkeit der anzuwendenden Maßstäbe[29] dann auch Äußerungen zulässig sein können, die man als politisch ausgesprochen problematisch empfindet (»Alle Asylbewerber...«).

Die Forderung nach einem erhöhten Ehrenschutz für Politiker und andere Personen des öffentlichen Lebens (»keine Weimarer Verhältnisse«) geht schon deshalb am Kern der Sache vorbei, weil es ja nicht – zumindest nicht nur und nicht primär – subversive Außenseitergruppen sind, die zur Verschärfung des Tons der Auseinandersetzung beitragen: Wer den Bundestagspräsidenten –

wenn auch »mit Verlaub« – als »Arschloch« (Joschka Fischer), den politischen Gegner als »Fünfte Kolonne Moskaus« (Geißler) und einen Bundestagskollegen als »geborenen Verräter« (Schäuble) tituliert, kann sich schwerlich als Sittenwächter aufspielen.

Jenseits der Skurrilitäten der Einzelfälle ist damit aber auch ein grundsätzliches Problem angesprochen. Die Rechtsprechung beeinflußt zwar das Klima der Auseinandersetzung, aber sie schafft es nicht.[30] Gerade am Begriff der Ehre läßt sich zeigen, daß die Rechtsprechung die klaren Konturen dieses Begriffs keineswegs aktiv verwischt, sondern auf gesellschaftliche Veränderungen reagiert hat, die ihrem Einfluß entzogen sind.[31] Die Rechtsprechung kann nur äußerste Grenzen setzen; mit der Aufgabe, aktiv fördernd das Meinungsklima zu gestalten – um etwa, wie von einigen Politikern angesonnen, zur Ansehenswahrung der Bundeswehr in diesen für sie so »schweren Zeiten« beizutragen –, ist sie überfordert.

Die Kritik an der Rechtsprechung des BVerfG ist vermutlich auch durch ein allgemeines Unbehagen am derzeitigen Zustand der Medienlandschaft motiviert, ohne daß dieser Aspekt immer deutlich zum Ausdruck kommt.[32] Tatsächlich sind ehrverletzende Werturteile und falsche oder nicht erwiesene Tatsachenbehauptungen immer dann besonders schwerwiegend, wenn sie in Presseorganen oder im Rundfunk verbreitet werden: Der Angegriffene sieht sich hier einer Medienmacht gegenüber, die ihm in ihrer sozialen Autorität und in ihren publizistischen Möglichkeiten weit überlegen ist; und selbst wenn es ihm gelingt, eine Gegendarstellung durchzusetzen, wird diese in ihrer Breitenwirkung regelmäßig hinter dem spektakulären Angriff zurückbleiben. Diese Situation hat sich durch das private Fernsehen und den härter gewordenen Wettbewerb auf dem Zeitschriftenmarkt verschärft. Wenn der Eindruck nicht täuscht, haben sich die Gewichte bereits deutlich von einem sachhaltigen und informativen zu einem marktschreierischen und sensationslüsternen Journalismus verschoben; und auch Hans-Hermann Tiedje wird – so steht zu befürchten – seinen letzten »Tango« noch nicht getanzt haben.

Diese Entwicklung betrifft zunächst die Frage, ob Rundfunk und Presse ihrer »öffentlichen Aufgabe« einer sachbezogenen und ernsthaften Erörterung öffentlicher Angelegenheiten zur Ermöglichung freier Meinungsbildung noch hinreichend gerecht werden. Soweit aber Publikumszuspruch dadurch erstrebt wird, daß einzelne an den Pranger gestellt werden und mit ihren Persönlichkeitsrechten ein ausgesprochen leichtfertiger Umgang gepflegt wird, gerät auch das Verhältnis von Äußerungsfreiheit und Ehrenschutz verstärkt in den Blick. Die bisherigen Überlegungen und Bemühungen in diesem Bereich haben ergeben, daß es extrem schwierig ist, die rechtliche Position des Angegriffenen zu verbessern, ohne die Medienfreiheit ernsthaft zu beschädigen; die Änderung des Gegendarstellungsrechts im Saarland[33] und das Plädoyer für eine Journalistenkammer[34] sind die jüngsten Beispiele dafür. Wenn man aber über eine Verstärkung des Ehrenschutzes nachdenken will, so sollte man es hier tun, wo der einzelne aufgrund der tatsächlichen Machtverhältnisse in besonderer Weise gefährdet ist. Es ist daher zu begrüßen, daß der Bundesgerichtshof kürzlich eine Erhöhung des Schmerzensgeldes für Persönlichkeitsrechtsverletzungen durch die Presse verlangt hat, um die Präventionswirkung des immateriellen Schadensersatzes zu verstärken; in dem zugrundeliegenden Fall hatten Regenbogen-Blätter eines süddeutschen Verlages innerhalb weniger Monate drei weitgehend frei erfundene Geschichten über die Klägerin – darunter auch ein angebliches Exklusiv-Interview – veröffentlicht.[35]

2. Die strafrechtliche Sanktionierung der »Auschwitzlüge«

Anders als die Debatte über das traditionelle Spannungsverhältnis von Meinungsfreiheit und Ehrenschutz eröffnet die Pönalisierung der »Auschwitzlüge« eine neue Dimension der rechtlichen Regelung der Meinungsfreiheit: In der neuen Fassung des Straftatbestandes der Volksverhetzung wird nämlich erstmals das Äußern einer unwahren Tatsachenbehauptung als solches unter Strafe gestellt.

Die zeitgeschichtlichen und politischen Hintergründe dieser Gesetzesänderung sind bekannt; zu den strafrechtlichen Aspekten in Kürze: Die Leugnung der Judenverfolgung ist nach der Rechtsprechung als Beleidigung nach § 185 StGB strafbar.[36] Allerdings setzte dies den Strafantrag eines Verletzten voraus, an dem es häufig fehlte. Der Gesetzgeber hat deshalb 1985 durch die Änderung des § 194 StGB auf das Strafantragserfordernis für diese Fälle weitgehend verzichtet.[37] Dies änderte aber nichts daran, daß die sog. einfache »Auschwitzlüge« nicht nach dem erheblich schärferen Tatbestand der Volksverhetzung bestraft werden konnte, da § 130 StBG a. F. in allen Varianten einen Angriff auf die Menschenwürde voraussetzte. Ein solcher Angriff liegt aber nach der Rechtsprechung des Bundesgerichtshofes (BGH) nicht bereits bei einer Verletzung der Ehre, sondern erst dann vor, wenn »der angegriffenen Person ihr Lebensrecht als gleichwertige Persönlichkeit in der staatlichen Gemeinschaft abgesprochen und sie als minderwertiges Wesen behandelt wird«. Das bloße Bestreiten der Gaskammermorde erfülle diese Voraussetzungen nicht, solange nicht weitere Umstände hinzutreten.

Der Öffentlichkeit wurde diese Rechtsprechung schmerzlich bewußt, als der

BGH 1994 das erste Urteil des Landgerichts Mannheim gegen den NPD-Vorsitzenden Deckert auf dieser Grundlage aufhob, weil das Urteil des Landgerichts keine hinreichenden Feststellungen zu diesen weiteren Umständen enthielt.[38] Im zweiten Urteil holte das Landgericht dies nach und verurteilte Deckert erneut wegen Volksverhetzung; dieses Urteil enthielt nun in seiner Begründung Passagen, die nur als eine Anbiederung an die Person und die politische Einstellung des Angeklagten verstanden werden können.[39] Da die fraglichen Ausführungen nicht nur politisch skandalös, sondern zum Teil auch rechtsfehlerhaft waren, ist das Urteil inzwischen erneut vom BGH aufgehoben worden.[40] Diese Vorgänge dürften den Ausschlag dafür gegeben haben, daß die Pönalisierung der »Auschwitzlüge« in letzter Minute doch noch in das Verbrechensbekämpfungsgesetz vom 28. 10. 1994 aufgenommen worden ist. Seitdem ist in § 130 Abs. 3 StGB das Billigen, Leugnen und Verharmlosen des nationalsozialistischen Völkermordes mit einer Freiheitsstrafe bis zu fünf Jahren oder mit einer Geldstrafe bedroht, wenn es öffentlich oder in einer Versammlung geschieht und – was dann regelmäßig der Fall sein wird – geeignet ist, den öffentlichen Frieden zu stören.

Bei der Einschätzung dieser Gesetzesänderung kann man zunächst auf einer eher pragmatischen Ebene fragen, ob es auf diesem Wege gelingen wird, wirksam gegen die einschlägige rechtsradikale Propaganda vorzugehen. Ganz zweifelsfrei ist das nicht: Die Umgehungsmöglichkeiten durch bewußt mehrdeutige Formulierungen sind offensichtlich; und vermutlich hängt die Attraktivität derartiger Äußerungen eher von dem allgemeinen politischen Klima als von der konkreten Fassung des § 130 StGB ab, so daß es wohl im wesentlichen ein »symbolisches Strafrecht« bleiben wird. Zudem gerät der Rechtsstaat immer in eine prekäre Situation, wenn er mit dem Strafrecht gegen politische Anschauungen – und seien sie noch so unsinnig und widerlich – vorgeht; allzuoft werden die Verurteilten in der einschlägigen Szene zu Märtyrern hochstilisiert. Wer es einmal erlebt hat, mit welcher Unverfrorenheit rechtsradikale Angeklagte und mit ihnen politisch sympathisierende Anwälte den Gerichtssaal für ihre Propaganda ausnutzen und sich – gelegentlich nicht einmal zu Unrecht – auf die Wahrung rechtsstaatlicher Prinzipien berufen, wenn die Strafverfolgungsbehörden unter dem Druck der öffentlichen Meinung ein wenig des Guten zuviel getan haben, wird skeptisch werden, ob derartige Strafverfahren dem Rechtsstaat gut bekommen. Vielleicht wäre es auch aus rein pragmatischen Erwägungen besser, auf den Einsatz des Strafrechts zu verzichten, solange keine konkreten Individualrechtsgüter gefährdet oder verletzt werden – aber das ist ein eigenes, großes Thema.[41]

Was bedeutet darüber hinaus diese Gesetzesänderung für das Grundrecht der Meinungsfreiheit? Das Verbot der Leugnung des nationalsozialistischen Völkermordes stellt – wenn dieser Begriff überhaupt einen Anwendungsbereich besitzen soll – gewiß Sonderrecht gegen eine bestimmte Meinung und damit gerade kein »allgemeines Gesetz« im Sinne des Art. 5 Abs. 2 GG dar. Insofern kann das Verbot verfassungsrechtlich überhaupt nur zulässig sein, wenn man mit dem BVerfG davon ausgeht, daß die »Auschwitzlüge« als erwiesen unwahre Tatsachenbehauptung von vornherein nicht in den Schutzbereich des Art. 5 Abs. 1 Satz 1 GG fällt.[42]

Damit sind die verfassungsrechtlichen Probleme aber noch nicht gelöst. Denn das BVerfG geht – auf der Grundlage seiner oben kritisierten Rechtsprechung zur Einordnung von zugleich wertenden und Tatsachen behauptenden Äußerungen – davon aus, daß die »Auschwitzlüge« mittelbar den Schutz des Art. 5 Abs. 1 Satz 1 GG genießt, wenn sie im konkreten Zusammenhang als Voraussetzung für die Meinungsbildung – z. B. zum Thema der »Erpreßbarkeit« der deutschen Politik – geäußert wird, so daß die Gesamtäußerung als verfassungsrechtlich geschütztes Werturteil anzusehen ist.[43] Da § 130 III StGB aber zweifellos auch derartige Fälle erfassen will, geriete er schließlich doch in Konflikt mit der Allgemeinheitsforderung des Art. 5 Abs. 2 GG und wäre verfassungswidrig.

Wie kann man dieses Ergebnis vermeiden? Zunächst besteht die Möglichkeit, die Schrankenregelung der allgemeinen Gesetze mit der Begründung zu umgehen, es liege eine Rechtfertigung jenseits der Schrankenregelung durch sog. kollidierendes Verfassungsrecht vor. Diese Lösung ist aus zwei Gründen problematisch. Zum einen ist es generell fragwürdig, bei den Grundrechten, die qualifizierte Anforderungen an beschränkende Gesetze stellen, diese Anforderungen durch einen derartigen Rückgriff auf verfassungsimmanente Schranken zu überspielen. Zum anderen ist dieser Weg gerade im konkreten Fall versperrt: Da § 130 Abs. 3 StGB nicht das Rechtsgut der Menschenwürde oder der persönlichen Ehre schützen will, sondern über den insoweit bereits gewährten Schutz hinausgeht, kommt ausweislich seiner Stellung im Strafgesetzbuch als Schutzgut nur der »öffentliche Frieden« in Betracht. Eine Dogmatik aber, die den »öffentlichen Frieden« generell zum Verfassungs- und damit auch Schrankengut der Meinungsfreiheit machen wollte, ließe dieses Grundrecht sichtbar ins Leere laufen, weil dann nahezu beliebig gegen bestimmte Meinungen gerichtete Gesetze gerechtfertigt werden könnten.

Auch der zweite Lösungsweg, die Sonderrechtstheorie über Bord zu werfen, um die öffentliche Ordnung im Anschluß an die Abwägungslehre als höherwertiges Schutzgut präsentieren zu können, hätte für die Meinungsfreiheit ähnlich verhängnisvolle Auswirkungen. Bleibt also nur der dritte Weg, erwiesen unwahre Tatsachenbehauptungen auch dann dem Schutzbereich des Art. 5 Abs. 1 Satz 1 GG zu entziehen, wenn sie mit wertenden Elementen verquickt sind. Da die entgegenstehende Rechtsprechung des BVerfG aber kürzlich nochmals publizistisch bestätigt worden ist,[44] bestehen auch hier wenig Aussichten. Wie dem auch sei: Soll § 130 Abs. 3 StGB auch auf Äußerungen jenseits reiner Tatsachenbehauptungen Anwendung finden, so läßt sich dessen Verfassungsmäßigkeit nur konstruieren, wenn man mindestens einen Bestandteil der bisherigen Dogmatik – und zwar mit der Tendenz einer Schwächung des Grundrechts – aufgibt.

Dies mag bereits zeigen, wie problematisch auch in verfassungsrechtlicher Hinsicht ein derartiger Straftatbestand ist. Dabei sind noch nicht einmal die Auswirkungen auf die Meinungsfreiheit angesprochen, die sich aus den Abgrenzungsschwierigkeiten bei der Anwendung dieser Norm ergeben: Es trägt nicht zur Freiheit der öffentlichen Meinungsbildung bei, wenn man sich nun fragen muß, ob eine Diskussion über die genaue Anzahl der in den Vernichtungslagern zu Tode Gekommenen nicht verdächtig in die Nähe des »Verharmlosens« des nationalsozialistischen Völkermordes gerät.[45] Die freiheitliche Ordnung setzt ein Grundvertrauen in ihre Selbststeuerungsfähigkeit voraus; Gesetze, die Meinungen als solche verbieten, müssen in ihr ein Fremdkörper bleiben. Anlaß zu paternalistischen Beschränkungen der Meinungsfreiheit gibt es immer, und im Zeitalter der »political correctness« gilt das in besonderer Weise. Eines muß jedenfalls klar sein: Wenn die Meinungsfreiheit keinen Schaden nehmen soll, muß das Verbot einer bestimmten Meinung in § 130 Abs. 3 StGB so singulär bleiben, wie die Verbrechen einzigartig sind, deren Leugnung nun unter Strafe steht.

3. Das Verbot der Pornographie und die Unterscheidung zwischen Wort und Tat

Das Verbot der »Auschwitzlüge« indiziert, daß die politische Öffentlichkeit das Vertrauen in ihr eigenes rationalitätsstiftendes und -sicherndes Vermögen ein Stück weit verloren hat. Die besseren Argumente haben offensichtlich nicht mehr die Kraft, sich als solche mittels ihres eigentümlich zwanglosen Zwangs durchzusetzen, sondern bedürfen der – ihnen gar nicht mehr eigentümlichen – zwangsweisen Installierung durch das Strafrecht. Eine strukturell ähnliche Entwicklung deutet sich in der Diskussion an, ob die Herstellung und Verbreitung von Pornographie verboten werden soll.

Seit der Reform des Sexualstrafrechts beschränkt sich das deutsche Recht weitgehend darauf, die Verbreitung von Pornographie zu verhindern, soweit dies zum Schutz der Jugend und vor unerwünschter Konfrontation mit Pornographie erforderlich ist. Im übrigen war die Reform von dem liberalen Gedanken getragen, daß »die Freiheit jedes erwachsenen Staatsbürgers, selbst zu bestimmen, was er betrachten und lesen will, gegenüber der Rücksicht auf eine mögliche Gemeinschädlichkeit dieser Erzeugnisse den Vorzug« verdient.[46] Allein die sog. »harte« Pornographie, die Gewalttätigkeiten und sexuelle Handlungen mit Kindern und Tieren zum Gegenstand hat, unterliegt weitergehenden Beschränkungen; das Verbot der Kinderpornographie ist kürzlich verschärft worden.

Die aktuelle Kritik an diesem Rechtszustand ist – anders als die traditionellen Einwände gegen die Liberalisierung – nicht mehr primär an Forderungen der Sexualmoral, an »Sitte und Anstand« orientiert. Im Vordergrund steht nun die These, daß es sich bei Pornographie um »eine Form sexueller Gewalt gegen Frauen« und damit um einen Bestandteil der generellen Geschlechtsdiskriminierung handelt; dies sei in den bestehenden Gesetzen nicht berücksichtigt. Von feministischer Seite ist daher ein Gesetzentwurf entwickelt worden, in dem Pornographie als sexuelle Erniedrigung von Frauen in Worten und Bildern definiert und diese Definition durch weitere Merkmale konkretisiert wird. Da die herrschende Rechtsanwendung durch »patriarchale Strukturen« geprägt sei, soll Pornographie aber nicht strafrechtlich verboten, sondern sanktioniert werden, indem betroffene Frauen und Frauenverbände die Hersteller und Verbreiter von Pornographie auf Schadensersatz in Anspruch nehmen können.[47]

Ein entsprechendes Gesetz ist in den Vereinigten Staaten gerichtlich für verfassungswidrig erklärt worden.[48] Es soll hier – angesichts der Bedeutung der genauen Formulierung des Gesetzes – offen bleiben, zu welchem Ergebnis das deutsche Verfassungsrecht käme. Dies hinge u. a. davon ab, ob Pornographie generell oder zumindest zum Teil der Kunstfreiheit (Art. 5 Abs. 3 GG) unterfällt; es dürfte inzwischen jedenfalls anerkannt sein, daß sich Kunst und Pornographie nicht notwendig ausschließen.[49] Auf jeden Fall könnten sich die Produzenten von Pornographie gegenüber einem derartigen Gesetz zwar regelmäßig nicht auf die Meinungsfreiheit, wohl aber – je nach Veröffentlichungsart – auf die Presse- oder Filmfreiheit (Art. 5 Abs. 1 Satz 2 GG) und die Berufsfreiheit (Art. 12 GG), die Rezipienten auf ihre Informationsfreiheit (Art. 5 Abs. 1 Satz 1 GG) und die Freiheit der Persönlichkeitsentfaltung (Art. 2 Abs. 1 GG) berufen. Statt dessen soll gefragt werden, welches Verständnis von den Kommunikationsgrundrechten in derartigen Gesetzesvorschlägen zum Ausdruck kommt. Dies hängt zunächst davon ab, welcher Regelungszweck das Pornographieverbot rechtfertigen soll.

Daß in der Pornographieindustrie zu einem nicht unerheblichen Teil insbesondere für die Darstellerinnen unhaltbare Zustände herrschen, ist inzwischen belegt. Nur dürfte die Bekämpfung dieser Zustände kein generelles Verbot der Pornographie, sondern nur eine schärfere Überwachung ihrer Produktionsbedingungen rechtfertigen. Ähnlich schwierig ist es, einen konkreten Zusammenhang zwischen der Rezeption von Pornographie und Gewaltverbrechen gegen Frauen herzustellen; die Wirkungsforschung gibt hier bekanntlich keine klare Auskunft.[50] Die feministische Argumentation beruft sich daher vielfach auf einen weicheren Zusammenhang, indem sie einen allgemeinen Ideologieverdacht vorbringt: Die Pornographie stelle Frauen als Sexualobjekte männlicher Verfügungsgewalt dar; dies bewirke, daß Männer auch außerhalb sexueller Zusammenhänge nicht mehr in der Lage seien, Frauen als gleichberechtigt wahrzunehmen. Pornographie verletze dadurch nicht nur die Würde der Frau; sie zementiere auch in den Vorstellungen der Männer das traditionelle Geschlechterverhältnis und trage somit dazu bei, daß das verfassungsrechtliche Gleichberechtigungsgebot nicht eingelöst werden könne.[51] Gegen die Kommunikationsfreiheiten, die Pornographie schützen, müsse daher das Recht der Frauen auf Gleichheit angeführt werden.[52]

Worin liegt das Problem dieser Argumentation? Nun, gemeinhin unterscheiden wir zwischen dem Inhalt und der geistigen Wirkung, die ein Buch, ein Film oder ein Musikstück auf den Rezipienten hat, einerseits und dem, was letzterer schließlich in Auseinandersetzung mit diesem Werk denkt und tut, andererseits. Es gibt hier eine Grenze: Wer den »Werther« liest, kann deprimiert oder sogar verzweifelt sein; aber er weiß, daß es sich um eine Fiktion handelt, und wird sich nicht gleich umbringen – obwohl das natürlich passieren kann. Und wer Henry Miller oder de Sade liest, wird fasziniert, angeekelt oder gleichgültig in eine ihm vermutlich fremde Welt eintauchen – aber er wird nicht versuchen, diese Welt für sich zu verwirklichen, sondern zwischen Idee und Phantasie auf der einen und der Realität auf der anderen Seite unterscheiden.

Es sind diese Unterscheidungen, die die neuen Befürworterinnen eines Pornographieverbotes tendenziell unterlaufen. Ihre Parole lautet:[53] Pornographie sage nicht nur, sondern tue auch etwas; und sie tue dies nicht nur im Kopf, sondern in der Realität. Pornographie sei nicht weniger Realität als die Handlungen, die sie darstellt; deshalb sei ein Verbot dieser Handlungen nicht möglich, wenn man nicht auch bereit sei, die Pornographie zu verbieten. Sie sei ein expressives Mittel, um Ungleichheit zu praktizieren, nicht Kunst, sondern politische Praxis; die Unterscheidung von Rede und Handlung mache für Probleme gesellschaftlicher Ungleichheit keinen Sinn.

Die Annahme, daß Pornographie nicht Rede und Fiktion, sondern Realität und Praxis sei, läßt sich etwas konkreter wohl dadurch erklären, daß Pornographie auf einer politisch relevanten Ebene der Bedeutung ein bestimmtes Bild der Beziehung zwischen den Geschlechtern schafft, dem sich die Rezipienten nicht entziehen können: Pornographie überzeuge Menschen nicht, sondern verändere sie; sie »bringt sie dazu«, die pornographische Phantasie tatsächlich auch in vielfacher Hinsicht ausleben zu wollen.[54]

Dieses Modell bereitet aus zwei Gründen Unbehagen. Zum einen sind natürlich Fälle bekannt, in denen Menschen vor geistigen Einflüssen geschützt werden müssen, weil sie sich von ihnen nicht distanzieren, ihre Bedeutung nicht einschätzen und nicht zwischen Realität und Fiktion unterscheiden können; daraus legitimiert sich der gesamte Jugendschutz. Aber im übrigen – d.h. für Erwachsene – setzen wir sehr wohl voraus, daß wir nicht Spielball dieser Einflüsse sind, sondern verantwortlich mit ihnen umgehen können. Natürlich trifft dies nicht immer zu; wer sich nach der Lektüre des »Werther« das Leben nimmt, oder wer bei einer Fernsehanstalt anruft, um einen Behandlungstermin bei Dr. Brinkmann zu vereinbaren oder zu fragen, ob nach dem Tod einer Serienfigur eine Wohnung in der »Lindenstraße« frei wird, hat offensichtlich Probleme, die Fiktion angemessen zu verarbeiten und sie von der Realität zu unterscheiden. Bei der Zuschreibung dieser Fähigkeiten handelt es sich eben nicht um eine Tatsachenbehauptung, sondern um eine Unterstellung, vielleicht sogar um eine Fiktion. Aber es ist – und das ist der entscheidende Punkt – eine notwendige, weil freiheitserhaltende Fiktion! Legten wir nämlich diese Voraussetzung unserem sozialen Leben nicht zugrunde, bliebe wenig Raum für die Freiheit; an die Stelle von Selbstverantwortlichkeit, rationaler Ansprechbarkeit und Autonomie träten Manipulation und Überwachung. Wir alle würden zu Kindern, auf die man gut aufpassen muß.

Im Bereich der Kommunikationsfreiheiten zeigt sich die freiheitsgefährdende Tendenz dieser Auffassung – und darin liegt der zweite Grund des Unbehagens – besonders deutlich. Wenn wir nicht voraussetzen, daß ein verantwortlicher Umgang mit und die Distanzierung von Gelesenem und Gehörtem möglich sind, gibt es tatsächlich keinen Grund mehr, zwischen Worten und Handlungen zu unterscheiden: Dann stellen eine Drohung oder die Anwendung von Gewalt und die Veröffentlichung eines Buches nur unterschiedliche Arten der Beeinflussung dar. Und wenn alles eine Beeinflussung in diesem Sinne ist, ist nicht ersichtlich, welche Bedenken dagegen bestehen sollten, dafür zu sorgen, daß jegliche Beeinflussung im politisch erwünschten Sinne stattfindet. Denn das Argument, man dürfe aufgrund seiner Fähigkeit zur Selbstbestimmung und -kontrolle auf der Ebene der Fiktion Erfahrungen machen, deren Umsetzung in die Realität verhängnisvoll wäre, ist dann nichtig.

Nun sind hier – gerade wenn man davon ausgeht, daß die Zuschreibung von Freiheit und Verantwortlichkeit letztlich auf einer normativen Entscheidung darüber beruht, wie wir zusammen leben wollen – Abstufungen möglich; und vielleicht ist gerade die Wirkung der Pornographie zum Teil so eindringlich, daß sie jede noch so starke Zuschreibung von Freiheit und Verantwortlichkeit desavouiert. Wir sollten uns aber davor hüten, die für die geistige Freiheit zentrale Unterscheidung von Worten und Taten generell zusammenbrechen zu lassen, um ein Verbot der Pornographie legitimieren zu können – ganz abgesehen davon, daß die Leugnung dieser Unterscheidung auch die Taten in einem gewissen Sinne trivialisiert.[55] Das Ergebnis wäre ein unbegrenzter politischer Zugriff auf Kommunikationsinhalte. Denn schließlich ist die Pornographie »nur einer von vielen gefährlichen Artikeln, die in unserer Gesellschaft im Umlauf sind«[56] – »gefährlich« für die Gleichberechtigung der Frauen, aber auch für viele andere Rechtsgüter.

III. Fazit: Die Entscheidung zwischen Beschränkung und Ermöglichung freier Meinungsbildung

Das liberale Modell der Kommunikationsfreiheit beruht auf der Prämisse, daß der »Markt der Meinungen« zu einer Selbststeuerung in der Lage ist und diese Steuerung jeder anderen Form der Lenkung überlegen ist. Nur unter dieser Prämisse darf man annehmen, die freie individuelle und öffentliche Meinungsbildung bedürfe nicht der Regulierung der Kommunikationsinhalte, sondern könne – wie im Grundgesetz geschehen – durch die Einräumung gleicher Kommunikationsrechte gewährleistet werden. Falsche und unsinnige Meinungsäußerungen werden rechtlich nicht sanktioniert, weil man darauf vertraut, daß sie sich im Prozeß der Kommunikation als falsch und unsinnig herausstellen und deshalb von mündigen und kompetenten Gesprächsteilnehmern zurückgewiesen werden.

Dieses Vertrauen scheint zu schwinden. Statt zu offensiver Gegenrede in der Sache überzugehen, gibt man sich zunehmend empfindlich und behauptet, daß man »so etwas« überhaupt nicht diskutieren, schreiben oder zeigen dürfe. Immer fühlt sich irgendeine Gruppe bereits dadurch verletzt und gefährdet, daß überhaupt ein bestimmtes Problem thematisiert wird. Die Erörterung der Wahrheit und Richtigkeit einer Äußerung wird verdrängt von der Frage nach ihrer »Wirkung«. Statt dem Verwender des Tucholsky/Soldaten-Aufklebers die – vorsichtig formuliert – inhaltliche Problematik seiner Aussage durch die einfache Frage zu demonstrieren, ob denn die Konzentrationslager von kämpfenden Soldaten oder von Pazifisten befreit worden sind, erregt man sich über den Ansehensverlust der Bundeswehr und den Motivationsverlust ihrer Bediensteten, die diese Äußerung und die entsprechende Entscheidung des BVerfG angeblich mit sich gebracht haben. Die Euthanasie-Diskussion der letzten Jahre war für dieses Schema ein besonders groteskes Beispiel: Daß selbst namhafte Philosophen und Juristen ein Manifest unterschrieben haben, in dessen ursprünglicher Fassung es gutgeheißen wurde, daß der international renommierte Philosoph und jüdische Intellektuelle Peter Singer an öffentlichen Auftritten in Deutschland mit Gewalt gehindert wurde; daß die Einladung Singers zu einem Vortrag für einen Hochschullehrer dienstrechtliche Konsequenzen hatte; daß ernsthaft behauptet wurde, die gesamte Erörterung der Frage, wie wir uns zu schwerstbehinderten Neugeborenen und zu sterbenden Menschen verhalten wollen, müsse unterbleiben, um ein Tabu aufrechtzuerhalten – darin kommt ein Klima zum Ausdruck, in dem von dem ursprünglichen »Ich bin nicht Deiner Meinung, aber ich werde trotzdem alles dafür tun, daß Du sie äußern kannst«-Pathos wenig übriggeblieben ist. Statt dessen ist man ständig von einer Äußerung – wie von einer Handlung – »betroffen« und sieht sich in seiner Ehre oder Würde angegriffen. Behauptungen sind dann nicht mehr primär wahr oder falsch, Meinungen sinnvoll oder unsinnig und schon gar nicht Bilder schön oder häßlich, sondern alles ist politisch akzeptabel oder gefährlich. Kommunikation hat keinen diskussionsfähigen und -würdigen Inhalt mehr, sondern nur noch Wirkungen. Ihre Rezipienten sind nicht kompetente Teilnehmer an einem kommunikativen Prozeß, sondern »verführbar«.

In diesem gleichzeitig quietistischen und aggressiven Klima muß die Bereitschaft zur Toleranz gegenüber abweichenden Meinungsäußerungen sinken. Dafür wächst die Versuchung, den Kommunikationsprozeß unter eine rechtliche Käseglocke zu stellen, unter der dann die Tabus gepflegt und unter die nur noch Meinungen mit der richtigen Wirkung eingelassen werden können. Die alte liberale Einsicht aber, daß die »Wahrheit nicht unter einer Käseglocke gedeiht«[57], beeindruckt niemanden mehr, weil auch niemand mehr an einer vorurteilsfreien Erforschung der Wahrheit interessiert ist. Aus Scheu vor dem Risiko, das ein grundsätzlich freier und ungeregelter Kommunikationsprozeß mit sich bringt, wird ihm seine Eigengesetzlichkeit und seine Autonomie genommen: Wenn alles Politik ist,[58] kann auch alles rechtlich nach den Maßstäben der politischen Korrektheit geregelt werden. Dieser unmittelbare rechtliche Zugriff auf Meinungsinhalte zum Zwecke der wirkungsbezogenen Steuerung läßt von der Meinungsfreiheit und ihrer Funktion, der Gewährleistung einer freien Meinungsbildung von unten nach oben, d.h. von der Gesellschaft zum Staat, nichts mehr übrig.

In einer freiheitlichen Kommunikationsordnung kann das Recht dagegen nicht unmittelbar auf Meinungsinhalte zugreifen, sondern muß sich auf die Regelung der Voraussetzungen und Strukturen dieses Kommunikationsprozesses beschränken. Daß derartige Regelungen nicht nur möglich, sondern vielfach auch notwendig sind, wird durch die gegenwärtige Debatte eher verdrängt. Dabei ist diese Einsicht so alt wie das liberale Kommunikationsmodell, gegen das sie sich kritisch wendet. Auch in der Verfassungsrechtsprechung ist seit langem erkannt, daß sich gelingende Kommunikation nicht naturwüchsig herstellt, sondern von Voraussetzungen lebt, denen der moderne Sozial- und Interventionsstaat nicht indifferent gegenüberstehen kann. Am deutlichsten ist dies im Bereich des Rundfunks: Die Probleme des chancengleichen Zugangs zur Kommunikation sind hier so offensichtlich, daß das BVerfG bereits frühzeitig entschieden hat, daß der Rundfunk staatsfrei zu sein habe, der Gesetzgeber aber auch dafür sorgen müsse, daß dieses Medium nicht nur einer gesellschaftlichen Gruppe zur Verfügung steht, sondern in ihm alle Meinungen in gleichgewichtiger Vielfalt zum Ausdruck kommen.[59]

In einer etwas anderen Form stellt sich dieses Problem des chancengleichen Zugangs auch für die Meinungsfreiheit. Hier geht es nicht um die Verfügbarkeit massenmedialer Kommunikationsmittel, sondern um die Entwicklung kommunikativer Kompetenz als Voraussetzung für die Ausübung des Grundrechts der Meinungsfreiheit. Nur derjenige, der ein gewisses Maß an gelungener Erziehung und Bildung erfahren hat, wird in der Lage sein, seine Meinungen und Interessen verantwortungsbewußt zu artikulieren und die entsprechenden Äußerungen anderer angemessen zu verarbeiten. Die staatliche Pflicht, diese Grundrechtsvoraussetzungen zu gewährleisten, läßt sich als staatlicher Kulturauftrag im weitesten Sinne bezeichnen.[60] Aus diesem Blickwinkel ist es vom falschen Ende her gedacht, wenn die Leugnung des nationalsozialistischen Völkermordes verboten wird, weil es nicht zu gelingen scheint, in der Schule elementare historische Kenntnisse zu vermitteln und insbesondere Jugendliche dadurch gegenüber derartigen Geschichtslügen zu immunisieren.

Auch diese Vermittlung kommunikativer Kompetenzen wird das Risiko mißglückter Meinungsbildung und -artikulation nie vollständig ausschließen können. Sie ist aber in einem freiheitlichen Gemeinwesen grundsätzlich die einzige Möglichkeit, durch staatliches Recht diese Prozesse zu beeinflussen, wenn das Grundrecht der Meinungsfreiheit und die Kommunikationsfreiheit in allen ihren Ausprägungen nicht aufgegeben werden sollen.

Anmerkungen

1 Zur Geschichte des Grundrechts der Meinungsfreiheit vgl. z. B. Gilbert-Hanno Gornig, Äußerungsfreiheit und Informationsfreiheit als Menschenrechte, 1988, 57 ff.; Johannes Schwartländer/Dietmar Willoweit (Hg.), Meinungsfreiheit – Grundgedanken und Geschichte in Europa und USA, 1986.

2 Entscheidungen des Bundesverfassungsgerichts (BVerfGE), Bd. 7, 198, 208.

3 BVerfGE a. a. O.

4 Vgl. Winfried Brugger, Freiheit der Meinung und Organisation der Meinungsfreiheit, Europ. Grundrechte-Zeitschrift 1987, 189, 192 ff.; ders., Der Kampf der Meinungen, in: Johannes Schwartländer/Eibe Riedel (Hg.), Neue Medien und Meinungsfreiheit, 1990, 143.

5 Hans H. Klein, Öffentliche und private Freiheit, Der Staat 10 (1971), 145; Walter Schmitt Glaeser, Die Meinungsfreiheit in der Rechtsprechung des Bundesverfassungsgerichts, Archiv des öff. Rechts 97 (1972), 60, 276; 113 (1988), 52.

6 Vgl. dazu die bisherigen acht Rundfunkurteile: BVerfGE 12, 205; 31, 314; 57, 295; 73, 118; 74, 297; 82, 238; 87, 181; 90, 60.

7 Der verfassungsrechtliche Sprachgebrauch weicht hier von der alltäglichen Redeweise ab: Die Aussage »Die Erde ist eine Scheibe« ist im normalen Sprachgebrauch Ausdruck einer Meinung des Äußernden; verfassungsrechtlich ist sie dagegen eine – unwahre – Tatsachenbehauptung.

8 BVerfGE 25, 256.

9 BVerfGE 85, 1, 15.

10 BVerfGE 90, 241, 249; BVerfG, Neue Juristische Wochenschrift (NJW) 1993, 916 f.

11 Zu dieser Gegenposition vgl. Edzard Schmidt

12 Vgl. dazu unten II. 1.

13 Josef Isensee, Das Grundrecht auf Sicherheit, 1983.

14 Die Rechtsprechung des BVerfG, in der die Grundrechte auch als Schutzpflichten interpretiert werden (vgl. zuletzt die zweite Entscheidung zur Abtreibung BVerfGE 88, 203), ist nicht unbestritten; zur Kritik vgl. nur Rainer Wahl/Johannes Masing, Schutz durch Eingriff, Juristenzeitung (JZ) 1990, 553.

15 Aus der umfangreichen Literatur vgl. nur Rudolf Wendt, in: v. Münch/Kunig (Hg.), Grundgesetz-Kommentar, Bd. 1, 4. Aufl. 1992, Art. 5 Rz. 69 ff. mwN.

16 Zu diesem Begriff vgl. Ronald Dworkin, Bürgerrechte ernstgenommen, 1984, 158 ff.; zu seiner Bedeutung für die Grundrechtsdogmatik vgl. Stefan Huster, Rechte und Ziele. Zur dogmatischen Struktur des allgemeinen Gleichheitssatzes, 1993, 94 ff.

17 BVerfGE 7, 198, 208 f.; ständige Rspr.

18 Zu diesen Einwänden vgl. statt vieler nur zuletzt Fritz Ossenbühl, Medien zwischen Macht und Recht, JZ 1995, 634, 640 f.

19 Vgl. aus der juristischen Literatur nur Josef Isensee, Kunstfreiheit im Streit mit Persönlichkeitsschutz, Archiv f. Presserecht (AfP) 1993, 619; Manfred Kiesel, Die Liquidierung des Ehrenschutzes durch das BVerfG, Neue Zeitschr. f. Verwaltungsrecht 1992, 1129; Martin Kriele, Ehrenschutz und Meinungsfreiheit, NJW 1994, 1897; Horst Sendler, Kann man Liberalität übertreiben?, Zeitschr. f. Rechtspolitik (ZRP) 1994, 343; Peter J. Tettinger, Die Ehre – ein ungeschütztes Verfassungsgut?, 1995.

20 BVerfG NJW 1994, 2943.

21 Einen ausgesprochen instruktiven Überblick über diese Rechtsprechung gibt jetzt – der in den einschlägigen Verfahren regelmäßig als Berichterstatter zuständige Bundesverfassungsrichter – Dieter Grimm, Die Meinungsfreiheit in der Rechtsprechung des Bundesverfassungsgerichts, NJW 1995, 1697, 1700 ff.

22 BVerfGE 43, 130.

23 BVerfGE 86, 1.

24 Vgl. den nach Zurückweisung durch das BVerfG ergangenen Beschluß OLG Bamberg NJW 1994, 1972, und die erneute Aufhebung in BVerfG NJW 1995, 1477.

25 AG Hamburg NJW 1995, 1039.

26 Vgl. – in der Reihenfolge der Zitate – BVerfGE 61, 1; 82, 272; BVerfG NJW 1992, 2815; BVerfG NJW 1994, 2943.

27 Vgl. zu diesen Fällen BVerfGE 85, 1; BVerfG NJW 1993, 1845.

28 Dies gilt z. B. für die kurzerhand zurückgewiesene Verfassungsbeschwerde von Eckhard Henscheid gegen eine zivilgerichtliche Entscheidung, in der er zur Unterlassung von Äußerungen über Heinrich Böll und seinen Roman »Und sagte kein einziges Wort« verurteilt wurde, die im Rahmen einer polemischen Kurzbesprechung in einer Literaturzeitschrift veröffentlicht worden waren; vgl. BVerfG NJW 1993, 1462. Kritisch dazu auch Georgios Gounalakis, Freiräume und Grenzen politischer Karikatur und Satire, NJW 1995, 809.

29 Vgl. dazu Isensee (Fn. 19), 627 f.

30 So zu Recht Dieter Grimm, ZRP-Rechtsgespräch, ZRP 1994, 276.

31 Vgl. dazu sehr einleuchtend Friedrich Kübler, Öffentlichkeit als Tribunal?, JZ 1984, 541.

32 Vgl. jetzt aber Ossenbühl (Fn. 18).

33 Darstellung und verfassungsrechtliche Kritik bei Benno H. Pöppelmann, Gesetz zur Änderung des Saarländischen Pressegesetzes und des Rundfunkgesetzes für das Saarland AfP 1994, 100.; Walter Seitz, Saarländisches Gegendarstellungsrecht, NJW 1994, 2922. Vgl. auch Ernst Benda, Eine Gegendarstellung zur saarländischen Pressefreiheit, NJW 1994, 2266.

34 Martin Kriele, Plädoyer für eine Journalistenkammer, ZRP 1990, 109. Nach Christian Starck, in: v. Mangoldt/Klein/Starck, Das Bonner Grundgesetz, Bd. 1, 3. Aufl. 1985, Art. 5 I, II Rz. 46 mwN., wäre eine Verkammerung allerdings mit der Pressefreiheit des Grundgesetzes nicht vereinbar.

35 BGH NJW 1995, 861, 864 f.

36 Entscheidungen des Bundesgerichtshofs in Zivilsachen (BGHZ) 75, 160, 162 f.; BGH NJW 1994, 1421, 1422, und 1779, 1781. Dies wird in der Literatur aber z. T. als Überdehnung des Beleidigungstatbestandes kritisiert.

37 Vgl. dazu Sebastian Cobler, Das Gesetz gegen die »Auschwitz-Lüge«, Kritische Justiz (KJ) 1985, 159; Klaus Vogelsang, Die Neuregelung zur sog. »Auschwitzlüge«, NJW 1985, 2386.

38 BGH NJW 1994, 1421.

39 LG Mannheim NJW 1994, 2494.

40 BGH NJW 1995, 340.

41 Eine reichlich oberflächliche und ergebnisorientierte Verharmlosung der rechtsstaatlichen Probleme, die bei einem rein instrumentellen Einsatz des Strafrechts entstehen, findet sich mit Bezug auf die »Auschwitzlüge« z. B. bei Heribert Ostendorf, Im Streit: Die strafrechtliche Verfolgung der »Auschwitzlüge«, NJW 1985, S. 1062. Zu den unterschiedlichen und z. T. widersprüchlichen Erwartungen, die zur Zeit an das Strafrecht herangetragen werden, vgl. nur zuletzt Klaus Lüderssen, Abschaffen des Strafens?, 1995.

42 Vgl. oben Fn. 10.

43 BVerfGE 90, 241, 250.

44 Vgl. Grimm (Fn. 21), 1699.

45 Zur Schwierigkeit der Grenzziehung in derartigen Fällen vgl. auch die Parallelentscheidung BVerfGE 90, 1, zur Indizierung eines Buches, in dem die deutsche Kriegsschuld geleugnet wird.

46 So die Begründung des einschlägigen Regierungsentwurfs, abgedruckt in: Reform des Sexualstrafrechts, zusammengestellt von Friedrich-Christian Schröder, 1971, 83, 138. Umfassend zum Ganzen ders., Pornographie, Jugendschutz und Kunstfreiheit, 1992.

47 Zu den Entwürfen und ihrer Begründung vgl. Susanne Baer/Vera Slupik, Entwurf eines Gesetzes gegen Pornographie, KJ 1988, 171; Alice Schwarzer (Hg.), PorNO, 1994, 33 ff.

48 Zu einem kurzen Überblick über das amerikanische Verfassungsrecht in dieser Frage vgl. Winfried Brugger, Einführung in das öffentliche Recht der USA, 1993, 135 ff.

49 Vgl. BVerfGE 83, 130.

50 Vgl. nur die differenzierte Zusammenfassung der Forschungsergebnisse bei Gordon Hawkins/Franklin E. Zimring, Pornography in a Free Socity, 1988, 74 ff.; Herbert Selg, Pornographie, 1986, 145 ff.

51 Vgl. zu dieser Argumentation Catharine MacKinnon, Nur Worte, 1994, und die Beiträge in Schwarzer (Hg.), PorNO (Fn. 47).

52 Vgl. dazu insbesondere MacKinnon (Fn. 51), 77 ff.

53 Das Folgende stammt aus Baer/Slupik (Fn. 47) und MacKinnon (Fn. 51), insbes. Teil I.

54 MacKinnon (Fn. 51), 19 ff.

55 Zur auch insoweit notwendigen Unterscheidung von Gedanke und Tat vgl. Cora Stephan, Heim zu Mama? Eine Polemik, in: Frauen und Pornographie (konkursbuch extra), o. J., 63, 67 ff.

56 Susan Sontag, Die pornographische Phantasie, in: dies., Kunst und Antikunst, 1991, 48, 86.

57 Inga Markovits, Aufklärung wäre besser. Müssen die Leugner des Holocaust bestraft werden?, Die Zeit v. 17. 2. 1995.

58 Vgl. aus der Pornographie-Debatte nur Gisela Breitling, Der Kunst-Markt, in: Schwarzer (Fn. 47), 178 ff.: »Kunst entsteht nicht aus rein künstlerischem Interesse, und sie wird auch nicht aus solchem Interesse erworben, gezeigt und bewundert. Jedes ästhetische Urteil ist in Wahrheit ein politisches. (...) Durch nichts ist der Mythos belegt, bei hochqualifizierter Kunst handle es sich auch um ethisch oder menschlich Hochstehendes. (...) so wenig ist einzusehen, weshalb Fragen der Ethik nicht auch an die Kunst gestellt werden dürfen.«

59 Vgl. die Nachweise oben in Fn. 6.

60 Vgl. dazu grundlegend Dieter Grimm, Kulturauftrag im staatlichen Gemeinwesen, in: Veröffentlichungen der Vereinigung der Deutschen Staatsrechtslehrer Bd. 42 (1984), 46 (auch in ders., Recht und Staat der bürgerlichen Gesellschaft, 1987, 104).

Peter Niesen

Überlegungen zu Pornographie und Demokratie

In der älteren Pornographiediskussion, wie sie sich beispielsweise an die Publikation des Williams-Reports im Großbritannien der späten siebziger Jahre anschloß, konnte vorausgesetzt werden, daß die Anstößigkeit von pornographischen Produkten nicht mehr als hinreichender Grund für ihre gesetzliche Beschränkung angesehen würde und daß die rechtliche Erzwingung einer bestimmten sexuellen Ethik äußerst fragwürdig geworden war.[1] Daher konnte man sich zufriedengeben mit der negativen Demonstration, daß außer der Empörung über die Verderbnis der Sitten keine guten Gründe für die Einschränkung von Pornographie vorlagen. Die Gegner der Pornographie stammten vornehmlich aus religiösen oder traditionalistischen Lagern und konnten nicht plausibel machen, warum ihre partikularen Werte auf die gesamte Gesellschaft ausgedehnt bleiben oder werden sollten. In der heutigen politischen Philosophie und demokratischen Öffentlichkeit scheint eine Verlagerung der Beweislast eingetreten zu sein, die mit neuen Interpretationen der Aussage, Wirkung und Funktion von Pornographie einhergeht. Pornographie wird nicht mehr als ein Randphänomen qualifiziert, dessen Disziplinierung von seiten des Staates auf aussagefähige Weise repressiv ist, sondern als Ausdruck einer kulturell dominanten, disziplinierenden Struktur, deren repressive Macht pornographisch zementiert wird. Bezogen sich frühere Argumentationen auf die sexuelle Privatsphäre, so wird heute die Pornographierung der Öffentlichkeit betont. War die wirkmächtige Leitanalogie zur permissiven Pornographiepolitik früher die sexuelle Selbstbestimmung Homosexueller, so ist es heute rassistische Diskriminierung. McCarthyismus wird nicht mehr allein den Gegnern einer absoluten Kommunikationsfreiheit, sondern auch ihren Befürwortern vorgeworfen;[2] den liberalen Freunden der Redefreiheit dagegen, die sich einst vor politische und religiöse Dissidenten stellten, bleibt im wesentlichen die Verteidigung von Rassisten, Neonazis und Pornographen.[3] Während der Pornographie früher auch ideologiekritische Absichten zugeschrieben wurden, bricht nun die Entlarvung ihrer eigenen herrschaftsstabilisierenden Funktion über sie herein. Auch das Selbstverständnis als unterdrückte Minderheit oder Gruppe, das Befürworter vor fünfzehn Jahren noch auf ihrer Seite hatten, ist auf die Seite der Pornographiegegner übergegangen. Während früher eine privilegierte Gruppe nicht länger die private und politische Selbstbestimmung von Benachteiligten verhindern sollte, soll heute eine privilegierte Gruppe nicht länger die private und politische Selbstbestimmung von Benachteiligten verhindern.

Wenn im folgenden die neuere Debatte vor dem Hintergrund des U.S.-amerikanischen Verfassungsrechts rekonstruiert wird, so nicht nur deshalb, weil die amerikanischen Autorinnen und Autoren diesen Hintergrund naturgemäß voraussetzen, sondern vor allem, weil die in Anspruch genommenen normativen Vorgaben durch diesen verfremdenden Effekt deutlicher hervortreten können. Insbesondere die den Argumenten zugrundeliegenden Konzeptionen von Demokratie zeichnen sich klarer ab, wenn man sich methodisch mit der Verfassung der U.S.A. auf ein einziges Recht auf Redefreiheit beschränkt und nicht von vornherein Probleme durch ihre Departmentalisierung auf Meinungs- und Kunstfreiheit, Schutz der Jugend, allgemeines Persönlichkeitsrecht etc. kleinarbeitet und dabei methodisch auf das Sicherheitsnetz der Menschenwürde verzichtet, das in der Bundesrepublik allezeit unter rechtspolitischen Theoretikerinnen und Theoretikern aufgespannt ist. Natürlich gibt es neben der Redefreiheit weitere, unabhängige Argumente, die bei einer vollständigeren Diskussion der Problematik der Pornographie zu berücksichtigen wären. Der Schutz einer niemanden verantwortlichen Privatsphäre auf der einen Seite oder soziale Gleichheitsansprüche, die über gleiche Freiheiten hinausgehen, auf der anderen können weitgehend unabhängig von Konzeptionen der Redefreiheit in die Pornographiedebatte eingreifen. Dennoch scheint es gerechtfertigt, die folgende Diskussion auf Redefreiheit zu zentrieren und damit den Äußerungsaspekt von Pornographie zu unterstreichen. Was immer Pornographie sonst noch sein mag, es handelt sich bei ihr um interpretationsfähige Äußerungen mit repräsentativem Gehalt, in einem weiten, hier zugrundegelegten Sinn um Rede. »Da die Gesellschaft aus Sprache gemacht ist« (MacKinnon 1994: 105), wäre es eine unangemessene Reaktion, problematischen Äußerungen ad hoc ihren Charakter als Rede abzusprechen.

Mich interessieren vor allem drei Fragen: erstens die Analogien zwischen pornographischer und gruppendiskriminierender Rede, etwa von Rassisten, die ich allerdings so unsystematisch, wie diese Analogien intendiert sind, aufnehme und deren Plausibilität ich jeweils dort erwäge, wo sie herangezogen werden;

zweitens, welche Konzeptionen demokratischer Redefreiheit Argumente für oder gegen Pornographie liefern, und auf welches Verständnis von Redefreiheit sich Befürworter oder Gegner berufen können; drittens schließlich die schwierige Frage nach Effekten der Redefreiheit, die die Redefreiheit anderer Personen beeinträchtigen.

I. Paradigmenwechsel im Pornographieverständnis

1. Obszönität und Pornographie

Der erste Zusatzartikel zur Verfassung der Vereinigten Staaten, insoweit er hier interessiert, besagt: »Der Kongreß soll kein Gesetz erlassen, ... das Rede- und Pressefreiheit ... verkürzt.»[4] Eine Einschränkung dieser allgemeinen Norm nimmt die herrschende Verfassungsinterpretation dadurch vor, daß obszöne Rede nicht in den Schutzbereich der Redefreiheit fällt und daher durchaus gesetzlich beschränkt werden kann. Eine obszöne Darstellung »appeals to the prurient interest, is patently offensive, and lacks serious social value«[5] – sie spricht ein lüsternes Interesse an; sie ist (nach gegenwärtigen Gemeinschaftsstandards) offensichtlich anstößig; und sie ermangelt ernsthaften gesellschaftlichen Werts, wenn man das Material als Ganzes beurteilt (dies ist z.B. dann der Fall, wenn es sich um bloße Masturbationshilfen handelt). Wenn Obszönität Schaden anrichtet oder Kosten verursacht, dann besteht dieser Schaden in ihrer »offensiveness«, also darin, daß sie abstößt, anekelt, kränkt, beleidigt oder sich zersetzend auf gesellschaftlichen Anstand und die vorhandenen Sitten auswirkt.

Bei Pornographie, im Gegensatz zu Obszönität, handelt es sich dagegen nach einem Gesetzesentwurf, an dessen Erarbeitung die feministische Rechtstheoretikerin Catharine MacKinnon maßgeblich beteiligt war, um etwas ganz anderes. »Pornographie ist die anschauliche, sexuell explizite Unterdrückung/Unterordnung von Frauen durch Bilder und/oder Worte«, insofern sie weiterhin mit der Darstellung bestimmter verdinglichender oder gewalttätiger Merkmale und Situationen verknüpft ist, unter ihnen die Darstellung von Frauen als minderwertig oder auf Körperteile reduziert; die Darstellung von Frauen als Sexualobjekte, die Vergewaltigung, »Erniedrigung und Schmerz genießen«; schließlich auch die Präsentation von Frauen »als Sexualobjekte in Stellungen oder Positionen sexueller Unterwürfigkeit, Dienerschaft oder Schaustellung«.[6] Diese Definition von Pornographie diente u.a. als Grundlage eines Gesetzes, das von der Stadt Indianapolis verabschiedet wurde und das geschädigten Frauen erlauben sollte, von den Herstellern von Pornographie zivilrechtliche Kompensation einzuklagen.[7] Mit der Definition selbst wird intendiert, ein Spektrum von Playboy bis zu sadistischer Pornographie und Snuff-Filmen abzudecken,[8] aus Mangel an Präzedenzfällen bleibt aber ungewiß, auf welche der alltagssprachlich als »Pornographie« bezeichneten Typen von Fällen die Regelung angewendet worden wäre.

Die Unterschiede zwischen Obszönität und Pornographie bestehen zunächst darin, daß Pornographie geschlechtsasymmetrisch definiert ist, um die Verhältnisse der Geschlechterdominanz in mainstream-Produktion, -Inhalt und -Konsum widerzuspiegeln. Damit geht einher, daß die Pornographiedefinition auf heterosexuelle oder strukturell analoge Darstellungen zugeschnitten ist und auch homosexuelles Material an diesem Maßstab mißt.[9] In Pornographie geht es um die Darstellung von Unterwerfung, Verdinglichung, Gewalt und Zwang von Männern gegen Frauen und damit, laut MacKinnon per Implikation, nicht nur um Androhung, sondern um faktische Unterwerfung, Verdinglichung, Gewalt und Zwang.[10] Die behauptete Verbindung zwischen der Darstellung von Unterordnung, der Propagierung von Unterordnung und Unterordnung selbst, oder zwischen dem Gehalt von Pornographie und ihrem Effekt, liegt dabei bereits der verwendeten Definition von Pornographie zugrunde. Weiterhin unterscheidet sich Pornographie darin von Obszönität, daß die sittlichen Maßstäbe der *community* keine Rolle spielen, zumindest nicht offiziell. Nicht in der Anstößigkeit des Materials, sondern in der Unterdrückung von Frauen wird der Schaden, den Pornographie anrichtet, vermutet. Die Unterscheidung gesellschaftlich hochwertiger von wertloser Rede wird nicht verwendet, das heißt, daß der Schutz pornographischer Darstellungen, die traditionell als gesellschaftlich wertvoll angesehen wurden, z.B. in der Kunst, nicht intendiert ist.[11] Dies sollte allerdings nicht so verstanden werden, daß umgekehrt nicht-pornographische, aber obszöne Darstellungen ohne gesellschaftlichen Wert nach diesem Vorschlag in den Schutzbereich der Redefreiheit fallen würden.[12]

Der zentrale Defekt eines solchen Pornographiegesetzes liegt nach Ansicht der herrschenden Verfassungsrechtsprechung darin, daß es sich um eine standpunktbasierte Regulierung von Rede handelt. Das oben erwähnte Gesetz wurde denn auch kurz nach seinem Inkrafttreten aus dem Grund für verfassungswidrig erklärt, daß es gegen den verfassungsrechtlichen Schutz der Redefreiheit verstoße.[13] Die Argumentation stützt sich dabei auf die folgenden Unterscheidungen: Eingriffe in die Redefreiheit werden traditionell – in der Reihenfolge ihrer zunehmenden Unerwünschtheit – grob als inhaltsneutrale, inhaltsbasierte und darunter schließlich standpunktbasierte klassifiziert. Inhaltsneutral ist beispielsweise ein generelles Demonstrationsverbot in der Bannmeile; inhaltsbasiert ist ein Verbot von Preisabsprachen. Standpunktbasiert ist eine inhaltsbasierte Regulierung, die die gegenteilige Ansicht zuläßt; so darf man etwa Werbung gegen, nicht aber für harte Drogen machen.[14] Bis auf wenige Ausnahmen gelten standpunktbasierte Einschränkungen quasi automatisch als verfassungswidrig; inhaltsbasierte haben zumindest eine Präsumtion gegen sich. Die obige Definition identifiziert Pornographie aber durch den Inhalt von Darstellungen, und die fehlende Standpunktneutralität ist geradezu die Pointe von MacKinnons Regelungsvorschlag, weil die Standpunktbasiertheit der Pornographie, wie die folgende Diskussion zeigt, für die präsumtiven Schäden verantwortlich gemacht wird.[15]

2. *Antipornographische Argumente*

Was unter der »Unterdrückung« oder »Unterordnung (subordination) von Frauen durch Bilder und/oder Worte« verstanden wird, ist erläuterungsbedürftig. Es erscheint sinnvoll, die Fälle, in denen gravierende Schäden durch Pornographie vermutet werden, analytisch in vier Klassen zu unterteilen. Die erste betrifft die Produktion von pornographischem Material, die weiteren hauptsächlich seinen Konsum.

a) Die Herstellung von Pornographie setzt die Darstellerinnen vielfach Mißbrauch, Gewalt, Risiko und Ausbeutung aus.

b) Der Konsum von Pornographie verursacht sexuelle Gewalt oder konstituiert sexuelle Gewalt.

c) Konfrontation mit Pornographie hat belästigende (i.S.v. *harassment*), beleidigende, einschüchternde oder nötigende Wirkung auf Frauen.

d) Pornographie bringt Frauen zum Schweigen: Sie verhindert die autonome Artikulation und Durchsetzung ihrer Interessen und damit die Wahrnehmung ihrer eigenen Redefreiheit.

Die Reihenfolge dieser äußerst verschiedenen Arten von pornographischen Gefahren und Beschädigungen kann als Anordnung auf einem kontinuierlichen Spektrum interpretiert werden, das von betont konkreten »tangible real-world harms« (Sunstein 1993: 213), die in bestehenden Zurechnungrastern bereits erfaßbar oder erfaßt sind, zu eher abstrakten Problemen mit kommunikativer oder symbolischer Dimension reicht, wie der Verletzung semantischer Autonomie oder der Verhinderung einer »Entfaltung des weiblichen Imaginären« (Cornell 1995: 104).

ad a) Die vielleicht offensichtlichsten »real-world harms« treten bei der Produktion von Pornographie auf, die, um nur einige unkontroverse Beispiele zu nennen, vielfach Zwang und Erpressung beinhaltet, die zahlreiche nicht verfolgte Verbrechen, insbesondere Vergewaltigungen aufweist, die Gewaltdarstellungen teilweise durch Gewaltanwendung produziert, die die Beteiligten einem hohen AIDS-Risiko und ausbeuterischen Arbeitsbedingungen aussetzt. Diese Diagnose ist im Grunde unumstritten; dennoch gehen die Gegenvorschläge weit auseinander, von strafrechtlicher Abhilfe bis zur gewerkschaftlichen und entrepreneurialen Aneignung. Kontrovers ist ebenfalls, inwiefern in Pornographiearbeit in einem durchschnittlich-kapitalistischen Sinn von Freiwilligkeit die Rede sein kann. Allerdings bilden Erwägungen, die die konstitutive Unfreiwilligkeit einer Beteiligung von Kindern und die Schädigungen, die sie in der Produktion von Pornographie erleiden, betreffen, eine allen Autoren gemeinsame Grundlage für ein Verbot von Kinderpornographie.[16]

ad b) Besteht ein kausaler Zusammenhang zwischen dem Konsum von Pornographie und sexueller Gewalt? Bei MacKinnon, die ein robustes Kausalitätsmodell vertritt, lassen sich die drei folgenden, sukzessiv stärkeren Thesen isolieren (1994: 20ff.):

(1) Männer, die Pornographie konsumieren, wollen und werden sie »früher oder später, auf die eine oder andere Art und Weise« ausagieren (1994: 21). Männer werden sich in privaten, professionellen und politischen Strukturen nach dem Dominanzmuster der Pornographie verhalten, das sich in latenter und manifester Gewalt und Unterdrückung äußert.

(2) Die typische Art und Weise, in der sich Pornographiekonsum äußert, ist sexueller Mißbrauch. Kausale Relationen seien für den Einzelfall direkt, für Gesellschaften statistisch nachweisbar.[17]

(3) Bereits der Konsum von Pornographie stellt sexuelle Gewaltanwendung dar.

Die Identifikation, die in These (3) ausgedrückt wird, ist weniger ein Argument als ein Vorschlag zur Verwendung des Wortes »sexuelle Gewalt«, den man als Sprachregelung akzeptieren oder verwerfen kann. Dem Vorschlag liegt die Vorstellung zugrunde, daß beispielsweise der sexuelle Gebrauch von Darstellungen zur Masturbation einen direkten Zugriff auf die Darstellenden erlaubt; MacKinnon spricht denn auch von »sexual access«, dem Zugriff via Darstellung auf die Dargestellten: »die Männer haben mit ihnen Sex«[18]. Eine solche Redeweise scheint wichtige Differenzierungen zwischen Fällen sexueller Gewaltausübung (solcher mit und ohne Opfer) zu erschweren und deshalb wenig hilfreich zu sein.

These (2), die Pornographie als Ursache, Vergewaltigung als Wirkung darstellt, hat in der Pornographiedebatte stets die Aufmerksamkeit auf sich gebündelt, nicht zuletzt deshalb, weil ein solches Reiz-Reaktionsmuster nahelegt, psychologische und soziologische Fakten seien direkt in politische Maßnahmen zu transformieren. Dabei wird von allen an der Debatte beteiligten Parteien anerkannt, daß ein Nachweis einer kausalen Verbindung ein wichtiges, möglicherweise entscheidendes Argument für die Regulierung von Pornographie wäre.[19] Dennoch scheint aus mehreren Gründen Zurückhaltung angebracht zu sein. Erstens wird die Frage der kausalen Korrelation in regelmäßig wiederkehrenden Debatten über die Einflußforschung immer wieder neu, anscheinend ohne Aussicht auf Konsens diskutiert.[20] Dies führt dazu, daß eine politische Debatte weitgehend in eine Diskussion über die Glaubwürdigkeit kontradiktorischer Expertenstudien transformiert wird.[21] Zweitens verlangt eine verhaltensdeterministische These nach einer sozialtechnologischen, nicht notwendig demokratischen Lösung bestehender Konflikte und übersetzt so eine Auseinandersetzung zwischen Staatsbürgern aus einer Beteiligten- in eine objektivierende Beobachterperspektive. Das deterministische Vokabular assimiliert die Struktur einer Debatte, die von symbolischen Gegenständen handelt, an die von Debatten, die von der relativen Gefährlichkeit oder Ungefährlichkeit von giftigen oder radioaktiven Stoffen handeln. Das scheint ein Kategorienfehler zu sein. Schließlich legt die Kausalitätsthese die Anerkennung naturhafter Mächte nahe, die von Personen wie Gesellschaften gebannt und unterdrückt, aber nicht kontrolliert oder integriert werden können. Es sind vernünftige Zweifel daran möglich, daß es sich bei Pornographie um ein solches Phänomen handelt. Möglicherweise ist es naiv, »zu glauben, daß irgend etwas, was andere Worte tun, so machtvoll ist wie das, was Pornographie selbst tut.« (MacKinnon 1994: 107) Dennoch muß ein strenges Kausalmodell sich fragen lassen, ob es Raum läßt für Erziehung und Bildung, für rationale Auseinandersetzungen mit und über Pornographie, für gesellschaftliches und persönliches Lernen; es scheint außerdem keine vernünftige Perspektive für einen selbst bei restriktivster Pornographiepolitik zweifellos verbleibenden, prohibitionsähnlichen Untergrund- oder Schwarzmarkt zu bieten. Aus all diesen Gründen scheint es zumindest verantwortbar, die umstrittene Kausalhypothese im folgenden nicht in den Vordergrund der Diskussion zu stellen.[22]

These (1) kann auch unter Verzicht auf eine Bewertung des Reiz-Reaktionsschemas sinnvoll diskutiert werden. Die These besagt, daß es so etwas wie »privaten« Pornographiekonsum nicht gebe, weil Pornographie für Männer zwangsläufig auch die familiäre, berufliche und politische Wahrnehmung von Frauen und das Verhalten ihnen gegenüber präge. Pornographische Repräsentation besetze nicht etwa eine träge Nische in der Textur männlicher Wünsche und Überzeugungen, wie eine liberale »Kunst der Trennung« nahelegen möchte, sie trage vielmehr dazu bei, daß die gesellschaftliche Realität von Frauen nach ihrem Muster strukturiert werde. Es werde »die Frau in der Pornographie mehr und mehr zum lebenden Archetypus der Frau in der Erfahrung« (MacKinnon 1994: 27). Umgekehrt stabilisiere Pornographie die Unterordnungsverhältnisse zwischen Männern und Frauen dadurch, daß sie Unterwerfung erotisiere, deren Reproduktion daher nicht einmal mit Zwang durchgesetzt werden muß, sondern dem »freien«, sozialisierten Begehren überlassen werden kann.[23] Es sind diese beiden Probleme einer unvollständigen oder erfolglosen Privatisierung von Pornographie, die in den beiden folgenden Abschnitten konkretere Gestalt erhalten: einerseits die unwillkürliche wie die intendierte Konfrontation von Frauen mit Pornographie, andererseits ihre abstrakten Auswirkungen auf die gesellschaftliche Öffentlichkeit, in der Handlungsmöglichkeiten und -macht von Frauen strukturiert werden.

ad c) Die Aufmerksamkeit gegenüber der unmittelbaren und intentionalen Konfrontation von Frauen mit pornographischen Produkten bezeichnet einen Punkt, an dem die neue Pornographiedebatte über die ältere hinausgeht. Die Orientierung an der gewandelten Rechtslage in Fällen sexueller Belästigung, etwa am Arbeitsplatz, und auch an der Analogie von rassistischer und antisemitischer Haßrede *(hate speech)* erlaubt es, unfreiwilliges Konfrontiertwerden mit pornographischem Material neu einzuschätzen. Unabhängig von der spezifischen Interpretation solcher Konfrontation als Beleidigung, Belästigung, Nötigung oder Bedrohung, handelt es sich hierbei um ein abgrenzbares Phänomen, bei dem die Verwendung von pornographischem Material selbst als pornographische Äußerung fungiert. Haßrede und sexuelle Belästigung durch Pornographie sind allerdings Phänomene, die in speziellen Kontexten – Universitätscampus oder Arbeitsplatz – geregelt sind. Die Verträglichkeit ihrer Verfolgung mit der verfassungsmäßig garantierten Redefreiheit beruht auf zwei Eigenarten solcher Fälle: einerseits auf dem Merkmal, daß sich solche Äußerungen direkt an bestimmte Einzelne richten, andererseits auf der Begrenztheit dieser Kontexte.[24]

Es liegt nahe, daß es anders einzuschätzen ist, wenn Frauen Pornographie aufgezwungen wird, als wenn es Pornographie einfach gibt und der Schaden, den sie anrichtet, bereits aus dem Wissen um ihre Existenz abgeleitet wird. Dabei müssen zwei Ziele feministischer Kritik auseinandergehalten werden: einerseits die konkrete einzelne Konfrontation, die als Nötigung empfunden werden kann. Dies ist einer der Punkte, auf die MacKinnon ihre Kritik aufbaut (1994: 51-76). Darüber hinaus kann aber auch der gesamte öffentliche Raum als eine »feindliche Umgebung« empfunden werden, aufgrund seiner allgegenwärtigen Beherrschung durch »das männliche Imaginäre«. Drucilla Cornell etwa ist nicht der Ansicht, daß es sich bereits um Beleidigung oder Nötigung handelt, wenn Frauen sexuell explizitem Material ausgesetzt werden, allerdings schädige Pornographie Frauen auf einer abstrakteren Ebene, »weil man ihr im öffentlichen Raum nicht entrinnen kann« (Cornell 1995: 105). Damit betont sie, daß es nicht die einzelne, sondern die »unentrinnbare Konfrontation mit diesen in unserem Raum allgegenwärtigen Bildern [sei], die die Verletzung ausmacht« (106), und stützt sich so auf den Unterschied zwischen einer Kränkung, der man ausweichen kann, und einer Kränkung, die »ins Gesicht schlägt«.[25] Cornell plädiert daher für die Einrichtung von Zonen, auf die die freie Erhältlichkeit von Pornographie eingeschränkt ist; eine solche territoriale Beschränkung scheint, auch wenn ihr Gegenstand zwangsläufig auf der Basis von Inhalten identifiziert wird, nicht unverträglich mit der Freiheit der Rede zu sein.

Wenn wir dieselbe Situation der unfreiwilligen Konfrontation aus dem entgegengesetzten Blickwinkel, nämlich dem derer, die sich pornographisch äußern, betrachten, so fällt ein wichtiger Unterschied zwischen Pornographie und Haßrede ins Gewicht. Haßrede »funktioniert« im Normalfall nur dann, wenn sie die erreicht, von denen sie handelt. Eine Privatisierung von Haßrede nach dem Modell pornographischer Zonen wäre somit für ihre Ziele kontraproduktiv, weil die intendierte Diskriminierung nicht funktioniert. Pornographische Äußerungen, denen intendierte Diskriminierung unterstellt wird, können möglicherweise diesem Vorwurf um so glaubwürdiger entgehen, je deutlicher sie sich unfreiwilliger Konfrontationen enthalten. Eine solche Distanzierungs- oder Privatisierungsstrategie erzeugt allerdings Komplikationen, die im traditionellen liberalen Modell von Öffentlichkeit vs. Privatsphäre nicht vorgesehen sind. Um unfreiwillige Konfrontationen zu vermeiden, zieht Pornographie sich weiter aus dem öffentlichen Raum in die Privatsphäre zurück. Diese Privatsphäre wird dann aber typischerweise nicht mehr für Frauen und Männer dieselbe sein: Die Privatsphäre von Frauen wäre selbst in Intimbeziehungen vor der unfreiwilligen Konfrontation mit pornographischem Material zu schützen. Es lassen sich Überlegungen anstellen, ob die Autonomie von Frauen in heterosexuellen Beziehungen durch »Pornographie im Haus« gefährdet werden kann und ob, analog zur Belästigung am Arbeitsplatz, die Rede von »domestic harassment« sinnvoll ist.[26] Trotz der Stichhaltigkeit solcher Überlegungen sind dennoch die Schwierigkeiten und Gefahren, die der Einsatz von Rechtsmitteln in solchen Kontexten bereiten würde, evident und wohl ausschlaggebend.

Die Vergleichbarkeit pornographischer Belästigung mit Haßrede ist einer der Gründe für die Verschiebung der Leitanalogie in der Pornographiediskussion von den Rechten Homosexueller zu Rassismus und Antisemitismus.[27] Diese Entwicklung ist zugleich folgerichtig, wie unten noch zu sehen sein wird (II.1.), und zutiefst ambivalent. Einerseits dokumentiert sie die gesellschaftsweit vorliegenden Plausibilitäten, andererseits erleichtert sie es, sehr unterschiedliche Phänomene einer allgemeinen Unterdrückungskonzeption auf funktionalisierende Weise einzupassen.[28] Nicht, daß die Analogie als solche zu eindeutigen Ergebnissen führte: An jeweils diametral entgegengesetzte Intuitionen appellieren beispielsweise Catharine MacKinnon (1994) und Ronald Dworkin (1993), wenn sie gerade wegen ihrer Vergleichbarkeit mit rassistischen und antisemitischen Äußerungen die Einschränkung von Pornographie befürworten bzw. bekämpfen.

ad d) Eine weitere Klasse von Fällen kann unter einer abstrakteren, politischen Interpretation von Unterordnung und Unterdrückung erfaßt werden. Die feministische Intention ist, Pornographie, insofern sie zu gesellschaftlicher Ungleichheit beiträgt, als Bürgerrechtsverletzung zu thematisieren. Unterordnung oder Unterdrückung sind in diesem Sinn nicht so sehr Handlungen, die einzelnen Frauen widerfahren oder auch nicht, sondern latente gesellschaftliche Faktoren, die die Handlungsmöglichkeiten aller Frauen gleichermaßen strukturieren. Das bekannteste Argument, das in diesem Zusammenhang verwendet wird und auf das ich die Diskussion beschränken muß, ist das sogenannte silencing-Argument.

Das silencing-Argument ist autonomietheoretischer Natur. Es besagt, daß Pornographie eine hegemoniale, feindliche Beschreibung ist, die Frauen einer eigenständigen Sprache beraubt, die verhindert, daß Frauen eine selbstbestimmte Identität entwickeln, und die sie bei der Durchsetzung ihrer Interessen entmachtet. Pornographische Repräsentation trage zur stereotypen Wahrnehmung von Frauen in der Öffentlichkeit, zu nichtauthentischen Bedürfniszuschreibungen bei und lähme schließlich ihre Versuche, politische Aufmerksamkeit zu erzeugen und zu nutzen.[29] Die Eleganz dieses Arguments verdankt sich der Tatsache, daß es immanent – innerhalb der Redefreiheit – ansetzt und die Redefreiheit von Frauen gegen die Redefreiheit der Pornographen aufrechnet: »[L]iberalism has never understood that the free speech of men silences the free speech of women. It is the same social goal, just other people.« (MacKinnon 1987: 156) Es wird kein Konflikt konstruiert, der eine Balancierung verschiedener »Werte«, nicht einmal verschiedener »Freiheiten« erfordert, sondern es wird die Kompatibilität der pornographischen Redefreiheit eines jeden mit der allgemeinen Redefreiheit jeder anderen bestritten.

In der bisherigen Diskussion ist allerdings unklar geblieben, wie wörtlich die Redeweise von »Sprachlosigkeit« und »Knebelung« genommen und wie direkt der Einfluß von Pornographie auf die unbestreitbare gesellschaftliche Ungleichbehandlung von Männern und Frauen verstanden werden soll. Auch silencing kann als kausale These interpretiert werden, doch wiederum scheint es fragwürdig, Konflikte in der Größenordnung kultureller Hegemonie unmittelbar in das Streckbett rechtlicher Kausalität zu zwingen. Die Triftigkeit dieses Arguments läßt sich nur diskutieren, indem es intern stärker als bisher differenziert wird. Ich werde unten auf diese Themen zurückkommen (III.) und mich dabei auf die Unterscheidung zwischen Redefreiheit und dem Wert der Redefreiheit stützen.

Diesen vier Thesen, die für die Einschränkung von Pornographie als a) sexuellem Mißbrauch in der Produktion, als b) ursächlich für sexuellen Mißbrauch während und wegen des Konsums, als c) sexueller Belästigung und als d) knebelndem Eingriff in ethische und politische Autonomie plädieren, steht Redefreiheit als wichtigstes Gegenargument gewissermaßen asymmetrisch gegenüber. Die Asymmetrie rührt daher, daß Redefreiheit als gleichsam evidentes Verfassungsprinzip jedes Rechtfertigungszwangs enthoben zu sein scheint. Die folgenden Abschnitte befassen sich daher mit den Gründen, die verschiedene Konzeptionen für den Schutz freier Rede anführen, und den Implikationen, die diese Gründe für die Problematik der Pornographie haben.

II. Pornographie und Demokratie

Im folgenden möchte ich vier demokratische Perspektiven auf die Redefreiheit untersuchen, zunächst die eines Marktplatzmodells der Demokratie, das Pornographie umso heftiger verteidigt, je politischer sie interpretiert wird (Posner, Easterbrook). Anschließend erörtere ich ein liberaldemokratisches Konzept, demgemäß Pornographie als Äußerung ethischer Selbständigkeit Schutz verdient (Dworkin). Im Anschluß daran untersuche ich zwei Modelle von Autoren, die Konzeptionen »deliberativer Demokratie« propagieren, in einer republikanischen (Sunstein) und einer pluralistischen Variante (Cohen).

1. Demokratie als Marktplatz[30]

Das traditionelle Obszönitätsrecht basiert, wie wir gesehen haben, auf einer Inkonsequenz gegenüber einem absoluten, wörtlichen Verständnis des ersten Zusatzartikels, die sich der Einschätzung obszöner Rede als gesellschaftlich wertlos verdankt. Gleichzeitig genießt politische Rede höchsten Schutz, der vor allem, aber nicht allein, aus ihrem gesellschaftlichen Wert resultiert. Auch die besondere Gefährdung, die für politische Rede von staatlichen Eingriffen ausgeht, speist ein intensives Mißtrauen gegenüber einer intervenierenden Legislative und Regierung (»government«) und erfordert den stringenten Schutz politischer Rede vor standpunktdiskriminierenden Regulierungen. Was passiert, wenn dieses traditionelle Paradigma auf die Herausforderung der Pornographie trifft, kann man an dem Fall American Booksellers Association vs Hudnut[31] klarmachen, in dem ein Gesetz für verfassungswidrig erklärt wurde, das sich der oben erwähnten Pornographiedefinition von MacKinnon und anderen bedient hatte. Die Entscheidung stützte sich nicht wie im Obszönitätsrecht darauf, daß der gesellschaftliche Wert von Pornographie gegen null tendiere und sie daher nicht den Schutz des ersten Zusatzartikels genieße, sondern vielmehr darauf, daß der gesellschaftliche Aussagewert beträchtlich sei, indem Pornographie die Unterdrückung von Frauen bedeute, impliziere oder propagiere. Die Richter des Berufungsgerichts des Seventh Circuit entschieden, in vollkommenem Einklang mit der stehenden Verfassungsrechtsprechung des Supreme Court, daß gerade eine solche politische Interpretation für und nicht gegen den Schutz der Pornographie spreche.[32] Bei dem an der Entscheidung beteiligten Richter Posner heißt es: »Es ist wahr, daß solche [pornographischen] Werke oft eine Ideologie von Patriarchat und Frauenfeindlichkeit ausdrücken …, doch das ist kein Grund, sie zu unterdrücken. Eher das Gegenteil ist der Fall, weil ideologische Repräsentation im Zentrum der Ausdrucksformen steht, die der erste Zusatzartikel schützt.« (1992: 386) Dieser Zug ist überaus folgenreich, weil pornographische Rede als politische Rede in den Schutzbereich der Redefreiheit erhoben wird, in Analogie zur Rede von Neonazis und Mitgliedern des Ku Klux Klan. Falls Pornographie unweigerlich eine politische Dimension hat, von der nicht abstrahiert werden kann, dann, so Posner, »the vilest pornographic trash is protected« (ebd.). Aus dem Blickwinkel dieser Argumentation nimmt die feministische Strategie gleichsam selbstwiderlegenden Charakter an. Je dramatischer, politisch gehaltvoller und für die gesellschaftliche Reproduktion zentraler Aussage und Wirkung von Pornographie beschrieben werden, um so aussichtsloser wird es, für ihre Beschränkung zu argumentieren. Geht es in Pornographie nicht um abstoßende, aber letztlich harmlose Äußerungen, sondern um wirkungsvolle Propaganda, die intersubjektive Beziehungen einer ganzen Gesellschaft nachhaltig prägen kann, so tritt ihr schützenswerter Charakter nur um so deutlicher hervor. Auch wenn die verfassungsrechtliche Argumentation allgemein als handwerklich fehlerfrei angesehen wird,[33] muß man fragen, ob eine solche Verteidigung angemessen ist.

Zunächst muß auf die Interpretation von Pornographie eingegangen werden, die in dem Paradox resultiert, daß »the very features of pornography that recommend it as a target of regulation also require its classification as not just expression, but politically charged expression.« (Michelman 1989: 301) Politische Aussagen mache Pornographie, indem sie sich über »women's natures and thus ... women's appropriate relations and treatments in society« (303) äußere. Mit anderen Worten, Pornographie könne verstanden werden, als plädiere sie dafür, daß Frauen Untergebenenrollen einnehmen sollen, oder als besage sie, Frauen existierten nur, um Männern sexuelle Dienste zu leisten.[34] Wenn sie einen politischen Beitrag leiste, so den, zur Propagierung eines ungleichen Geschlechterverhältnisses beizutragen. Weder erscheint diese Interpretation völlig unplausibel, noch scheint sie zwingend. Problematisch erscheint aber nicht in erster Linie, daß Pornographie auf eine bestimmte, kanonische Aussage festgelegt wird, an der vernünftige Zweifel möglich sind, während ein Gericht sich vielmehr skeptisch oder pluralistisch zu solchen kontroversen Interpretationen äußern sollte. Der problematische und paradoxe Anschein resultiert vielmehr daher, daß ein Argument verwendet wird, das weder Hersteller noch Konsumenten von Pornographie – aus welchen Gründen auch immer – in der politischen Öffentlichkeit in Anspruch nehmen, um die Schutzwürdigkeit ihrer Produkte und ihren Konsum zu rechtfertigen. In einer Art invertiertem Paternalismus werden pornographische Äußerungen verfassungsrechtlich durch ein Argument in Schutz genommen, das die Äußernden selbst nicht öffentlich und konsistent mit ihren Produkten und ihrem Handeln verbinden wollen. Darin liegt eine wesentliche Disanalogie zu anderen Formen politischer Rede, selbst anderer »hard cases« wie rassistischer und antisemitischer Äußerungen, und es signalisiert eine Schwäche der »politischen« Verteidigung von Pornographie. Die richterliche Strategie intendiert, Pornographie selbst unter einer stipulierten Interpretation als zur Diskriminierung aufrufende Rede zu verteidigen. Dabei gerät aus dem Blick, daß Pornographie womöglich nur in dieser Interpretation klar als politische Rede klassifizierbar ist und damit eindeutig den Schutz des ersten Zusatzartikels genießt. (Man stelle sich eine Diskussion vor, in der obszönen Äußerungen vorgehalten wird, daß sie nicht deutlich genug Frauenfeindlichkeit zum Ausdruck bringen, um schützenswerte Rede darzustellen.)

Eine zweite Unterscheidung wird ebenfalls von der Booksellers-Entscheidung nicht berücksichtigt. Sie betrifft die Form politischer Rede. Pornographie operiert noch nicht einmal scheinbar auf der Ebene einer Auseinandersetzung mit Argumenten, sondern – immer noch unter Booksellers-Voraussetzungen

– auf der Ebene der Bekräftigung und Bestätigung ideologischer Vorurteile. Pornographische Äußerungen eröffnen normalerweise keine Konversation oder Argumentation über die erhobenen »Behauptungen« oder ihre Prämissen, noch sind sie typische Züge in solchen Konversationen. Pornographische Äußerungen situieren sich in der Regel selbst nicht als Beitrag in einer anhaltenden gesellschaftlichen Beratung über etwas. Aus diesem Blickwinkel scheint Pornographie sogar weniger schutzwürdig als ihr umstrittenes Pendant rassistischer Propaganda, die sich in der Regel strategisch und oberflächlich in öffentliche Verständigungsprozesse einklinkt.

Schließlich stellt sich die Frage nach der Stichhaltigkeit der Gründe, die unter ihrer politischen Interpretation, der Interpretation als Propaganda für Ungleichheit, für die Schutzwürdigkeit von Pornographie vorgebracht werden können. Warum soll »the vilest ideological trash« gerade nicht beschränkt werden dürfen? Das agonale, marktförmige Demokratiemodell, auf das sich die Richter im Booksellers-Fall stützen, sichert politische Rede vor allem durch eine instrumentelle Begründung.[35] Auch ideologischer »trash« darf deshalb nicht verboten werden, weil nur aus einem unregulierten Markt von Meinungen und Ideologien aufgrund seiner unsichtbaren Rationalitätsmechanismen die politisch förderlichsten Ergebnisse sich von selbst herausschälen werden: »[P]olitics is more likely to discover truth and eliminate error, or to produce good rather than bad policies, if political discussion is free and uninhibited«.[36] Regierungen aber favorisieren gegenüber der vorurteilsfreien Wahrheitssuche den status quo und haben deshalb ein Interesse daran, das Spektrum ideologischer Herausforderungen zu begrenzen. Ein verzerrender Zugriff auf das freie Spiel der Kräfte muß deshalb einer selbstinteressierten Regierung, »the great censor and director of which thoughts are good for us«, [37] daher so schwer wie möglich gemacht werden.

Eine solche Begründung scheint das Argument der Booksellers-Entscheidung aber zu schwächen, nicht zu stärken. Zunächst müßte der potentiell rationale politische Beitrag, den Pornographie zu leisten in der Lage sein soll, näher bestimmt werden. Unter der vorausgesetzten Interpretation ist dies aber nicht einsichtig. Auch eine fallibilistische Einstellung gegenüber unseren etablierten politischen Überzeugungen kann eine Schutzwürdigkeit von Pornographie als frauenfeindliche Ideologie nicht hinreichend begründen. Es überzeugt nicht, allein auf einen politischen Fallibilismus, der so etwas wie eine historisch und argumentativ falsifizierte Idee gar nicht auf der Rechnung hat, der also nicht zu lernen bereit ist, zu verweisen. Daß die gegenwärtigen Normen falsch sein könnten, besagt nicht, daß beliebige als möglicherweise wahr gelten müssen. – Zu bewerten bleibt schließlich der Verdacht, daß es sich bei einer Regulierung von Pornographie um eine suspekte, selbstinteressierte Maßnahme einer Regierung handelt, die sich gegen Kritik immunisieren will. Das ist aber ebenfalls eher unwahrscheinlich. Die Kontroll- und Kritikmöglichkeiten des Volkes werden kaum wesentlich eingeschränkt, die Korruptionsgefährdung der Regierung kaum wesentlich gesteigert. Die zugrundegelegte Interpretation von Redefreiheit, die vom Mißtrauen des Volks gegenüber seinen Vertretern geprägt ist, die ihm in Kriegszeiten und im McCarthyismus politisch das Wort verboten haben, ist im Fall der Pornographie nicht plausibel.[38] Geht es in geschützter Rede um politische Wahrheitsfindung in der Demokratie, so darf der Beitrag der Pornographie nicht überschätzt werden.

2. Demokratie als Gemeinschaft ethisch selbständiger Personen

Die ebenfalls liberale, der Booksellers-Entscheidung im Ergebnis zustimmende Position von Ronald Dworkin wurde ursprünglich gegen das Obszönitätsparadigma und seine Versuche, eine gemeinschaftliche Moralität mit Rechtszwang durchzusetzen, entwickelt. Dworkins Position ist radikaler als die von Posner und der herrschenden Rechtsprechung, weil er sowohl für die Freiheit der Obszönität als auch für die Freiheit der Pornographie im MacKinnonschen Sinne argumentiert, unabhängig davon, ob solche Rede als gesellschaftlich wertvoll oder wertlos eingeschätzt wird, unabhängig auch davon, ob sie einen politischen Beitrag liefert. Im Gegensatz zu Posner ist Dworkin sich aber darüber im klaren, daß es nicht überzeugend ist, Pornographie allein als geschützten Beitrag zur politischen Auseinandersetzung zu verteidigen.[39] Dworkin verteidigt Redefreiheit in einem nahezu absoluten Umfang als negative Freiheit. Mit der Booksellers-Entscheidung feiert er die »true political choice«, sich aller Interventionen in die Redefreiheit zu enthalten, auch wenn dies »Opfer« erfordere (1991:109). Selbst wenn diese »politische Entscheidung« nicht nur die Idiosynkrasie eines bestimmten »national way of life« (ebd.) spiegeln sollte, sondern gleichzeitig, wie Dworkin weniger überzeugend behauptet, als »the core of the choice modern democracies have made« (107) angesehen werden könnte, so liegt zunächst nicht auf der Hand, mit welchen Argumenten diese negative Freiheit gestützt werden kann.

Dworkin zufolge muß Rede nicht politischen Zwecken dienen, um Schutz zu verdienen. Nicht nur der zu einer funktionierenden Demokratie »instrumentelle«, auch der »konstitutive« Aspekt von Redefreiheit und damit ihr »intrinsischer Wert« sollen geschützt werden.[40] Dennoch legt Dworkin Wert darauf, daß die Idee der Redefreiheit im Einklang mit einem normativen Verständnis von Demokratie stehe, und erläutert in jüngeren Schriften die Gewährung von Redefreiheit als Anerkennung der ethischen Subjektivität, Selbständigkeit und Einflußnahme der Bürger (1994: 196ff). Dworkin beschreibt Demokratie als Zurechnungs- und Bindungszusammenhang, in dem den einzelnen Mitgliedern Verantwortung für demokratisch erfolgte Entscheidungen zugeschrieben wird (1994: 197). Er scheint dabei zu unterstellen, daß eine Bindungswirkung dieser Entscheidungen im Falle von Dissens zwei Dinge erfordert: erstens, daß niemand von der Möglichkeit ausgeschlossen wurde und wird, auf die Revision solcher Entscheidungen Einfluß zu nehmen. Eine demokratische Gemeinschaft »verbietet ein Verhalten, das sie als schädlich beurteilt, aber stellt es dem Aktor frei, zu meinen und zu behaupten, daß ihre Entscheidung falsch war und rückgängig gemacht werden sollte.« (1994: 198) Die zweite Bedingung ist, daß der demokratische Staat ein Prinzip moralischer oder ethischer Selbständigkeit nicht verletzt. Nicht nur in Gewissens- und Glaubensfreiheit soll diese Selbständigkeit oder Unabhängigkeit respektiert werden. Auch in bestimmten äußeren Handlungen soll ein solcher Status geltend gemacht werden dürfen; Dworkin spricht in diesem Zusammenhang von einem Recht auf Beeinflussung der moralischen Umgebung.[41] Ein solches Recht werde in erster Linie in der Redefreiheit wahrgenommen und nicht dadurch beeinträchtigt oder eingeschränkt, daß seine Ausübung andere kränkt, abstößt oder beleidigt.

Die erste Bedingung ist unkontrovers. Demokratisch gesetzte Normen und demokratische Entscheidungen sind nur dann legitim, wenn alle Bürger die faire Chance haben, sich an ihrem Zustandekommen sowie an möglichen Änderungen zu beteiligen; und der Ausschluß bestimmter Positionen und Aussagen kann so gedeutet werden, daß diese Möglichkeit nicht bestanden hat. Dieses Prinzip gibt eine mögliche Erklärung dafür, warum inhalts- und standpunktbasierte Einschränkungen aus demokratischer Perspektive suspekt sind und prima facie keine zulässigen Regulierungsweisen von Rede darstellen: weil Rede sich auf die Normen richten kann, unter denen die Redenden leben müssen. Es ist allerdings fraglich, ob ein solches Prinzip in einer weniger als überspannten Lesart für pornographische Redefreiheit etwas hergibt. Denn dazu wäre es erforderlich, pornographische Äußerungen als Vorschlag oder kritischen Kommentar oder als Ausdruck von Dissens zu kollektiven Entscheidungen und Gesetzen zu konstruieren und sie somit als politische Partizipation, im engeren Sinn einer Beteiligung an der Rechtsetzung, zu begreifen. Die Identifizierung von Zielen solcher Kritik fällt schwer, zumal in den liberalen Demokratien Europas. Klare Beispielfälle wären gesetzliche Einschränkungen sexueller Freiheit; es ergäbe sich aus diesem Argument etwa eine paradigmatische Rechtfertigung homosexueller Pornographie in Systemen, die Homosexualität rechtlich verfolgen. Eine solche Korrelation könnte zur Erklärung des merkwürdigen Faktums beitragen, daß in der gesellschaftlichen Wahrnehmung die Akzeptanz sexueller Freiheit und die Akzeptanz von Pornographie zunehmend auseinandertreten. Zwar ließen und lassen sich eine Reihe von pornographischen Äußerungen als Kritik an verbreiteten sexuellen und ethischen Auffassungen und Lebensverhältnissen interpretieren, etwa an einer konventionellen oder repressiven sexuellen Ethik oder an ihrer scheinheiligen öffentlichen Repräsentation. Solche sehr berechtigten Ziele der Kritik sind aber im gegenwärtigen Zusammenhang nicht einschlägig, da es nicht um die Legitimität von Sitten, sondern von Gesetzen geht. Mit dem Grad, in dem sich der liberale Staat aus der Regulierung von Sex zwischen einwilligenden Erwachsenen zurückgezogen hat, büßt mithin dieses Argument für pornographische Freiheit seine Plausibilität ein.

Die zweite Bedingung ist möglicherweise aussichtsreicher. Das Argument von der Respektierung moralisch-ethischer Selbständigkeit scheint speziell für so harte Fälle wie Pornographen, Creationisten, Rassisten und Antisemiten entworfen.[42] Es postuliert Minimalbedingungen des Respekts ethischer Verschiedenheit, die ein demokratischer Staat erfüllen muß. Nur auf den ersten Blick überrascht in diesem Zusammenhang Dworkins Berufung auf Demokratie, denn das demokratische Prinzip enthält den wichtigen Aspekt, daß die Beiträge zu demokratischen Entscheidungen von freien Individuen als Einzelne stammen sollen, die daher gegen den kollektiven Einfluß einer »monolithischen« Sittlichkeit isoliert werden müssen (1994: 196). Teilweise scheint MacKinnons Vorschlag tatsächlich diese Bedingung zu verletzen, denn ihre Argumentation stützt sich unter anderem auf die Vorzugswürdigkeit einer nicht pornographisch flankierten oder dominierten sexuellen Ethik.[43] Neben der normativen Isolierung umfassen Selbständigkeit und Unabhängigkeit für Dworkin aber auch, daß die Individuen mit Rechten und Möglichkeiten zur aktiven Einflußnahme auf ihre »moralische Umgebung« ausgestattet werden. Analog zur Freiheit sexueller Orientierung (1994: 198), die als innere Gedanken- und Gewissensfreiheit, die sich nicht auch in Handlungen äußern könnte, radikal unvollständig wäre, müssen ethisch selbständige Menschen ihre Vorstellungen vom guten Leben auch nach außen tragen können. Ihre Einflußnahme kann laut Dworkin in bestimmten Kontexten begrenzt werden, nicht aber grundsätzlich auf der Basis von Inhalten. Der Ausschluß von »views« wird mit dem Ausschluß von Personen identifiziert: Wer durchsetze, welche Ansichten äußerungsfähig seien, definiere »some people as too corrupt or offensive or radical to join in the informal moral life of the nation« (1993: 42).

Es mag zunächst zynisch erscheinen, eine prima facie-Vermutung gegen inhaltsbasierte Einschränkungen pornographischer Redefreiheit mit Argumenten gegen die Exklusion und Mißachtung von Personen zu belegen. Man scheint damit privilegierte Gruppen (einen milliardenschweren pornographisch-industriellen Komplex, auf den MacKinnon gern verweist) mit Argumenten zu stützen, die für gesellschaftliche Außenseiter entworfen wurden. Diesem Ideologieverdacht kann Dworkin aber wohl entgehen. Den Besonderheiten kommerzieller Rede muß allerdings im Zusammenhang mit Pornographie Rechnung getragen werden; jedoch können sie auf einer weniger prinzipiellen Ebene, etwa mit den traditionellen Werkzeugen von Arbeits-, Steuer- oder Kartellrecht bearbeitet und durch Selbstorganisation domestiziert werden.[44] Dennoch leuchtet Dworkins Gedanke ein, daß sich der Schutz der Rede nicht der möglichen Rationalität ihres Beitrags, sondern dem Status der Redenden als Staatsbürgern verdankt.[45]

Wie expansiv läßt sich die resultierende pornographische Redefreiheit verstehen? Mit Dworkins Modell ist verträglich, daß die Kontexte eingeschränkt werden können, in denen moralische Selbständigkeit ihren Einfluß auf die Umgebung geltend macht, d.h. daß Regulierungen nach Ort, Ausmaß, Zeit, Art und Weise der Beeinflussung der moralischen Umgebung durchaus zulässig sein könnten. Wenn jedoch, wie Dworkin annimmt, der Ausschluß eines bestimmten Äußerungsgehalts zugleich den Ausschluß einer Person bedeutet, so spricht viel für die Forderung, Einschränkungen nur inhalts- und standpunktneutral vorzunehmen, und somit nicht die Breite des Ausdrucksspektrums, sondern, falls erforderlich, seine Dichte zu verringern. Es erscheint mithin weniger problematisch, die Erhältlichkeit von Pornographie überhaupt einzuschränken, sie zu verteuern und ihre quantitative Zugänglichkeit zu erschweren, als bestimmte interne Differenzierungen auch innerhalb des pornographischen Ausdrucksspektrums zu treffen. Dworkins Ansatz kann daher den intuitiven Unterschied nicht prinzipiell reflektieren, der etwa zwischen aggressiver Gewaltpornographie und gewaltlosem Material besteht, auch wenn dies Elemente von »Schaustellung« oder Verdinglichung aufweist und somit unter MacKinnons Definition von Pornographie fiele. Für die im folgenden diskutierten beiden Ansätze ist dies eine analytische Schwäche des Vorschlags, die sich komplementär zu der übermäßig breiten, Differenzierungen erschwerenden Pornographiedefinition MacKinnons auswirkt.

3. Republikanismus

Nach Cass Sunsteins Ansicht schützt die herrschende Verfassungsauslegung Rede, die diesen Schutz nicht verdient. »It safeguards speech that has little or no connection with democratic aspirations and that produces serious harm. Invoking the rhetoric of absolutism, it refuses to engage in sensible and salutary balancing. I think that this is a mistake.« (1993: xviii). Eines der Beispiele, mit denen Sunstein seine These belegt, ist pornographische Rede. Der Beitrag von Sunsteins Modell zur Pornographieproblematik besteht in einer Modernisierung des Obszönitätsrechts, mit der das MacKinnon-Programm stärker auf die Anschlußzwänge innerhalb der Verfassungsrechtsprechung eingerichtet werden kann.

Die Inspiration, die Sunsteins systematischem Gegenvorschlag, einem »New Deal for Speech«, zugrundeliegt, ist die Idee der demokratischen Gleichheit, wie sie in einer Variante des Republikanismus verstanden wird. Die Rechtfertigung von Redefreiheit ist in dieser Madisonschen Tradition an ein bestimmtes Verständnis der Ausübung von Demokratie geknüpft, die die politische Gleichheit der Staatsbürger im Sinne eines gleichen Zugangs zu den »popular channels of communication« (1993: 40) voraussetzt und in einem deliberativ-argumentativem Modus verläuft. Sunstein bestreitet nicht, daß es sich bei Pornographie um Rede handelt. In dem Kern/Peripherie-Modell der Redefreiheit, das seiner Rekonstruktion des Verfassungsrechts zugrundeliegt, genießt allerdings allein politische Rede, als gesellschaftliches Sprachzentrum, den nahezu bedingungslosen Schutz des ersten Zusatzartikels. In der Diskussion des Booksellers-Urteils wurde deutlich, daß eine solche Weichenstellung dazu herausfordern kann, mit einer politischen Interpretation von Pornographie beantwortet zu werden, die deren absolute Schutzwürdigkeit impliziert. Sunsteins Strategie ist es daher, die Problematik der Pornographie zu depolitisieren und auf die Vermeidung von »tangible real-world harms« zurechtzustutzen.

Dazu muß zunächst politische Rede, die den höchsten Grad an Schutzwürdigkeit genießt, enger als etwa bei Posner definiert werden. Nicht jede Repräsentation, die ideologische Gehalte aufweist, wird bereits als politische Rede verstanden, sondern allein solche, die als »Beitrag zur öffentlichen Beratung über ein Thema intendiert und aufgenommen wird« (1993: 130). Dieses Thema muß nicht ein bestimmtes Gesetz oder eine Regierungsentscheidung sein; auch die informellen sozialen und ethischen Beziehungen innerhalb einer Gesellschaft können Gegenstand »politischer« Rede werden. Allerdings fallen nicht alle Äußerungen mit politischem Gehalt unter diese Definition: »The question is whether the speech is intended and received as a contribution to political deliberation, not whether it has political effects or sources. Thus, for example, there is a distinction between a misogynist tract, which is entitled to full protection, and many pornographic movies, which are not, but which are in essence masturbatory aids.« (154) Diese Unterscheidung soll gleichzeitig das zentrale Argument aus der Booksellers-Entscheidung entkräften und den Verdacht einer standpunktbasierten Rederegulierung widerlegen. Um noch einmal auf die durchgängig verwendete Analogie zurückzukommen: Im Gegensatz zu vielen (auch ideologiehaltigen) pornographischen Filmen wären »frauenfeindliche Traktate« analog rassistischer und neonazistischer Rede unter dieser Konzeption als politische Beiträge geschützt.

Mit seiner Konzentration auf den besonders stringenten Schutz politischer Rede, noch dazu solcher, bei der Intention und Rezeption tatsächlich überlappen, nährt Sunstein allerdings die Sorge, daß Kunst, Wissenschaft und Literatur ungenügend berücksichtigt würden. Diese Genres liegen weiter an der Peripherie republikanischer Rede. Sie partizipieren laut Sunstein am verfassungsrechtlichen Schutz, sofern und soweit sie sich als »social commentary« (1993: 152) verstehen lassen. In ihrer Funktion als Kommentar oder Beitrag zu gemeinsamen Themen, als Hilfsgenres der Politik, werden sie daher als gesellschaftlich hochwertig verstanden, während gesellschaftlich minderwertige Rede geringer oder nicht geschützt werden soll. Sunstein kann sich somit affirmativ zum Obszönitätsrecht, das von Kategorien weniger schutzwürdiger Rede ausgeht, verhalten. Er fusioniert gleichsam Obszönität und Pornographie, indem er das Schadenskriterium des Obszönitätsrechts (»offensiveness«) gegen eines der Pornographie (»harm to women«) austauscht.

Sunstein geht es bei seiner qualifizierten Zustimmung zu einer gesetzlichen Regelung von Pornographie weniger um ihre politische Dimension, sondern um die unmittelbaren Schädigungen von Frauen in der Produktion von Pornographie und, wie er glaubt, durch Männer, die sich vom Pornographiekonsum stimulieren lassen. Dabei stützt er sich an zentraler Stelle auf das strittige Kausalverhältnis zwischen Pornographie und sexueller Gewaltanwendung, von dem auch MacKinnon ausgeht (1993: 217f.). Er nimmt aber einige wichtige Veränderungen an ihrem Vorschlag vor. Erstens definiert er Pornographie nicht wie MacKinnon über die Unterordnung von Frauen, sondern über die Verknüpfung von Sex und Gewalt. Pornographie ist dann die Darstellung von Sex mit Vergewaltigung, Zwang und Verletzung.[46] Sunstein kann so geltend machen, die zu regulierende Redekategorie sei nicht mehr standpunkt-, sondern inhaltsbasiert definiert und damit verfassungsrechtlich weniger alarmierend, außerdem wesentlich schmäler und weniger vage. Zweitens, und dies entkräftet

Argumente der Gegner auch inhaltsbasierter Einschränkungen, plädiert Sunstein für Toleranz gegenüber Texten bei gleichzeitiger Regulierung von Bildern und Filmen »desselben« Inhalts (218). Dieses Argument stützt sich darauf, daß es in der Produktion von Pornographie einen deutlichen Unterschied zwischen Bildern und Texten gibt. Bei der Herstellung von Texten läuft in der Regel niemand Gefahr, verletzt zu werden. Dies führt dazu, daß nicht nur »frauenfeindliche Traktate«, sondern auch gewaltpornographische Literatur zulässig sein können, während gegen Filme und Fotos, denen vernünftigerweise derselbe Inhalt zugeschrieben wird, vorgegangen werden kann.[47] Dieser Hinweis auf die »Übersetzbarkeit« in ein anderes Medium ist nicht ganz unplausibel. Insbesondere das oben erörterte Argument von Dworkin, der Ausschluß von Personen werde durch den Ausschluß von Inhalten impliziert, liefe leer, wenn alternative Ausdrucksformen für dieselben Gehalte offenständen. Zwar werden nicht alle inhaltsbasierten Rederegulierungen dadurch entschärft, daß alternative Medien als Träger »derselben« Inhalte zur Verfügung stehen; Übersetzungszumutungen können auch höchst repressiv und elitär sein. Doch möglicherweise kann diese Überlegung dazu beitragen, die Argumente für die Schutzwürdigkeit pornographischer Äußerungen zu klären. Klärungsbedürftig ist, warum Verteidiger von Pornographie ihre forcierte »Übersetzung«, etwa von Bild in Text, in aller Regel nicht für eine zulässige Rederegulierung halten werden. Dies ließe sich etwa so verstehen, daß nicht so sehr Inhalt oder Aussage, sondern der Ausdruck selbst für schutzwürdig gehalten wird, und legte gleichzeitig nahe, daß Pornographie eher als expressives Verhalten denn als Mitteilung von Aussagen und Ansichten verteidigt werden könnte – eine Unterscheidung, die die bisher diskutierten Modelle nicht reflektieren.

Unbefriedigend bleibt in Sunsteins Vorschlag die autoritäre Gleichsetzung von wertvoller Rede mit gesellschaftlich wertvoller Rede, insbesondere deren enge Charakterisierung als »social commentary«. Diese Weichenstellung wird nicht nur zu verkrampften Debatten über gesellschaftlichen Wert führen (»Ist es Gesellschaftskommentar oder ist es Pornographie?«). Entscheidender ist, daß Rede sexuellen Inhalts, die sich nicht als ein solcher Kommentar konstruieren läßt, unmittelbar den Schutz des ersten Zusatzartikels verliert. Der eigenständige, nicht-instrumentelle Wert, den solche Rede haben kann, wird von Sunsteins Modell genausowenig anerkannt wie in der Kritik MacKinnons. Obwohl Sunsteins Vorschlag nicht besonders restriktiv ist, wiegt dieses Defizit schwer.

4. Vernünftiger Pluralismus

Wie Sunstein, der seinen »Madisonian republicanism« als Variante deliberativer Demokratie versteht, entwickelt auch Joshua Cohen seine Theorie der Ausdrucksfreiheit zunächst innerhalb eines Modells deliberativer Demokratie. In einem solchen Modell ist »Ausdrucksfreiheit vor allem dazu erforderlich, zu bestimmen, was das Gemeinwohl befördert, weil das, was gut ist, in öffentlicher Beratung festgelegt wird und nicht vorher schon festliegt.« (Cohen 1989: 29) Diese Konzeption ist ebenfalls vor allem auf Rede, die als politischer Beitrag intendiert ist, zugeschnitten. In dieser Hinsicht ist der epistemologische oder argumentative Beitrag, den Pornographie leisten könnte, wie wir gesehen haben, fragwürdig und der Unterschied zu Sunsteins Modell noch undeutlich. Cohen betont allerdings, daß eine deliberative Konzeption auch nicht-politische Rede nicht als zweitrangig betrachten wird, geht es doch in der Deliberation um »die Formation von Präferenzen und Überzeugungen« (ebd.). Nichtpolitische Rede kann dabei gerade zur Interessen-, Ziel- und Idealbildung einen Beitrag leisten. Aus diesem Blickwinkel ist es begrüßenswert, wenn eine Pluralität von Ethiken öffentlich vertreten wird, weil sie die Revidierbarkeit von fraglos hingenommenen Präferenzen und Konzeptionen des guten Lebens begünstigt.

Der Beitrag der Redefreiheit zum »Gemeinwohl« scheint aber noch zweideutig und klärungsbedürftig zu sein. Cohens Vorschlag geht es nicht um ein gemeinsames Gutes im Sinne einer kollektiven demokratischen Selbstverwirklichung, sondern vielmehr um eine demokratische Gesellschaft, die mit einem vernünftigen Pluralismus von Konzeptionen des Guten vereinbar ist. Äußerungen werden also nicht erst dann schutzwürdig, wenn sie Beiträge zu einem »gemeinsamen« Projekt sind. Pornographische Äußerungen und Entwürfe sind oft Außenseitermodelle, die (von ihren Vertretern selbst) nicht realistischerweise als Kandidaten für eine allgemeine Konzeption guten Lebens, sondern vielmehr für das individuelle Wohl einzelner Personen und begrenzter Subkulturen propagiert werden, als Entwürfe oder Elemente einer durchaus partikularen, nicht-missionarischen Ethik. Insbesondere innovative und experimentelle Entwürfe scheinen von Einschränkungen der Redefreiheit verwundbar, wohingegen verbreitete und redundante Entwürfe von Gewöhnungs- und Normalisierungseffekten profitieren. Wenn demokratische Gesellschaften den dominant vertretenen, scheinbar evidenten, aber stereotypen Versionen des Gemeinwohls und des individuellen guten Lebens mißtrauen, so werden sie die Dokumentation von Alternativen so breit wie möglich angelegt wissen wollen.

Trotzdem scheint die Konzentration auf demokratische Deliberation und

Information über alternative Ethiken wichtige Formen von Äußerungen über Sexualität oder des Ausdrucks von Sexualität immer noch allein in ihren »instrumentellen« oder »funktionalen« Aspekten wahrnehmen zu können. In einem neueren Versuch, verschiedene Probleme der Redefreiheit systematisch zu klären, stützt sich Cohen daher nicht allein auf ein Interesse an Deliberation und Information. Ein fundamentales »expressives Interesse« (1993: 224-8) trägt ein weiteres Drittel der Begründungslast für die Schutzwürdigkeit von Ausdrucksfreiheit. Im Gegensatz zu den deliberativen und informationellen Interessen rechtfertigt das expressive Interesse, auch nichtpolitischer Rede auf anderem als instrumentellem Wege Schutz zu garantieren, und unterstützt damit auch die Freiheit von Ausdrucksformen, die die gemeinsamen Angelegenheiten in keiner Weise befördern, selbst solcher, die nicht einmal kommunikativ intendiert sind. Die Nichtberücksichtigung eines solchen fundamentalen expressiven Interesses ist für Cohen ein hinreichender Grund, MacKinnons Vorschlag abzulehnen.[48]

Für Äußerungen von und über Sexualität, seien sie pornographisch in MacKinnons Sinn oder nicht, scheint eine Rechtfertigung als expressives Verhalten tatsächlich die einschlägigste zu sein – sie stellt keine unplausible Angleichung an politische Hetzrede dar wie im Booksellers-Fall, kann ähnlich breiten Schutz gewährleisten wie Dworkins Argument von der moralischen Selbständigkeit, ohne sich auf eine Korrelation von Äußerungen und Ansichten festzulegen, sie kann schließlich dem konstitutiven Wert der Redefreiheit eher Rechnung tragen als die funktionalisierende Konzeption Sunsteins. Dennoch grenzt sich Cohen von einer »maximalistischen« (220) Interpretation von Redefreiheit ab, weil sie seiner Ansicht nach nicht erklärt, warum wir in manchen Fällen (etwa bei Beleidigungen oder im Falle von Haßrede) Rederegulierung aufgrund von gravierenden Redefolgen, also aufgrund einer »Kostenrechtfertigung«, für hinnehmbar halten. Dies hat auch für sexuelle Ausdrucksfreiheit Folgen.

Wenn Schutzwürdigkeit der Rede aus ihrer Verbindung mit den drei fundamentalen Interessen resultiert, so sind Äußerungen ohne solche Verbindung ex hypothesi ungeschützt. Die Definition von obszöner Rede versteht Cohen entsprechend als die Behauptung, eine Verbindung mit fundamentalen Interessen liege nicht vor: »[T]he basis for treating obscenity as low value is that it contributes little to the fundamental interests« (1993: 260). Auf der Grundlage dieser handstreichartigen Identifikation, die obszöner Rede ganz traditionell und unabhängig von ihren Folgen den Verfassungsschutz entzieht, kann dann die Regulierung von Subkategorien obszöner Rede mit den Schäden, die solche

Rede anrichtet, gerechtfertigt werden. Eine solche Subkategorie ist »pornographische Obszönität«, die bei Cohen wie bei Sunstein durch Gewaltanwendung gegen Frauen definiert wird.[49]

Die Schwierigkeit des Vorschlags liegt weniger im Inhalt dieser Regulierung, sondern vielmehr bei der Identifizierung der Klasse obszöner Äußerungen. Indem Cohen ein expressives Interesse als ratio der Redefreiheit heranzieht, wird die Plausibilität von Versuchen verringert, Äußerungen, die nicht an diesem Interesse partizipieren, zu identifizieren und ihnen Schutzwürdigkeit abzusprechen. Vielmehr scheinen das Obszönitätsrecht und seine Zweiklassengesellschaft von gesellschaftlich wertvoller und wertloser Rede mit der Auffassung, Rede verdanke ihre besondere Schutzwürdigkeit expressiven Interessen und nicht einer gesellschaftlichen Funktion, unverträglich zu sein. Trotz beider Rückgriffe auf das Obszönitätsrecht hat weder bei Sunstein noch bei Cohen die schwierige Aufgabe, eine nicht-repressive Unterscheidung wertvoller und wertloser Rede auszuarbeiten, die ihr gebührende Aufmerksamkeit gefunden. Abgesehen von den einigermaßen klaren Fällen von Kunst und Literatur ist vollkommen ungewiß, welche Genres von Äußerungen mit expressiven Interessen besonders engen Kontakt unterhalten. Es steht aber zu erwarten, daß gerade in der Entscheidung, ob Rede als »high« oder »low value« zu klassifizieren ist, mehrheitliche Repression geltend gemacht werden kann und Vorurteile undeklariert und unbemerkt Eingang finden.

III. Pornographie und gleiche Redefreiheit

Verteidigbar ist Redefreiheit nur als gleiche Redefreiheit. In der kurzen Vorstellung des silencing-Arguments (oben I. d) wurde bereits der Verdacht angesprochen, daß die Freiheit der Rede unter Gleichheitsgesichtspunkten asymmetrische Folgen haben kann. Im folgenden Teil versuche ich, das Argument einzuschätzen, daß unter liberalen Bedingungen für pornographische Rede die Redefreiheit des einen mit der Redefreiheit der anderen nicht verträglich ist, und die paradox erscheinende These zu erörtern, daß ein System freier Rede davon profitieren kann, daß inhaltsbasierte Einschränkungen der Redefreiheit vorgenommen werden.

1. Gleichverteilte Rede

Für Catharine MacKinnon läßt sich die Pornographiedebatte auch als Kampf zwischen konfligierenden Verfassungswerten inszenieren, zwischen den konkurrierenden Anforderungen von Freiheit und Gleichheit (1994: 77ff.). Mit

Gleichheit meint sie nicht nur die formale Rechtsanwendungsgleichheit – Gleichheit vor dem Gesetz –, sondern die aktive, interventionistische Förderung »materialer« oder »substantieller« Gleichheit. Diese Korrektur kann man auf zwei Weisen lesen. Gleichheit kann einerseits die Umverteilung von Rede-Anteilen bedeuten. Rede ist demnach ein Gut, vielleicht sogar ein knappes (so Michelman 1992: 102), ihre Distribution ist ein Nullsummenspiel; und daher muß dort, wo Stimmen verstärkt werden sollen, korrespondierend an einer anderen Stelle gekürzt werden. MacKinnon spricht davon, wieviel Rede man »hat« (1994: 78), und sieht die Redefreiheit – als gleiche Verbreitung von Rede – viel eher von der ungleichen Verteilung von Reichtum, Macht und Einfluß von Privatleuten und Unternehmen bedroht als von staatlichen Einschränkungen (82). Zensur sei daher nicht in erster Linie von Gesetzen, sondern eher von der Repression privater Machtpositionen zu erwarten, die für die Distribution faktischer Redeanteile verantwortlich sind.[50] Ein solches güter- oder machttheoretisches Gleichheitsverständnis scheint allerdings die traditionelle Assimilierung von Redefreiheit an ein Besitzrecht[51] spiegelverkehrt zu übernehmen und die Ausübung von Redefreiheit mit dem Geltendmachen von Macht und Einfluß zu identifizieren. Bei dem Versuch, annäherungsweise Gleichheit herzustellen, ist dann scheinbar die Einschränkung Privilegierter ein ebenso geeignetes Mittel wie die Förderung Unterprivilegierter. Dabei wird einerseits unterschätzt, daß die negativen Folgen freier Rede nicht allein mit der Knebelung dysfunktionaler, sondern auch mit »mehr Rede« bekämpft werden können; andererseits wird der negative und expressive Charakter des Freiheitsrechts vollkommen ausgeblendet. Wir sahen in der Auseinandersetzung mit Dworkin, daß Einschränkungen der Redefreiheit, die Äußerungen auf der Grundlage von Inhalten ausschließen, eine demokratische Präsumtion gegen sich haben. Diese Sorge wird von MacKinnon genausowenig berücksichtigt, wie die Interessen repräsentiert werden, die mit expressivem Handeln verbunden sind (Cohen). Der Anspruch von MacKinnons Arbeit, eine Regulierung von Pornographie nicht im Sinne einer Einschränkung, sondern vielmehr als generelle Ausdehnung der Redefreiheit zu verteidigen, kann somit in dieser Hinsicht nicht als erfüllt angesehen werden. Die intendierte Redistribution von Rederessourcen erinnert eher an eine autoritäre Sozialstaatsvariante der Regulierung des Redemarkts. Obwohl die falsche Natürlichkeit der bestehenden Redeverhältnisse durchschaut ist, ist die Position immer noch dem Distributionsparadigma verhaftet und weist die typischen Ambivalenzen sozialstaatlicher Lösungsansätze auf. Die Interpretation von Redefreiheit als Ressourcengleichheit ist aber nicht die einzige Lesart von interventionistischer Förderung gleicher Redefreiheit. Der konkurrierende Korrekturvorschlag am Modell gleicher negativer Freiheit läßt sich als Bereitstellung der ermöglichenden Bedingungen für eine Nutzung der Redefreiheit verstehen.

2. Der faire Wert der Redefreiheit

Um Verwechslungen zwischen dem Verfügen über Rede als Gut oder Macht einerseits, der Ermöglichung der Ausübung von Redefreiheit andererseits zu vermeiden, bietet es sich an, letztere mit Rawls als Wert der Freiheit zu verstehen. Rawls unterscheidet zwischen Freiheit in dem negativen Sinne, nicht vom Staat oder anderen Personen gehindert zu werden, und dem, was man aufgrund seiner gesellschaftlichen Position und Ressourcen mit dieser Freiheit anfangen kann. Insbesondere bei politischen Freiheiten scheint es erforderlich, nicht nur die formale Freiheit im Sinne der Abwesenheit von Hindernissen, sondern auch die realen Chancen, von diesen Freiheiten Gebrauch machen zu können, zu egalisieren, damit niemand aus wirtschaftlichen oder sozialen Gründen auf ihren Gebrauch verzichten muß. Zwar bestimmen die Gelegenheiten, von ihnen effektiv Gebrauch zu machen, den Wert privater ebenso wie politischer Freiheiten. Zumindest für den Fall politischer Freiheiten scheint aber unumstritten, daß ihr fairer Wert nur ihr gleicher Wert für alle Bürgerinnen und Bürger sein kann.[52] Dies ist die Erklärung dafür, daß sich das silencing-Argument auf vorenthaltene politische, nicht private Autonomie konzentriert.

Der faire Wert der Redefreiheit kann etwa darin bestehen, daß öffentliche Foren zugänglich sind und niemand von ihrer Benutzung ausgeschlossen ist. Früher betraf das öffentliche Plätze, heute eher den Zugang zu Massenmedien und Kommunikationsnetzen. Diese Bedeutung steht aber hier nicht im Vordergrund. In einem etwas erweitertem Sinne hat der faire Wert mehr zu tun mit »the likelihood that I will speak or the likelihood that others will be moved by what I say.« (Michelman 1992: 102). Hier ist bereits eine wichtige Unterscheidung angedeutet: Der faire Wert der Redefreiheit kann jeweils in bezug auf Sprecher oder Adressaten eingeschätzt werden. Das feministische Argument, daß Frauen durch Pornographie zum Schweigen gebracht werden, betrifft beide Dimensionen und kann als die These verstanden werden, daß der faire Wert der Redefreiheit Frauen nicht zur Verfügung steht.

Die Fülle von Fragen, die die Rede vom silencing aufwirft, sind bisher kaum detailliert diskutiert, geschweige denn beantwortet worden. Was silencing ist, scheint vielmehr als verstanden vorausgesetzt und beschwörend invoziert zu werden. Dennoch darf aus der Tatsache, daß Frauen ihrer Pornographiekritik gesellschaftsweit Gehör verschaffen, nicht umstandslos abgeleitet werden, damit sei das silencing-Argument performativ widerlegt.[53] Die drei wichtigsten Fragen scheinen zu sein: Worin besteht der Zustand der »Sprachlosigkeit«? Besteht der behauptete Zusammenhang zwischen Pornographie und Sprachlosigkeit? Schließlich: Sind inhaltsbasierte Einschränkungen zulässige und geeignete Maßnahmen zur Abhilfe?

Zunächst scheint es sinnvoll, eine Differenzierung zwischen einem sprecherorientiertem und einem adressatenorientierten Verständnis einzuführen. Ein sprecherorientiertes Verständnis kann etwa vermuten – völlig schematisch dargestellt – daß Frauen nicht sprechen, weil sie keine Sprache haben. So kann MacKinnon sagen: »we have no idea what women as women would have to say« (1987: 77, hv. PN). Den Grund dafür vermutet etwa Richard Rorty darin, daß »'a woman' is not yet the name of a way of being human« (Rorty 1991: 234). Diese Sichtweise klagt gegen die aufgezwungene, pornographische Fremdbeschreibung einen authentischen weiblichen Selbstentwurf ein. Die feministischen Positionen, etwa von MacKinnon, Rorty oder Cornell, scheinen dabei zwischen zwei sehr verschiedenen Zielen zu schwanken – einerseits der Befreiung und Abgrenzung der Selbstbilder von Frauen von pornographischem Vokabular oder vom »männlichen Imaginären«, andererseits der Schaffung eines singulären und autarken, identitätsstiftenden weiblichen Vokabulars, das sich losgelöst von allen bisher vorliegenden Selbstbeschreibungsangeboten verwirklichen müsse. Die Erfolgsbedingungen dieser Projekte sind ganz verschieden. Das letztere Projekt scheint allerdings aus der Abgrenzbarkeit oder Abgegrenztheit einer Gruppe anhand sozialer oder kultureller oder natürlicher Merkmale zu folgern, daß erst eine authentische Gruppensprache bisher unterdrückte Identitätsdimensionen zur Sprache bringen muß, und so semantische Autonomie mit Autarkie gleichzusetzen. Ebenso ignoriert das Projekt, daß in funktional differenzierten Gesellschaften im Prozeß der Identitätsbildung Konzessionen an das pornographische Vokabular nicht unausweichlich sind. Allerdings hat, darauf weist Cornell hin, in der Öffentlichkeit das »weiße, heterosexuelle Imaginäre« weiterhin das Repräsentations- und Deutungsmonopol für Sex und Lust. Seine zumindest territoriale Einschränkung könnte eine Bedingungen dafür sein, daß sich Alternativen entfalten können (Cornell 1995: 109).

Ein adressatenorientiertes Verständnis des silencing-Arguments besagt etwa folgendes: Weil Frauen pornographierte Objekte sind, wird ihren Äußerungen weniger Respekt, Beachtung und Aufmerksamkeit geschenkt, weniger Glaubwürdigkeit und weniger Gewicht beigemessen als den Äußerungen von Männern. Das intendierte Publikum wendet sich möglicherweise ab von Botschaften, Ansprüchen, Erzählungen, Argumenten, Bedürfnissen etc., die von diskriminierend beschriebenen Gruppen von Personen vorgebracht werden. Die »faire Chance, die Aufmerksamkeit eines Publikums zu beanspruchen« wird daher durch die Erzeugung von Wahrnehmungen obstruiert, daß bestimmte »Typen von Menschen nicht wert sind, daß ihnen zugehört oder geglaubt wird«.[54]

Auch wenn das letzte Zitat sicher nicht die typische Wahrnehmung von Frauen in modernen Demokratien beschreibt, so scheint die Annahme dennoch plausibel, daß die verzerrte oder erniedrigende Repräsentation von Gruppen spätestens dann, wenn sie gesellschaftlich dominiert, den Wert der Redefreiheit der Mitglieder dieser Gruppen reduziert. Ein Anhaltspunkt sind die notorischen Glaubwürdigkeitsprobleme, mit denen vergewaltigte Frauen vor Gericht konfrontiert sind. Auch Ronald Dworkin konzediert, daß man solche Effekte vernünftigerweise annehmen muß.[55] Dworkins Gegeneinwand lautet jedoch, daß die Adressatenperspektive für die Redefreiheit strenggenommen irrelevant ist. Das Recht auf Rede impliziere kein Recht auf Gehör und kein »Recht darauf, daß andere verstehen und respektieren, was man sagt« (1993: 38). Zutreffend ist dies zumindest insofern, als es die privaten Obligationen der Staatsbürger untereinander beschreibt: Dem Recht auf Rede entspricht das Recht, sich etwas nicht anzuhören. Als Privatleute sind Staatsbürger berechtigt, jederzeit aus Kommunikationen miteinander auszusteigen (Habermas). Wenn es allerdings um Fragen politischer Gerechtigkeit geht, können sie sich nicht immer so nonchalant verhalten. Dies läßt sich an einfachen Beispielen erläutern, etwa an dem Recht, in öffentlichen Verfahren – z.B. vor Gericht – in der Muttersprache verhandeln zu dürfen, das in vielen sprachlich heterogenen Staaten anerkannt wird. Hier ist ein Recht auf Rede gekoppelt an ein Recht auf ein Verständnis der Sprecherbedeutung. Ebenso ist der faire Wert partizipatorischer Chancen daran geknüpft, daß Argumente und Interventionen gleiches Gehör finden. Die verbleibende Fragestellung ist also, ob die Pornographierung von Frauen zu einem fehlenden, verarmten oder verfehlten Verständnis ihrer Forderungen in der politischen Öffentlichkeit und in politischen Institutionen führt, womöglich in sehr viel stärkerem Maße, als unkontrovers stereotype Beschreibungen (die schon sprichwörtliche Hausfrauenrolle in den soap operas, die, nebenbei bemerkt, die Realität auch der soap operas nicht mehr trifft) ihre Interessenrepräsentation und -würdigung verzerren.[56] Dieses Argument lieferte eine starke Rechtfertigung für gesetzliche Einschränkungen von Pornographie, auch solcher auf der Basis von Inhalten.

Allerdings sind gerade die Korrelationen zwischen bestimmten Inhalten und silencing-Effekten schwer nachzuweisen. Es ist beispielsweise nicht klar, ob der großen Masse »legitimer« obszöner Rede nicht eher stereotypisierende Folgen und erfolgreiche Herabwürdigung zugeschrieben werden können, als dem geringeren, für viele Männer ohnehin indiskutablen output gewalttätiger Pornographie. Wenn unklar ist, welchen Beschreibungen die Effekte zu verdanken sind, ist es schwierig, nicht mit inakzeptabel breiter Regulierung zu reagieren. Wenn das silencing-Argument stichhaltig ist, so muß es schließlich auch für vergleichbar effektive Repräsentationen anwendbar sein. Insbesondere muß der benachteiligende Effekt von Pornographie mit rassistischer Propaganda, besonders ihrer im Kernbereich der Redefreiheit lokalisierten pseudowissenschaftlichen Varianten, ins Verhältnis gesetzt werden, die ihren Opfern möglicherweise viel wirkungsvoller Redechancen entziehen, weil sie deren Kompetenzen direkter attackieren. Es ist fraglich, ob pornographische Beschreibungen von Frauen auch nur annähernd denselben Schaden für ihre politische Glaubwürdigkeit anrichten wie rassistische Propaganda für die Glaubwürdigkeit ihrer Opfer (von anderen Folgen abgesehen). Trotz seiner einleuchtenden normativen Voraussetzungen wirft das silencing-Argument daher gegenwärtig mehr Fragen auf, als es beantworten kann. Jedenfalls scheint es bisher nicht hinreichend geklärt, um der Vorstellung einer Ausweitung der Redefreiheit durch Einschränkung ihren immer noch paradoxen Anschein zu nehmen.[57]

Cohen, Joshua (1989): Deliberation and Democratic Legitimacy, in: A. Hamlin/P. Petit (Hg.), The Good Polity. Normative Analysis of the State, Oxford

Cohen, Joshua (1993), Freedom of Expression. Philosophy and Public Affairs, 207ff.

Cornell, Drucilla (1995): Die Versuchung der Pornographie, Berlin

Dworkin, Andrea (1987): Pornographie. Männer beherrschen Frauen, Köln

Dworkin, Ronald (1981a): Do We Have a Right to Pornography?, Oxford Journal of Legal Studies 1, 177-212, zit. nach dem Neuabdruck in ders. A Matter of Principle. Oxford [3]1992, 335-372

Dworkin, Ronald (1981b): The Forum of Principle, in: New York U Law Review 56, zitiert nach dem Abdruck in: ders. A Matter of Principle, Oxford [3]1992, 33-71

Dworkin, Ronald (1991): Two Concepts of Liberty, in: E. Ullman-Margalit, A. Margalit (eds.): Isaiah Berlin: A Celebration, London 1991, 100-109

Dworkin, Ronald (1992): The Coming Battles over Free Speech, New York Review of Books, June 11, 1992, 55-62

Dworkin, Ronald (1993): Women and Pornography, New York Review of Books, October 23, 1993, 36-42

Dworkin, Ronald (1994): »Gleichheit, Demokratie und die Verfassung«, in: U.K. Preuß (Hg.): Der Begriff der Verfassung, Frankfurt, 171-209

Epstein, Richard A. (1992): Property, Speech, and the Politics of Distrust, in: Stone et al. (1992), 41ff.

Franz, Günter (1964): Staatsverfassungen. Darmstadt

Fried, Charles (1992): The New First Amendment Jurisprudence: A Threat to Liberty, in: Stone et al. (1992), 225-253

Hunt, Lynn (Hg.) (1994): Die Erfindung der Pornographie. Obszönität und die Ursprünge der Moderne, Frankfurt

Kennedy, Duncan (1993): Sexy Dressing, etc., Cambridge, Mass.

Koch, Gertrud (1988): Die neue Sittlichkeit. Zur gegenwärtigen Debatte um die Pornographie, in: B. Classen (Hg.): Pornost. Triebkultur und Gewinn, München

MacKinnon, Catharine A. (1987): Feminism Unmodified: Discourses on Life and Law, Cambridge.

MacKinnon, Catharine A. (1994): Nur Worte, Frankfurt

Michelman, Frank I. (1989): Conceptions of Democracy in American Constitutional Argument: The Case of Pornography Regulation, Tennessee Law Review 56, 291-319

Michelman, Frank I. (1992): Liberties, Fair Values, and Constitutional Method, in: Stone et al. (1992), 91-114

Nagel, Thomas (1991): Equality and Partiality, Oxford

Posner, Richard (1992): Sex and Reason, Cambridge, Mass.

Rawls, John (1993): Political Liberalism, New York

Rorty, Richard (1991): »Feminism and Pragmatism«, Michigan Quarterly Review 30:2, 231-258

Sunstein, Cass (1993), Democracy and the Problem of Free Speech, New York

Stone, G.R./R.A. Epstein/C.R. Sunstein (eds.) (1992): The Bill of Rights in the Modern State, Chicago

Young, Iris Marion (1990): Justice and the Politics of Difference, Princeton

1 Repräsentativ für diese Diskussion ist Dworkin (1981a), bes. 354.
2 Vgl. MacKinnon (1994: 82).
3 Vgl. Dworkin (1993: 36).
4 Constitution of the United States, Amendments Art. 1, v. 1791. Zit. nach Franz (1964: 37). In der Verfassungsrechtsprechung wird dieses Verbot über den Kongreß hinaus auch auf bundesstaatliche Gesetze und kommunale Verordnungen ausgedehnt.
5 Sunstein (1993: 10), vgl. zum folgenden ibid. 210ff. sowie Cohen (1993: 258), beide unter Berufung auf den Fall Miller vs California (413 U.S. 15, 1973). Zu den genannten drei Kriterien tritt alternativ ein weiteres: eine Darstellung enthält nach bundesstaatlichen Gesetzen verbotenes sexuelles Verhalten.
6 MacKinnon (1994: 46 fn 43, Ü. leicht verändert, PN).
7 Zu Wortlaut und Details der Regulierung MacKinnon (1987: 262 fn. 1; 274f. fn 1).
8 Vgl. MacKinnon (1994: 24).
9 »Im Rahmen dieser Definition ist der Gebrauch von 'Männern, Kindern oder Transsexuellen anstelle von Frauen' auch als Pornographie anzusehen.« (MacKinnon 1994: 46 fn 43) Die Problematik dieser Entdifferenzierung liegt auf der Hand, kann aber hier nicht angemessen diskutiert werden. Ein am heterosexuellen Geschlechterverhältnis orientiertes Pornographieverständnis kann nicht umstandslos auf homosexuelle Darstellungen projiziert werden, vgl. dazu Cornell (1995: 43ff., 81ff.); Sunstein (1992: 226).
10 Vgl. etwa MacKinnon (1994: 94).
11 Vgl. MacKinnon (1994: 90) und Cohen (1993: 242).
12 Wenn die Eigenschaften, die MacKinnon (1994) pornographischen Äußerungen zuschreibt und aufgrund derer ihr der Status geschützter Rede entzogen werden soll, zutreffen, so treffen sie auch auf obszöne Äußerungen zu: Mangel an Gehalt (14), Mangel an wertvollem Gehalt (16), unmittelbare somatische Wirkung (23), mangelnde Separierbarkeit von Erwähnung (Zitat) und Gebrauch (Behauptung) (68) u.a.m.
13 Vgl. die Diskussion der Entscheidung des Seventh Circuit Court American Booksellers Association vs Hudnut (771 F. 2d 323, 7th Cir. 1985, Berichterstatter Frank Easterbrook) bei Michelman (1989: 302ff.), Posner (1990: 360ff.), Dworkin (1991: 104ff.) und MacKinnon (1994: passim). Die Entscheidung wurde vom Supreme Court bestätigt, vgl. mit Nachweisen Michelman (1989: 296).
14 Eine umfassende Sammlung solcher Beispiele bei Sunstein (1993: bes. 11ff. und 167ff.).
15 Standpunktbasierte Redeeinschränkungen sind in der Folge der Diskussion über »campus hate speech« nicht mehr gänzlich ohne Verteidiger. Gerade ihre asymmetrische Allokation von Rechten beschreibt Thomas Grey, der den speech code der Universität Stanford ausgearbeitet hat, als Fortschritt: »In those unhappy moments when the contemporary campus becomes a multi-cultural armed camp, the Stanford regulation would prevent me from firing my most powerful verbal assault weapons across racial, sexual, or sexual preference lines. By contrast, people of color, women, and gays and lesbians can use all the words they have at their disposal against me.« zit. nach Fried (1992: 247).
16 Vgl. etwa MacKinnon (1994: 34).
17 Vgl. MacKinnon (1994: 97).
18 MacKinnon (1994: 20). Die Übersetzerin Susanne Baer erläutert »sexual access« als »physische[n], sexuelle[n] Zugriff auf die Körper von Frauen in Pornographie«, ebd. 43 fn. 28.
19 Dies gilt insbesondere für die liberaleren Positionen; vgl. Dworkin (1993: 38), Posner (1992: 386ff.), Cornell (1995: 93).
20 Vgl. Koch (1988).
21 Die Auseinandersetzungen zwischen MacKinnon und Dworkin bieten Anhaltspunkte für diese Tendenz.
22 Weil ich mich agnostisch zur Kausalthese verhalte, kann ich MacKinnon nicht darin folgen, Pornographie als perlokutives Phänomen im J.L. Austinschen Sinne aufzufassen. Als »pornographisch« gelten Äußerungen daher im folgenden im Hinblick auf ihren Gehalt, nicht Effekt.
23 Eine klare Rekonstruktion dieses Arguments bei Kennedy (1993).
24 Vgl. Dworkin (1993) sowie die Kriterien des »Stanford behavior code« bei Cohen (1993: 208), Diskussion bei Sunstein (1993: 203f.).
25 Hierin stimmt Cornell wiederum mit einer Mindestforderung MacKinnons überein: »Zumindest sollte Pornographie nie einer Betrachterin oder einem Betrachter aufgedrängt werden, der sich nicht aussucht, (...) dem ausgesetzt zu sein.« (MacKinnon 1994: 107)

26 »[A] tort of domestic sexual harassment .. would include ... the creation of a hostile domestic environment through unwanted sexual advances, unwanted exposure to degrading sexual materials, insults, or jokes, or both.« Kennedy (1993: 135), hv. PN.

27 Homosexualität und Pornographie lokalisieren unter dem Oberbegriff der sexuellen Freiheit u.a. Nagel (1991: 146), Dworkin (1981a: 364). Die Assoziation von Pornographie mit rassistischer und antisemitischer Haßrede stützt MacKinnon (1994: 51-76).

28 Für ein krasses Beispiel vgl. Andrea Dworkin, für die mit Hilfe von Pornographie »Dachau ins Schlafzimmer gebracht und zelebriert« wird (1987: 86).

29 Vgl. zu diesem Argument MacKinnon (1987: 155ff.), sowie Michelman (1989), Rorty (1991). Eine Variante bei Cornell (1995: 105ff.)

30 Auf diesen Topos U.S.-amerikanischen politischen Denkens beziehe ich mich im Anschluß an Sunstein (1993). Vgl. Kap. 1-4 für die Entgegensetzung eines Madisonschen Republikanismusmodells und eines (Mill und O. W. Holmes zugeschriebenen) Modells von Demokratie als Marktplatz.

31 Vgl. oben fn 13 und zum folgenden MacKinnon (1994: 14ff.), Dworkin (1991), Michelman (1989).

32 Vgl. die übereinstimmende Rekonstruktion von Richter Easterbrooks Argumentation durch Michelman (1989) und Dworkin (1991), sowie für das folgende Posner (1992: 364ff.).

33 Vgl. nur Michelman (1989: 303); Dworkin (1991: 104ff.)

34 Vgl. Dworkin (1991: 105), (1993: 36).

35 Vgl. Michelman (1989: 302f.).

36 So Dworkins Charakterisierung des Marktplatzmodells (1992: 56).

37 Easterbrook (oben fn 13), 330, zit. nach Michelman (1989: 301).

38 Vgl. dazu auch MacKinnon (1994: 37). Es gab in der Tat – vor der französischen Revolution – eine »heroische« Phase der Pornographie als Waffe materialistischer Kritik (vgl. Hunt 1994: 270). Auf diese Funktion läßt sich heute wohl nicht mehr glaubwürdig abstellen.

39 Dworkin (1981a: 336) ist denn auch noch der Ansicht, man müsse sich sonstwo nach Argumenten umsehen, nicht bei Rede- oder Pressefreiheit, wenn man es falsch findet, Pornographie zu verbieten. Er wendet sich entsprechend (350ff.) einem Recht auf moralische Unabhängigkeit zu, dazu s.u.

40 Dworkin (1992: 56). Die These Dworkins von der Schutzwürdigkeit einer nicht politisch genutzten Redefreiheit könnte zunächst als antidemokratisches Argument gelesen werden. Einer früheren Ansicht Dworkins zufolge enthält der demokratische Gedanke denn auch keine Vermutung zugunsten der Redefreiheit. Demokratie, die Dworkin in dieser Phase mit der beliebigen kollektiven Selbstbestimmungs- und Regelungsmacht des Volkes gleichsetzt, und der intrinsische Wert der Redefreiheit scheinen tatsächlich des öfteren zu konfligieren. 1981b: 62. Vgl. auch 1981a: 348f.

41 »a right to participate in forming the moral environment«, Dworkin (1993: 41).

42 Vgl. Dworkin (1993: 40f.).

43 Etwa indem sie eine nicht-entfremdete, nichtverdinglichte Sexualität empfiehlt, in der »Sexualität zwischen Menschen und Sachen, menschlichen Wesen und Stücken Papier, wirklichen Männern und unwirklichen Frauen ... niemanden anmachen« wird (108). Dieses Argument ist jedoch nicht zentral für MacKinnons Vorschlag.

44 Zum letzten Punkt siehe Cornell (1995: 51-61).

45 Ein wichtiges Problem für diese Sichtweise liegt darin, daß Dworkin auf fragwürdige Weise demokratische Gesellschaften nach dem Vorbild moralischer Gemeinschaften modelliert und daß die geforderte anspruchsvolle moralische Achtung von einer zu undifferenzierten Sichtweise der Anerkennungsverhältnisse der Staatsbürger untereinander zeugt. Das kann hier nicht weiter untersucht werden.

46 Vgl. zu der ganz ähnlichen deutschen Regelung in StGB 184, III, den Kommentar von E. Dreher/H. Tröndle, München ^{43}1986, 953 Rdnr. 35. Auf den wichtigen Unterschied, der zwischen Sunsteins Favorisierung einer zivilrechtlichen Regulierung (nach dem Vorschlag MacKinnons) und der strafrechtlichen Regulierung in der Bundesrepublik besteht, kann ich in diesem Zusammenhang nur aufmerksam machen.

47 Die Differenzierung zwischen Bildern und Texten wirkt natürlich weniger überzeugend für den Fall der behaupteten kausalen Korrelation zwischen Konsum und Gewalt; hier bezieht sich Sunstein auf die größere »immediacy and vividness« (1993: 218) von Bildern.

48 Cohen (1993: 242, vgl. 224). Unklar bleibt bisher, inwiefern das expressive Interesse, das Cohen im Rahmen einer Theorie »vernünfti-

gen Pluralismus'« (223) vorschlägt, ein integraler Bestandteil der Konzeption deliberativer Demokratie ist oder ob der Grad der Respektierung eines solchen Interesses nach Cohens Auffassung für Demokratien kontingent ist.

49 Durch Gewaltanwendung, nicht: durch Propagierung von Gewaltanwendung, damit die Regulierung nicht standpunkt- sondern inhaltsbasiert ist. Eine Darstellung von Gewaltanwendungen mit kritischer Intention ist laut Cohen nicht von einer solchen Regelung bedroht, da es sich bei ihr um Rede von beträchtlichem gesellschaftlichen Wert und damit nicht um obszöne Rede handelt. Cohen (1993: 258, cf. 258 fn. 134).

50 So auch Michelman (1989: 303f.), vgl. MacKinnon (1994: 93, 104).

51 Dazu Epstein in Stone et al. (1992: 41ff.).

52 Vgl. Rawls (1993: 356ff.)

53 Allerdings scheint damit der Selbsteinschätzung einiger Pornographiegegnerinnen als »gejagt, stigmatisiert, ausgeschlossen und nicht veröffentlicht« (diese steigende Klimax bei MacKinnon 1994: 104) performativ der Boden entzogen.

54 Michelman (1992: 103 fn. 44). Vgl. Sunstein (1993: 217) und vor allem Michelman (1989).

55 Siehe Dworkin (1991: 108f.).

56 Iris Young bezeichnet eine solche Normalisierung und Universalisierung der Erfahrungen einer bestimmten Gruppe als »kulturellen Imperialismus« (1990: 59f.). Die Tauglichkeit der soap opera-Analogie, die man z.B. bei Dworkin (1991) findet, ist natürlich begrenzt, da niemand bereit ist, auf solche wirkungsvollen Stereotypisierungen mit Verboten und Schadenersatzklagen zu reagieren.

57 Für wichtige Kritik danke ich Regina Kreide, Angelika Krebs, Klaus Günther und Oliver Gerstenberg; alle Fehler sind meine eigenen, ebenso wie die Übersetzungen aus fremdsprachig zitierten Texten.

Dan Diner

Hannah Arendt Reconsidered

Über das Banale und das Böse in ihrer Holocaust-Erzählung

Kaum ein Werk über die Vernichtung der europäischen Juden ist derart kontrovers diskutiert worden, wie Hannah Arendts »Eichmann in Jerusalem«. Kaum eine andere Publikation zu diesem Gegenstand zog ein derartiges Interesse auf sich. Mehr noch: Hannah Arendts Bericht über die Banalität des Bösen verdichtete sich zunehmend zu einer Art Ikone im Diskurs über Auschwitz und verwandter Verbrechen. Kurz: Dem Begriff von der Banalität des Bösen wurde eine regelrechte Karriere teilhaftig – sowohl im Bereich der öffentlichen Rede wie im Rahmen akademischer Disziplin. Bald wurde er zur Chiffre für die historische und moralische Bewertung der nationalsozialistischen Massenverbrechen sowie für die Möglichkeit von systematischen Massentötungen in der Moderne.

Im folgenden wird es nicht um eine empirische Überprüfung der Thesen Hannah Arendts zu Nationalsozialismus und Holocaust gehen. Dies war bereits kurz nach dem Erscheinen ihres Berichts geschehen. Damals war ihr ein leichtfertiger Umgang mit Fakten angekreidet worden; ebenso wurde ihre forsche Art der pointierten und polarisierenden Interpretation kritisiert.[1] (Es sollte ausreichen, unter der Masse der Schriften zu ihrem Eichmann-Buch, ein Werk herauszugreifen: die im Ton nicht weniger polemisch gehaltene, empirisch wie systematisch aber äußerst gehaltvolle Streitschrift von Jacob Robinson aus dem Jahre 1965 mit dem enigmatisch anmutenden Titel »And the Crooked shall be made Straight«[2].)

Beim polemischen Schlagabtausch blieb es nicht. Hannah Arendts Herausforderung wurde von der seriösen Forschung angenommen und gab Anlaß zu bedeutenden Untersuchungen. Ihre provokativen und in mancherlei Hinsicht ehrenrührigen Attacken gegen Vertreter jüdischer Institutionen und jüdische Persönlichkeiten in der Zeit des Holocaust, ihre unbesonnene Beschuldigung der Judenräte, die sie des Verrats am jüdischen Volk und der Zusammenarbeit mit den Nazis zieh, führte nicht nur zu einem Aufschrei der Empörung in der jüdischen Öffentlichkeit, sondern mündete etwa in der grundlegenden Studie von Isaiah Trunk über die Judenräte.[3] Auch die Literatur nahm sich des Themas der vermeintlichen jüdischen Mittäterschaft an – etwa Leslie Epsteins Roman »König der Juden«, indem sich der Autor das Schicksal des Ghettos von Lodz und seines »Judenältesten«, Haim Rumkowski, zur Vorlage nimmt.

Hannah Arendts Bericht über die Banalität des Bösen skandalisierte und polarisierte die jüdische Öffentlichkeit und führte zu erregten Auseinandersetzungen weit über sie hinaus. Dennoch ist es zweifelhaft, ob die als Provokation empfundenen Thesen, wie die Charakterisierung Adolf Eichmanns als eines bloß mediokren Funktionärs des Todes ebenso wie die von Arendt behauptete jüdische Kooperation mit dem Feind, allein ausgereicht hätten, derart überbordende Reaktion auszulösen. Eher ist zu vermuten, daß es sich bei dieser Kontroverse um mehr gehandelt haben dürfte, als um eine aufgeregt vorgetragene Debatte über Faktizität, historische Richtigkeit und angemessene Interpretation. Anhand nochmaliger und wiederkehrender Deutung drängt sich der Eindruck auf, daß es sich bei Arendts Bericht über den Eichmann-Prozeß zu Jerusalem um eine nachgerade apokryphe Schrift handelt, in der bei weitem mehr abgehandelt wird, als der nationalsozialistische Judenmord allein.

Seiner ganzen Anlage und Struktur nach wird deutlich, daß der Bericht über die Banalität des Bösen einen im hohen Maße idiosynkratischen Subtext aufweist. Dieser Subtext birgt Spurenelemente fast aller relevanten und existenziellen Fragen postemanzipatorischer jüdischer Existenz in sich – freilich um die Erfahrung des Holocaust verschärft. So gelesen stellt die Schrift eine verschlüsselte Textgrundlage eines im Prinzip immer wiederkehrenden jüdischen Diskurses dar. Verhandelt wird dort kontrovers der Gegensatz zwischen jüdischer Partikularität und Universalität diesseits wie jenseits des Judentums; diskutiert werden Fragen der Assimilation und des Zionismus, der Unabhängigkeit des Individuums wie der kollektiven Verantwortung.

Der untergründige Gegenstand des Berichts über den Eichmann-Prozeß ließe sich systematisch dergestalt fassen: Anhand der Textikone »Eichmann in Jerusalem« kommen unterschiedliche, ja in ihrer Wirkung durchaus gegensätzliche Narrative jüdischer Erfahrung und jüdischen Selbstverständnisses zur Geltung und treten dabei miteinander in Konflikt. Dabei handelt es sich um in Bilder, Symbole, Metaphern und Deutungen der jüdischen Katastrophe im 20. Jahrhundert gekleidete Narrative.

Ein systematischer Blick auf die grundlegenden Fragestellungen in Hannah Arendts Bericht bestätigt eine Vermutung dichotomisch ausgelegter Diskursstruktur. Es beginnt schon mit der Interpretation der von den Nazis verübten Verbrechen. Handelt es sich bei diesen Verbrechen gemäß der israelischen

Anklageschrift, um Verbrechen wider das jüdische Volk – oder handelt es sich um Verbrechen gegen die Menschlichkeit? Hannah Arendt plädiert für eine Ausdehnung des kriminellen Tatbestandes. Ihre universalistisch gehaltene Interpretation der Nazi-Verbrechen auch an Juden reicht so weit, daß sie den gegenüber dem jüdischen Volk bereits umfassenderen Begriff der Menschlichkeit noch weiter zu universalisieren sucht: Auf Verbrechen gegen die Menschheit, nicht gegen die Menschlichkeit soll die Ahndung hinauslaufen.

Über die Charakterisierung der Nazi-Verbrechen als Verbrechen gegen die Menschheit hinaus umfaßt Arendts universalistische Kritik auch das Prozedurale. Obschon ihr ein internationaler Gerichtshof für die Art der zu ahndenden Verbrechen bei weitem angemessener erscheint, nimmt sie die jüdische Jurisdiktion in Gestalt des israelischen Gerichtshofes hin – dies aber weniger aus prinzipiellen, denn aus praktischen Gründen. Der universalistischen Sicht Hannah Arendts nach hätte die Instanz eines internationalen Gerichtshofs dem Charakter der Verbrechen weit eher entsprochen.

Es ließen sich weitere, auf Universalisierung von Tat und Täterschaft drängende Einwände Arendts anführen – so etwa der Hinweis, die Verbrechen seien zwar von Deutschen begangen worden, aber auch andere seien zu derartigen kriminellen Handlungen in der Lage gewesen. Solche Verallgemeinerung wie die Ausdehnung des inkriminierten Geschehens geht ebenso auf ihren Begriff vom Totalitären zurück wie auf eine das historische Geschehen entortende Perspektive, die gegen vergangene Wirklichkeit eine zukünftige Möglichkeit in Stellung bringen möchte. Dazu gehört auch die in ihrem Bericht ständig und immer wieder aufscheinende Tendenz, die existentielle Unterscheidung zwischen Opfer und Täter zu verwischen und so die Opfer der Kollaboration mit den Tätern zu beschuldigen. Derartige Vorhaltungen waren nicht nur gegen Judenräte und jüdische Polizei vorgebracht worden, sondern groteskerweise auch gegen die jüdischen Sonderkommandos in den Todeslagern. An solchen Beispielen wird deutlich, daß mit den wirklichen oder vermeintlich empirischen Problemen immer wieder Fragen des jüdischen Selbstverständnisses abgehandelt werden.

Der extreme Universalismus ist nicht die einzige Grundlage, von der aus Hannah Arendt in ihrem Eichmann-Buch argumentiert. Er wird ergänzt durch einen nicht minder radikalen jüdischen Partikularismus – um nicht Nationalismus zu sagen. Auffällig ist dabei, daß sich ihr jüdischer Nationalismus mancherorts mit extremen Positionen des Zionismus trifft, ohne mit ihm identisch zu sein. Wie Raul Hilberg geht auch sie in der Bewertung jüdischen Verhaltens angesichts des Nationalsozialismus von der Existenz eines vollgültigen jüdischen Kollektivs aus, vom jüdischen Volk. Beim »jüdischen Volk« handelt es sich insoweit um eine wenig problematische Kategorie, als es um eine unverbindliche Beschreibung unterschiedlich dichter religiöser und kultureller Zugehörigkeiten geht. Wenn aber vom jüdischen Volk dann gesprochen wird, wenn es um Themen kollektiver politischer Handlung, um Widerstand oder gar um militärische Aktion geht, wird diese Kategorie in hohem Maße problematisch. Dann wird nämlich eine Solidargemeinschaft vorausgesetzt, die sich angesichts der nationalen, sprachlichen und kulturellen Zusammensetzung der unterschiedlichen Judenheiten in Europa, als eine handlungsrelevante Unterstellung ausnehmen dürfte.

Noch während des Krieges trat Hannah Arendt für die Schaffung einer jüdischen Armee ein. In Amerika kooperierte sie, wenn auch nur kurz, mit rechtsgerichteten jüdischen Gruppen, die schon damals die jüdische und zionistische Führung des Verrats ziehen. Als in Israel der 50er Jahre die Kastner-Affäre die Emotionen aufwühlte, gab sie Auffassungen zum besten, die mit denen der extremen Rechten übereinstimmten.[4] Während des Eichmann-Prozesses feierte sie in ihrer Berichterstattung distanzlos die heroischen Qualitäten des jüdischen Widerstandes, und dies, obwohl sie andererseits die vom israelischen Chefankläger Gideon Hausner an jüdische Zeugen gerichtete anmaßende Frage: »Warum habt ihr nicht aufbegehrt?« zu recht als »grausam und dumm« zurückwies.

Bei Hannah Arendt tut sich in der Beurteilung des Holocaust ein tiefer Zwiespalt auf: Einerseits frönt sie einem schier grenzenlosen Universalismus; andererseits sind ihre Argumente in hohem Maße nationalistisch eingefärbt. Wie ist ein derartiger Widerspruch zu verstehen? Die Antwort ist ebenso einfach wie komplex: Das Holocaust-Narrativ Hannah Arendts enthält eine höchst irritierende Botschaft, in der sich nationale und universelle Radikalitäten gegenseitig verstärken. Das Ergebnis ist ein augenscheinlich synthetisches Konzept jüdischen Selbstverständnisses, das sich einerseits aus der Erfahrung des deutschen Judentums, den Mustern jüdischer Emanzipation im Westen zusammensetzt, in deren Zentrum der Einzelne als Bürger seines Gemeinwesens steht. Andererseits wird aber auch ein kollektives Verständnis jüdischer Existenz miteinbezogen. Es handelt sich dabei um eine Selbstdefinition, die sich Hannah Arendt spätestens während des Krieges und erst recht angesichts des Holocaust zu eigen machte. Dies ist zwar kein voll entfaltetes zionistisches Verständnis vom »jüdischen Volk«, aber doch ein zionistisch eingefärbtes Bild, das sich vornehmlich auf die dem Holocaust vorausgegangenen Erfahrungen der Juden in Ostmittel- und Osteuropa stützt.

Die Übernahme des ostjüdischen Selbstverständnisses und des ihm eigenen nationalen Narrativs durch Hannah Arendt ist vor allen Dingen ihrem Pessimismus anzulasten, den sie den Versprechungen der universalen und mithin abstrakten Menschenrechte entgegenbringt.[5] Durch die Erfahrung von Verfolgung und Holocaust geprägt, versöhnt sie sich mit dem zionistisch gefärbten Konzept einer jüdischen politischen Subjektivität. Die politische Philosophin mit deutsch-jüdischem Hintergrund akzeptiert die Vorstellung von der Existenz einer jüdischen Nation, das Recht auf Heimat eingeschlossen. Ihre bedeutsame Rede vom »Recht Rechte zu haben« entpuppt sich bei näherem Hinsehen als eine universell chiffrierte Konsequenz aus dem jüdischen Schicksal. Insofern ist sie in Anlehnung an eine Wortschöpfung der Weimarer Zeit als Vernunftzionistin zu bezeichnen.

Doch trotz aller Bekenntnis zum jüdischen Volk beruht dieser Vernunftzionismus auf abstrakten, universellen, institutionellen und mithin republikanischen Werten. Dabei kommen die Prinzipien eines Gemeinwesens zum Zuge, das auf Demos und nicht auf Ethnos basiert. Legt man die Unterscheidung von Demos und Ethnos dem jüdischen Selbstverständnis zugrunde, ergeben sich für Hannah Arendt in der Tat schwerwiegende Probleme.

Sie ergeben sich schon dadurch, daß das westliche Konzept eines institutionellen republikanischen Gemeinwesens sich erheblich vom eher ethnischen Selbstverständnis des mehrheitlichen osteuropäischen Judentums unterschied. Dort war die Selbstwahrnehmung, aufgrund eines homogenen kollektiven Gedächtnisses, in hohem Maße national geprägt. Nach dem Holocaust, nach 1945, wurde die osteuropäisch-jüdische Erfahrung für ein sich homogenisierendes und verallgemeinerndes jüdisches Narrativ gleichsam verbindlich. Dies ist im übrigen auch die Pointe der recht verschlüsselt vorgetragenen Botschaft Gershom Scholems, jenes deutsch-jüdischen Konvertiten zum Zionismus, als er Hannah Arendt in einem offenen Brief im Zuge der Eichmann-Kontroverse vorwarf, ihr fehle es an Ahavat Israel, d.h. an Liebe zum Judentum.

Damit wollte er zum Ausdruck bringen, daß sie sich nicht dem jüdischen Ethnos verpflichtet fühle, ein Umstand, der von Hannah Arendt nicht anders gesehen worden war. In ihrer Antwort auf Scholem betont sie ihre Loyalität zum Wert der Unabhängigkeit des Individuums und seiner Urteilskraft und weist alle kollektiven Ansprüche, die auf Herkunft beruhten, zurück.[6] Eine solche Haltung hatte ihr väterlicher zionistischer Freund Kurt Blumenfeld bereits Jahre zuvor bei ihr ausgemacht. Angesichts ihres grundlegenden zionismuskritischen Beitrags im Menorah-Journal aus dem Jahre 1946 gibt er ebenso enttäuscht wie ernüchtert zu erkennen, daß Hannah Ahrendt nicht seine nationalen Loyalitäten teilt. Mehr noch: der herausragende Repräsentant des deutschen Zionismus wirft sich vor, sie eigentlich ganz gegen ihre Neigung in Richtung einer jüdisch-nationalen Haltung beeinflußt zu haben, weg von der »Assimilation«, wie die individuelle Emanzipation von ihm und seinesgleichen abfällig charakterisiert wurde.[7]

Wie wirken sich nun die unterschiedlichen jüdisch-emanzipationsgeschichtlichen Voraussetzungen auf die Darstellung von Hannah Arendts Bericht über die Banalität des Bösen aus? Welches emanzipationsgeschichtliche Narrativ mit welcher Erzählstruktur kommt hier zur Geltung? Wie erzählt sie die Geschichte der jüdischen Katastrophe, von welcher Warte her und mit welchen Mustern der Wahrnehmung? Oder eher metaphorisch ausgedrückt: Nach welchen Vorgaben und auf dem Hintergrund welchen Gedächtnisses interpretiert Hannah Arendt die Geschichte des Holocaust? Ihr Konzept der Banalität, das in der jüdischen Öffentlichkeit von geradezu hysterischen Ausbrüchen begleitet wurde, zeigt jedenfalls eine Perspektive der Wahrnehmung auf, die durchaus dem deutschen kollektiven Erleben nahekommt.

Dies ist eine auf den ersten Blick höchst problematische Behauptung. Um sie plausibel zu machen, bedarf es zuvor einiger methodischer Überlegungen.

Ausgehend von der Annahme, daß historische Darlegungen, Deutungen und Verstehensbemühungen nicht in einem szientifischen Sinne als objektive Einstellungen zu erachten, sondern durchweg als an prädisponierte Erzählstrukturen gebundene Leistungen des kollektiven Gedächtnisses aufzufassen sind, enthält die Kategorie des kollektiven Gedächtnisses eine epistemologische Bedeutung für die Geschichtsschreibung. Geschichte und Gedächtnis wären demnach keine gegenläufige Instanzen erzählter Erinnerung. Geschichte erscheint so als methodisch angeleitete Konstruktion, als reflexiv bearbeiteter Ausdruck kollektiven Gedächtnisses.

Hinsichtlich der Darstellung der nationalsozialistischen Zeit und vornehmlich der mit ihr verbundenen Massenvernichtung, findet sich der Historiker mit einem irritierenden Phänomen konfrontiert: Im deutschen Gedächtnis schlagen sich die Erfahrungen jener Zeit und die mit ihr verbundenen inkriminierten Vorgänge in einer anderen, genauer: in einer dem jüdischen Gedächtnis gegenläufigen Weise nieder. Die historische Realität jener Zeit wird – so scheint es – notwendig unterschiedlich wahrgenommen bzw. die respektive Perspektive ist nachgerade anders gerichtet. Derart komplexe und objektiv gelagerte Verstehensweisen und die ihnen entsprechenden Narrativstrukturen hat der Historiker in der Rekonstruktion des Gesamtgeschehens zu berücksichtigen.

Hinsichtlich der Täter-Perspektive ist ein bestimmtes Phänomen in hohem

Maße evident: Das Bild des Geschehens findet sich in eine Vielfalt von Einzelvorgängen zergliedert. Dies läßt sich plausibel auf die praktische Durchführung der Massenvernichtung zurückführen. Sieht man von den unmittelbar ausgeführten Massentötungen während der ersten Phase des Holocaust ab, so war die Vernichtung des europäischen Judentums im großen und ganzen das Ergebnis eines arbeitsteilig organisierten und unpersönlichen, bürokratischen und industriellen Vorganges. Diese Art der Massentötung zieht bei den an der arbeitsteilig organisierten Tathandlung Beteiligten zweifelsohne ein Bewußtsein nach sich, in dem das Gesamtbild des Geschehens ebenso wie das ihm entsprechende Schuldempfinden zergliedert und versachlicht wird. Das Empfinden persönlicher Verantwortung und Schuld findet sich aufgelöst, mit allen Folgen für die spätere strafrechtliche Ahndung der Verbrechen. Mehr noch: Das Geschehen selbst erscheint derartig partialisiert, daß die einzelnen Teile des Gesamtverbrechens sich in der Tat notwendig banal ausnehmen müssen. Dieses Phänomen des seiner Tat entfremdeten Täters hat Hannah Arendt im Blick, wenn sie davon spricht, daß es sich bei den von den Nazis angerichteten Grauen um Verbrechen jenseits von Schuld gehandelt habe,[8] um Straftatbestände, die ihrer pönalen Bedeutung verlustig gehen. Überhaupt überschreite jenes Geschehen Geltung wie Wirksamkeit von Rechtssystemen.[9]

All dies ist ebenso überzeugend wie eingängig. Nur gehen diese Einsichten mit den von den Opfern gemachten Erfahrungen nicht einher. Im Gegenteil: Nicht nur für die Opfer der unmittelbar, etwa durch Einsatzgruppen durchgeführten Massaker, auch für die Opfer des administrativen und industriellen Tötens war das gewaltsam herbeigeführte und grausame Sterben eine sinnlich erfahrene Realität, die nach Sühne ruft. Für sie war das Böse nicht bloßes Ergebnis einer administrativ gefügten Kumulation von Banalitäten, sondern eine psychisch und physisch erfahrene Monstrosität.

Die sich in Banalitäten auflösenden Phänomene der Durchführung, begleitet von einem ebenso trivial anmutenden Verlust von Unrechtsbewußtsein auf seiten der Täter, geradeso wie die als monströs von den Opfern erfahrene Exekution der Tat, verlängern sich als Geschichtsbilder in die Historie hinein und ziehen gegenläufige Perspektiven in der Darstellung der »Endlösung« nach sich. Das Gesamtgeschichtsbild scheint in einen Dualismus der Wahrnehmungen auseinanderzufallen, in Banalität und Monstrosität. Beide Tendenzen der Perzeption und damit der Perspektive sind insofern wahr, als sie sich, jeder für sich, auf schiere Erfahrung zu berufen vermögen. Hinsichtlich der etablierten historischen Schulbildungen in der Geschichtsschreibung des Holocaust findet sich diese Entgegensetzung in der Rivalität zwischen Funktionalisten und

Intentionalisten reflektiert. Schließlich betonen die einen das entpersonalisierende Wirken bürokratischer Mechanismen und damit die Annullierung von individuell rückführbarer Verantwortung und Schuld; die anderen setzen hingegen eher auf eine mehr oder weniger ideologisch angelegte Bereitschaft, auf einen Willen zur Tat und damit auf ein durchaus schuldhaftes, kriminelles Verhalten. Die Struktur der gegenläufigen historiographischen Schulbildungen scheint mithin evident. Jedenfalls folgen sie einem gerichtsförmigen Diskurs: Die eine, die funktionalistische, plädiert auf Fahrlässigkeit – die andere, die intentionalistische, auf Schuld.

In seiner Einleitung zur Neuauflage von Hannah Arendts Bericht über den Eichmann-Prozeß hat Hans Mommsen die Wortschöpfung von der Banalität des Bösen zur konzeptuellen Grundlegung einer ganzen Forschungsrichtung erhoben.[10] Die strukturalistische oder wie sie auch genannt wird – die funktionalistische Schule führe sich letztendlich auf jenes Verständnis von der Massenvernichtung zurück. Insofern stelle Arendts Bericht so etwas dar wie einen Meilenstein im Übergang von einer Perspektive, die ihren historischen Gegenstand im Bereich individueller Verantwortung und Schuld verankere, zu einer, die sich auf entpersönlichte Strukturen konzentriere.

Ohne Zweifel war Adolf Eichmann der Prototyp eines Funktionärs des Todes. Seine ideologischen Überzeugungen spielten für seine Tätigkeit in der Tat eine nur untergeordnete Rolle. Auch sein Antisemitismus gründete nur wenig auf innerer Überzeugung. Überhaupt gelingt es Hannah Arendt, von Eichmann ein zutiefst überzeugendes Bild zu zeichnen – als eines Sozialingenieurs, als eines bloßen Technikers der Deportationen in die Vernichtung.

Mit dieser Charakterisierung des Angeklagten Adolf Eichmann war Hannah Arendt bestrebt, das Bild zu unterlaufen, das der israelische Chefankläger Hausner anhand des Angeklagten für die jüdische Geschichte schlechthin zu zeichnen suchte. Das von Hausner entworfene Narrativ jüdischer Geschichte erschien ihr als bloße Propaganda, zumal sie einer nationalistischen Geschichtsinterpretation folgte, die sie selbstredend verwarf. Mit dem Eichmann-Prozeß sollte diese Interpretation für die Juden schlechthin, vornehmlich aber für die israelische Nation festgeschrieben werden. Dieses Narrativ stellte die jüdische Geschichte als einen ununterbrochenen Reigen von Leid und Verfolgung dar, mit dem Holocaust als negativer Apotheose. Dafür, die Darlegung jenes negativen jüdischen Geschichtsverlaufs bis hin zur Staatsgründung Israels, schien Hausner der Person Adolf Eichmanns zu bedürfen: als Inbegriff des Bösen.

Diesem, von Hannah Arendt in hohem Maße als verzerrt empfundenes Narrativ jüdischer Geschichte stellt sie ihre eigene Interpretation entgegen, eine, wenn auch fragmentierte Geschichtserzählung, die nicht weniger pointiert und polemisch ausfällt als die ihres Kontrahenten Hausner. Seinem Nationalismus setzt sie nämlich eine Art von radikalem Universalismus entgegen, der die historische Wirklichkeit nicht weniger entrealisiert. Ihrer Auffassung nach wäre Auschwitz überall möglich gewesen, auch wenn es nur in Deutschland wirklich geworden war. Die Tendenz, die gewesene historische Wirklichkeit mit einer universellen Möglichkeit auf Kosten der Vergangenheit zu kontrastieren, ist der aufgeklärt anmutenden Argumentation Hannah Arendts untergründig inne. Es ist diese Tendenz, die es erfordert, die Evidenz der gewesenen Wirklichkeit immer wieder zu dekonstruieren und dabei notwendig die Gefühle der Opfer zu verletzten. Insofern liegt der historische Schluß nahe, ihre ganze Argumentation habe mehr mit der rechtfertigenden Perspektive der Täter, als mit der durch Leid gezeichneten Sicht der Opfer gemein.

Der Hinweis auf die Perspektivenwahl Hannah Arendts soll keineswegs den Eindruck erwecken, hier werde den alten Frontlinien der Eichmann-Kontroverse entlang für die Gegner der Philosophin Partei ergriffen. Dies ist keineswegs der Fall. Vielmehr zielen diese Überlegungen darauf, jenes bedeutsame, ja grundlegende Dokument der öffentlichen Bewältigung der nationalsozialistischen Massenverbrechen an den europäischen Juden aus einer gebührenden Distanz heraus zu historisieren. Gerade heute scheint sich eine derartige Historisierung der polemischen Intervention »Eichmann in Jerusalem« nicht nur vor dem Hintergrund der weit vorangeschrittenen Forschung zum Holocaust anzubieten. Angesichts der zunehmenden Bereitschaft der Disziplin, Geschichtserzählungen auf ihr untergründiges Narrativ hin zu untersuchen, auf die bei der Konstruktion von Geschichtsbildern wirkenden Neigungen der Historiker, liegt dieser Schritt nahe.

Wird all dies auf die Komposition der Streitschrift Hannah Arendts »Eichmann in Jerusalem« angewendet, so bietet sich folgendes Bild. Ihr Bericht über die Banalität des Bösen ist das Resultat einer für die Zeit nach dem Holocaust recht ungewöhnlichen intellektuellen Haltung: gewachsen auf dem Humus von Werten deutsch-jüdischer Emanzipationserfahrung, ist Arendts Haltung zwischen den Anforderungen einer als Vernunftzionismus zu kennzeichnenden Versöhnung mit einer völlig neuen Wirklichkeit auf der einen und den hohen Ansprüchen eines idealistisch überformten und prinzipialistisch anmutenden jüdischen Universalismus auf der anderen Seite zerrissen.

Mehr noch als der Konflikt dieser miteinander nur schwer zu vereinbarenden Weltdeutungen und Selbstverständnisse wird bei fortschreitender Textanalyse folgendes deutlich: Bei Hannah Arendt verstärken sich zwei relativ voneinander unabhängig gelagerte idiosynkratische Vorgaben, die im Vorrationalen wirken und ihre ungewöhnliche Haltung in Sachen Juden und Holocaust nähren. Dazu gehört ihr deutsch-jüdischer Hintergrund und die ihm eigene Emanzipationsgeschichte, verbunden mit einer instinktiven Abwehr der ostjüdischen Erfahrung und ihres Narrativs sowie die leichtfertige Akzeptanz, mit der Hannah Arendt die anders gelagerten, idiosynkratisch geprägten Haltungen von Personen in sich aufnahm, die ihr nahe standen und die vornehmlich ihrer Herkunft und des damit verbundenen Gedächtnisses wegen eine andere Geschichte zu erzählen hatten. Dieser Anziehung schien sie sich kaum entziehen zu können.[11]

Gerade letzteres Argument ist mit aller Vorsicht zu führen; vor allem deshalb, weil seit der skandalisierenden Darstellung des Verhältnisses Hannah Arendts zu Martin Heidegger Deutungen überhandnehmen, die sich einer behaupteten geistigen Wahlverwandtschaft wegen unziemlicher Argumente bedienen. Unterstellungen aus der Kammerzofenperspektive wird hier jedenfalls nicht gefolgt. Um so mehr gilt es, auf den Umstand zu verweisen, daß Hannah Arendt ihres Hintergrundes, ihrer höchst ungewöhnlichen Geschichte und des mit eben dieser Geschichte verbundenen komplexen Selbstverständnisses wegen schlechterdings zu einem expressiven Träger von Auffassungen geworden ist, die nicht unbedingt als ihre eigenen gelten können.

Es mag kleinmütig, gar beckmesserisch anmuten, aber mancherorts werden Spurenelemente außengeleiteter Einflußnahme auf Hannah Arendt spürbar, die nicht unwesentlich zur Ausbildung des Narrativs von der Banalität des Bösen geführt haben könnten. So eröffnet Karl Jaspers in einem Brief vom 13. Dezember 1963 mit der Bemerkung, ein New Yorker Freund der Blüchers habe ihm dort mitgeteilt, der Begriff von der Banalität des Bösen sei auf ihren Mann Heinrich zurückzuführen, der sich nunmehr in Selbstvorwürfen verzehre; seine Frau bade nun das aus, was er ihr eingebrockt habe.[12]

Blüchers Einfluß auf Hannah Arendt und seine intellektuelle Bedeutung für die politische Philosophin sind nicht gering zu schätzen, und bedürfen noch der Erforschung. Aber bereits heute kann die Einwirkung seines Denkens ebenso wie das Gewicht seiner Person in ihrem Werk aufgespürt werden; und allem dort, wo Erzählform und Deutungsinhalt allzusehr von der üblichen Art der Arendtschen Darstellung abweichen, bzw. dort, wo offenkundige systematische Konsistenzbrüche anfallen.

Die wohl schlagendste und für die Systematik ihres Werkes folgenreichste Einflußnahme ihres Mannes Heinrich Blücher läßt sich am dritten Teil der »Elemente und Ursprünge totaler Herrschaft« nachweisen. Hannah Arendt selbst hat darauf hingewiesen, wie viel sie den Gesprächen mit ihrem Mann gerade hinsichtlich dieses Teiles verdankt. Doch mit bloßen Gesprächen läßt sich diese Einflußnahme nicht verstehen. Die Einwirkungen der Biographie Heinrich Blüchers und seine politische Erfahrung greifen vielmehr tief in die Werkstruktur ein und beeinflussen signifikant die fundamentalen Aussagen der politischen Philosophin zum Thema der totalitären Herrschaft.

War Hannah Arendt in ihrem wegweisenden und eigenständig verfaßten Aufsatz »Social Science Techniques and the Study of Concentration Camps«[13] mit dem grundlegenden Unterschied zwischen Konzentrations- und Vernichtungslagern noch bestens vertraut, findet sich diese Differenz in den »Elementen« bis zur systematischen Unterschiedslosigkeit verwischt. Wie immer die Gespräche im Hause Blücher zu Fragen von Nationalsozialismus und Stalinismus im einzelnen verlaufen sein mochten, die Perspektive eines deutschen Exkommunisten bzw. der von ihm geführte renegatische Diskurs dürfte eine andere Richtung genommen haben als in einer ideologisch bestenfalls agnostisch gestimmten deutschen Jüdin aus einem sozialdemokratisch orientierten Elternhaus einzuschlagen pflegte. Folgt man nämlich der Anlage des dritten Teiles der Elemente, so wird allenthalben sichtbar, wie Konzeptualisierung und Systematisierung der Gemeinsamkeiten zwischen Phänomenen des Nazismus und des Sowjetsystems einem Realtypus folgen, dem vornehmlich die Merkmale des Stalinismus angemessen sind. Seine Gültigkeit für beide Herrschaftssysteme jedenfalls ist gleichermaßen beschränkt. So war die nazistische Wirklichkeit für ethnische Deutsche bei weitem weniger totalitär gestaltet, als die des Stalinismus für die Sowjetmenschen. Hingegen hob sich die bloße Menschenvernichtung unter den Nazis vom sowjetischen Lagersystem durchweg qualitativ ab.

Auf das Eichmann-Buch bezogen sind die Spuren der Einflußnahme jedenfalls offenkundig. Schon Blüchers Haltung zu den Juden als Juden war von Ressentiments nicht frei. Hannah Arendt, die mit Äußerungen ihres Mannes zu ihrer Herkunft gemeinhin sehr zurückhaltend war, erwähnte Jaspers bei aller Rücksichtnahme und verstellter Ironie in einem Brief gegenüber, Blüchers »Meinung vom jüdischen Volke ist nicht immer so, wie man es wünschen sollte.«[14]

Auch Karl Jaspers Einfluß auf Hannah Arendts Haltung im Bericht über die Banalität des Bösen läßt sich mit Händen greifen. Nicht wenige ihrer Darlegungen und Interpretationen über Recht und Moral angesichts der nationalsozialistischen Massenverbrechen lassen sich auf verhaltene Vorgaben ihres Lehrers Jaspers zurückführen. Es war dem Briefwechsel nach Karl Jaspers, der gegen ihren argumentativ hinhaltenden Widerstand immer wieder die Auffassung vertrat, Israel möge Eichmann zwar im Gewahrsam halten, ihn aber endlich einer – wenn möglich – menschheitlichen Instanz überstellen. Schließlich habe Eichmann das, was er getan hat, nicht nur den Juden, »sondern wesentlich der Menschheit« angetan. Eine Hinrichtung durch Israel würde Eichmanns Handeln für das »Bewußtsein der Menschen gleichsam bagatellisieren« und nicht zur rechten Geltung kommen lassen.[15] Was die idiosynkratisch angelegten innerjüdischen Animositäten Arendts angeht, so hat Jaspers keinerlei Hemmungen, sich von ihr mitreißen zu lassen. Als sie ihm ihre Lobeshymnen auf die aus Deutschland stammenden Richter einerseits und ihre eigene ressentimentgeladene Abneigung gegen die Ostjuden andererseits vorträgt, die vornehmlich gegen den israelischen Chefankläger Gideon Hausner gerichtet sind, den sie als einen »typisch galizische(n) Jude(n)« ausmacht, vermutlich »einer von denen, die keine Sprache können. Das Plädoyer künstlich, hyperlegalistisch mit groben Schnitzern, von Emotionen unterbrochen«,[16] reagiert er postwendend: »Beklemmend. Hoffentlich gewinnen die drei deutschen Juden.«[17]

Dies und eine Fülle anderer Hinweise auf kulturspezifische Idiosynkrasien und Ressentiments mindern die Intellektualität, die Geistesschärfe und die beeindruckende Urteilskraft Hannah Arendts nicht im geringsten. Dennoch ist es in hohem Maße befremdlich und wirkt in mancherlei Hinsicht auch opportunistisch, wie in ihren Briefen Sprachmuster und kritische Wortbilder auf die jüdische und israelische Realität übertragen werden, die offensichtlich dem post-nationalsozialistischen deutschen Diskurs entnommen sind. So heißt es bei ihr, in der Absicht zu erklären, warum ihre Thesen über Eichmann und das Verhalten der Juden im Holocaust in der jüdischen Öffentlichkeit einen derartigen Sturm der Entrüstung ausgelöst haben, daß überall noch »und vor allem in Israel, ehemalige Judenrätler in hohen und höchsten Positionen.«[18] säßen. Daß ihr die Thesen israelischer Rechter über Kastner ins Konzept paßten, mag noch verständlich sein. Mit Bemerkungen wie der, Ben Gurion habe Eichmann nur deshalb gekidnappt, »weil die Wiedergutmachungszahlungen an Israel zu Ende gingen und man einen neuen Druck auf Deutschland ausüben wollte für weitere Zahlungen«,[19] knüpfte sie jedoch an eine Stimmung in Deutschland an, die sich nur schwer mit der Lebensgeschichte der Autorin von den »Aporien der Menschenrechte« verträgt.

Hannah Arendts Bericht über den Prozeß gegen Eichmann ist ein bedeutendes Dokument jüdischer Selbstreflexion über Auschwitz. Es ist zudem ein Dokument von tiefer Ambivalenz. Anhand der Person und der Funktion Eichmanns im Vorgang der Vernichtung des europäischen Judentums eröffnet sich der ganze Kosmos jüdischen Selbstverständnisses, eines Selbstverständnisses, zerrissen zwischen einem radikalen universalistischen, menschheitlichen Horizont und partikularen Resistenzen, durch die Katastrophe bestätigt und gesteigert zugleich. Die sich daran knüpfenden Fragen stellen sich immer wieder neu: Waren die Juden als Juden oder als Menschen Opfer der Nazis geworden? War das Verbrechen der Massenvernichtung ein Verbrechen wider das jüdische Volk oder war es an der Menschheit als solcher verübt worden? War die existenzielle Unterscheidung zwischen Tätern und Opfern durch das Vorgehen der Nazis derart verwischt worden, daß die gängigen moralischen und kriminologischen Differenzierungsmerkmale hier ihre Geltung verlieren?

Als Hannah Arendt mit Auffassungen konfrontiert wurde, die ihren Universalismus wörtlich nahmen und sich dabei auf ihr Eichmann-Buch stützten, zog sie sich wie einem Reflex folgend auf das argumentum ad nationem zurück – d.h. auf eine Position der partikularen Gebundenheit von Narrativen. Dieses Verhalten ist in ihrem Briefwechsel mit Hans Magnus Enzensberger aus dem Jahre 1964 dokumentiert. Enzensberger hatte bei Erscheinen seines in Brechtscher Tradition verfaßten Buches über »Politik und Verbrechen« wert darauf gelegt, von der so geschätzten Hannah Arendt im Merkur besprochen zu werden. Hannah Arendt lehnte ab. Dafür wurde ein Briefwechsel zu Hannah Arendts Ablehnung einer Rezension zwischen beiden in eben jenem Periodikum veröffentlicht.

Hannah Arendt hatte vornehmlich an einem Satz Enzensbergers Anstoß genommen, der hinsichtlich der nationalsozialistischen Vergangenheit für die Haltung einer ganzen Generation charakteristisch werden sollte – und zwar an dem Satz: »Faschismus ist nicht entsetzlich, weil ihn die Deutschen praktiziert haben, sondern weil er überall möglich ist«. Darauf Bezug nehmend schreibt sie an Enzensberger: »Wenn jeder schuldig ist, dann ist niemand schuldig. Wieder geht das einzelne im Durcheinander des Allgemeinen verloren. Es ist bei weitem noch problematischer, wenn es von einem Deutschen vorgebracht wird. Dann heißt es: Nicht unsere Eltern, sondern die Menschheit hat diese Katastrophe verursacht. Das ist einfach nicht wahr.«[20]

1 F.A. Krummacher, Hrsg., Die Kontroverse. Hannah Arendt, Eichmann in Jerusalem und die Juden, Frankfurt/M 1964; zur neueren Beschäftigung mit Hannah Arendt, siehe Seyla Benhabib, The Reluctant Modernism of Hannah Arendt, London 1996, Kap.6 »Thinking and Judging: Rereading Eichmann in Jerusalem, S.173-184

2 Jacob Robinson, And the Crooked shall be made Straight. The Eichmann Trial, the Jewish Catastrophe, and Hannah Arendt's Narrative«, London 1965

3 Über die Forschungsreaktion zu Hannah Arendts Beschuldigung der Judenräte: Isaiah Trunk, Judenrat. The Jewish Councils in Eastern Europe under Nazi Occupation, New York 1972. Dazu Lucy S. Davidowicz, The Holocaust and the Historians, Cambridge 1981, S. 138

4 Hannah Arendt-Karl Jaspers, Briefwechsel 1926-1969, Hersg. Lotte Köhler und Hans Saner, München 1985, 544 f. vom 20.7.1963

5 Dazu eindringlich das Unterkapitel im zweiten Teil ihrer Elemente und Ursprünge totaler Herrschaft, »Die Aporien der Menschenrechte, S. 452 f.

6 »Eichmann in Jerusalem«. Ein Briefwechsel zwischen Gershom Scholem und Hannah Arendt, in: Encounter, Januar 1964, S. 51-56

7 Kurt Blumenfeld an Martin Rosenblüth, 17. Januar 1946, in: Kurt Blumenfeld, Im Kampf um den Zionismus, Briefe aus fünf Jahrzehnten, hrsg. von Miriam Sambursky und Jochanan Ginat, Stuttgart 1976, S.197 f.

8 Hannah Arendt / Karl Jaspers, Briefwechsel, München 1993, S. 90

9 Siehe. Herbert Jäger, Verbrechen unter totalitärer Herrschaft: Studien zur nationalsozialistischen Gewaltkriminalität, Olton 1967

10 Hans Mommsen, Hannah Arendt und der Prozeß gegen Eichmann, Vorwort zur Neuauflage von Hannah Arendt, Eichmann in Jerusalem, München 1986, S. i-xxxvii

11 Eine Ahnung von dieser Problematik verspürte auch Ernest Gellner in seiner Beitragsrezension zur Arendt-Biographie von Elisabeth Young-Bruehl, Hannah Arendt: For Love of the World, New Haven und London, 1982 mit dem Titel: »From Königsberg to Manhattan (or Hannah, Rahel, Martin and Elfriede or Thy Neighbour's Gemeinschaft«, in: Ernest Gellner, Culture, Identity, and Politics, Cambridge 1987, S. 75-90

12 Hannah Arendt-Karl Jaspers, Briefwechsel, S. 578. Und Jaspers fährt fort: »Ich denke: der Einfall ist glänzend und als Buchtitel treffend. Nämlich: dieses Böse ist banal, nicht das Böse.«

13 aus Jewish Social Studies 12/1, 1950, S.49-645

14 Hannah Arendt-Karl Jaspers, Briefwechsel, S. 547

15 ebenda, S. 457 f.

16 ebenda, S. 472

17 ebenda, S. 473

18 ebenda, S. 546

19 ebenda, S. 621 f.

20 Briefwechsel zwischen Hannah Arendt und Hans Magnus Enzensberger, abgedruckt im Merkur, April 1965, S. 380-385

Avigdor Feldman

Alle vier Hufe des Pferdes habe ich gleichzeitig in der Luft gesehen …

Über den polizeilichen Blick in Videoaufzeichnungen nachgestellter Mordfälle, wie sie in Strafprozessen eingesetzt werden

Nachdem ein des Mordes Verdächtiger verhört wurde und das Verbrechen gestanden hat, wird er an den Tatort zurückgebracht, um dort den Mord noch einmal nachzustellen. Dieser Vorgang wird von der Polizei mit einer Videokamera aufgenommen. Er schließt die Ermittlungen ab und bildet den Übergang von der Ermittlung zum Prozeß. Insofern die Nachstellung der Tat durch den Täter sowohl rituellen wie mimetischen Zielen dient, handelt es sich bei dieser Wiederaufführung um eine Art von Exorzismus. Jedermann kehrt an den Ort des Verbrechens zurück; Polizisten und Techniker nehmen den Platz des Opfers und der Augenzeugen ein. Der Verdächtige spielt sich selbst beim Begehen des Mordes, während er gleichzeitig ein mündliches Geständnis von seiner Tat ablegt, indem er diese erzählt. Auf diese Weise integriert er sein Handeln und sein Sprechen. Diese inszenierte und stilisierte Wiederholung des Verbrechens reinigt den Platz des Geschehens von dem dort stattgefundenen Mord und erlaubt so dem Opfer, in Frieden zu ruhen.

Diese Wiederaufführung kann verstanden werden als eine Art Exekution des Verdächtigen, die am selben Ort und mit denselben Mitteln wie der Mord selber durchgeführt wird – eine Art perfekter Gerechtigkeit durch die Justiz. Michel Foucault beschreibt in *Überwachen und Strafen* Hinrichtungen, die perfekte Nachbildungen des Mordes waren. In einem Fall war eine Frau dazu verurteilt worden, mit dem selben Messer getötet zu werden, mit dem sie ihren Ehemann umgebracht hatte, dabei hatte sie auf demselben Stuhl zu sitzen, auf dem er gesessen hatte, als sie ihn erstach. Das Ergebnis ist die perfekte Verschmelzung von Ort und Mord, und so wird das Verbrechen zur perfekten Strafe. Die Bestrafungsmaschine stanzt den Text des Urteils auf den Körper des Angeklagten, genau wie von Kafka *In der Strafkolonie* beschrieben – aber vielleicht ist das auch etwas, das selbst außerhalb der Phantasie von Kafka liegt. Moderne

Nachstellungen führen am Ende nicht zur Tötung des Verdächtigen. Sie sind begrenzt auf die mimetische Aktivität, und das mimetische Nachspielen der Tathandlung erlöst die Leidenschaft, die im Mord zum Ausbruch kam und den gesamten öffentlichen Bereich zu infizieren gedroht hatte. Im folgenden behandle ich die Videoaufzeichnungen dieser Nachstellungen sowohl im Rahmen von Kino wie von Evidenz(beweisen).

Nachstellungen sind Geständnisse, die selbst eine sehr spezielle Kategorie von krimineller Evidenz sind, da der Verdächtige die Geschichte des Mordes in der ersten Person erzählt. Diese Kategorie von Beweisen umfaßt mündliche Geständnisse, von Verdächtigen selbst mit der Hand geschriebene Geständnisse und Nachstellungen des Tathergangs, die photographisch festgehalten werden; die mit einem Videogerät aufgezeichnete Nachstellung schließlich ist das letzte Geständnis.

Geständnisse liefern Beweise, die das Produkt kriminalistischer Nachforschungen sind, einer fröhlichen, populären und instinktiv arbeitenden Wissenschaft, die nach Zeichen sucht und jeder historischen Theorietradition ermangelt. Ermittlungen in Mordfällen basieren weit mehr, als es vernünftig erscheint, auf verbleichenden Flecken auf billigen Teppichen und Fußabdrücken auf entlegenen Gartenwegen. All dies in feinsten morphologischen Aufschlüsselungen. Zuviel Zeit wird damit verbracht, unauffällige Appartments in den Seitenstraßen von Tel Aviv wie der Yosef Eliahu Straße zu observieren. Straßen, die oft noch nicht einmal in der Nachbarschaft bekannt sind, und deren Lage kaum jemandem zuverlässig klarzumachen ist. Wenn aber in einem der zum Penthouse ausgebauten ehemaligen Trockenspeicher in dieser Straße ein Mord begangen wurde, wird es durchsucht in einer Weise, die noch nicht einmal größere archäologische Funde die Ehre haben, auf sich zu ziehen. Die Leiche eines geschiedenen und arbeitslosen Mannes, den seine Nachbarn nicht sonderlich mochten, das in Kalk vom Polizeiinspektor konservierte Wurstmesser verleihen einem solchen Ort seine einmalige Bedeutung.

Dem Gesetz mangelt es an Vorstellungsvermögen und historischem Verständnis. Grausige Verbrechen sind nicht an akzeptierte historische Paradigmen gebunden; sie bleiben isolierte Ereignisse, die lediglich lokale und begrenzte Erklärungen und Rechtfertigungen auf sich ziehen. Die Funde einer gründlichen Ermittlung am Tatort werden in der Regel nach der Urteilssprechung in den Gerichtsarchiven oder den Aktenschränken der Rechtsanwälte begraben, obwohl in sie oft mehr an menschlicher und wissenschaftlicher Energie fließt, als jemals auf die Ermittlungen historischer Großereignisse verwendet wurde. Plastiktüten mit Sandkörnern, Staub und angetrocknetem Schlamm von den

Schauplätzen des Verbrechens werden den Asservatenkammern der Polizei überstellt, wo sie auf langen Regalen in weitläufigen Stauräumen die materiale Welt des Verbrechens bilden. Diese Stauräume könnten als unschätzbare Quelle zu einer materialen Geschichte des Staates Israel dienen. Es sind immer äußerst weltliche Dinge, die in Mordfälle verwickelt werden – Kaffeetassen, Teller, Gabeln und jene von punktuierten Linien durchzogenen Tee-Eier mit ihren extra starken Federn, wie man sie zur Zubereitung einzelner Tassen Tee benutzt. Mit meiner Theorie der Geständnisse möchte ich den Strafprozeß an die Geschichte zurückgeben, um Rechtsfälle mit einer Bedeutung versehen zu können, die über das Urteil hinausreicht, das in ihnen gesprochen wurde. Ich möchte sie als Quellen einer alternativen modernen Geschichte verstehen, um einige erstaunliche Entdeckungen über die »Wirklichkeit« aufzuzeigen, die so unschuldig mit all den anderen Dingen, die mit dem Mord in Verbindung standen, zusammengebracht wurde. Ich möchte den öffentlichen Ruhm und die Größe des privaten Mordes wieder herstellen.

Abwechselnd Handeln und Sprechen

Tatnachstellungen werden im allgemeinen in den frühen Morgenstunden durchgeführt. Die Härte des Verhörs hat unmißverständlich im Gesicht des Verdächtigen Spuren hinterlassen. Den Kopf kann er kaum noch oben halten; er trägt irgendwelche Kleider, die er zufälligerweise gerade anhatte, als er festgenommen wurde. Diese können im Kampf mit dem Mordopfer zerrissen worden sein, falls er direkt nach dem Mord verhaftet worden ist, oder er trägt Freizeitkleider – Shorts und Hänger, wie man sie an heißen Sommerabenden in den quirligen Vorstädten Tel Avivs eben trägt. Oft wurde ihm ein Polizeimantel über die Schultern gelegt, so als hätte gerade der metaphorische Arm des Gesetzes selbst nach ihm gegriffen. Er wird begleitet von Polizeioffizieren, Technikern und Photographen. Der Schauplatz der Nachstellung ist von der Polizei abgeriegelt worden und der für die Nachstellung zuständige Offizier verliest die Belehrung: »Sie haben die Tat nur dann nachzustellen, wenn Sie das möchten. Wenn Sie sich dafür entscheiden, die Tat nachzustellen, dann kann die Nachstellung und alles, was sie während ihr sagen, als Beweismaterial gegen sie vor Gericht benutzt werden.« Der Verdächtige unterschreibt und stellt ebenjenen Mord noch einmal dar, den begangen zu haben, er ohnehin gerade gestanden hatte. Die heftigsten Gefühle durchlebt er noch einmal – und zwar in einem Zustand extremer Übermüdung. Nun bedrängt er noch einmal das

Opfer, zückt das Messer, zielt mit der Pistole, verfolgt das Opfer, schießt, ersticht, haut ihm einen stumpfen Gegenstand auf den Schädel, flieht. Während der gesamten Nachstellung sagt der Verdächtige sein Geständnis auf, so daß sich Sprechen und Handlung immer abwechseln.

Vor Gericht hat die Nachstellung wenig Wert, sie enthält zwar das Geständnis, aber dieses ist lediglich eine Wiederholung des Geständnissses, das schon schriftlich gemacht worden war. Außergewöhnlich wird es allerdings durch die bewußte und offene Vermischung extremer Elemente von Künstlichkeit und Wahrheit. Der Beitrag zur Strafermittlung ist marginal. In sehr seltenen Fällen liefert das Verhalten des Verdächtigen am realen Schauplatz des Verbrechens Hinweise für die Entscheidung darüber, ob er schuldig oder unschuldig ist, aber im allgemeinen antwortet der Ort nicht auf den Nachsteller und empfängt ihn auch nicht als den verlorenen Sohn, der endlich nach Hause zurückgekehrt ist. Dennoch gibt es keinen Mordprozeß, in dem der Verdächtige nicht zusätzlich zum schriftlichen Geständnis auch noch ein Videoband mit der Nachstellung beibringt.

Diese Bänder sind weniger dazu geeignet, akzeptable Beweismaterialien für den Prozeß zu stellen, als vielmehr auf dreierlei Weise das Reich des Realen zu restrukturieren und die symbolische Ordnung wiederherzustellen, die durch den Mord gestört worden war. Als erstes wird der Verdächtige damit für seine neue Rolle als Angeklagter trainiert. Die Nachstellung ist ein Crash Kurs, wie videounterstützter Sprachunterricht, nur daß die Sprache, die er erlernt, die des Prozesses ist. Er lernt also, wie man Handlung in Sprache überträgt, denn das ist das Medium des Gerichts – während des Prozesses verschwindet die Handlung und nur noch das geschriebene und gesprochene Wort bleiben übrig. Das zweite Ziel ist ebenfalls pädagogischer Natur, und zwar ein äußerst wichtiges. Der Nachsteller lernt, daß man nicht gleichzeitig essen und sprechen kann, und daß man bei Tisch nicht mit vollem Munde spricht. Die Nachstellung zwingt den Verdächtigen die letzten Fasern von dem Fleisch, den Haaren und der Haut des Opfers auszuspucken, die er noch zwischen den Zähnen und irgendwo im Mund hat. Jeder Mord ist ein Akt des Kannibalismus, und in jedem Mord verzehrt der Mörder das Fleisch des Opfers. Am Ende restrukturiert die Nachstellung das Reale, dessen Zerschlagung der Skandal des Mordes bewirkt hatte. Diese Restrukturierung vollzieht sich, aber in einer Weise, die am Ende nicht zur Dokumentation des Mordes führt sondern zu seinem völligen Vergessen.

Die Nachstellung als Film hat eine eigentümliche und subversive kinematographische Qualität. Die Nachsteller kennen die üblichen Filmkonventionen nicht, die nicht zu ihrer Routine gehören. Sie »agieren« nicht, das heißt, daß sie weder handeln noch spielen, statt dessen zeigen sie die Handlung selber, losgelöst von allen Emotionen. Das Fehlen der Emotionen manifestiert sich in der Abwesenheit von Zeit als Teil der menschlichen Erfahrungsfähigkeit, die in den Filmen von den Nachstellungen keine Rolle zu spielen scheint. Der Protagonist zeigt keinerlei Sehnsucht nach der Vergangenheit, noch läßt er irgendeine Empfindlichkeit gegenüber der Spannung erkennen, die zu dem, was geschehen ist, auftritt. Die Nachstellung findet außerhalb der Zeit statt. Im Gebüsch eines Weges liegend, der die Uferböschung runter zum Yarkon Fluß in Tel Aviv führt, in der Hand einen leeren Pistolenhalter, den ihm ein Polizist gegeben hat, zeigt er keinerlei Anzeichen von Streß oder Angst, und als er vor seinen Verfolgern flieht, dreht er den Kopf nicht nach ihnen um wie ein gejagtes Tier. Der Eindruck ist der von großer Gleichgültigkeit und Entfremdung. Die Nachstellung wird von einem Polizisten gefilmt, der einen Einführungskurs in den Gebrauch einer Videokamera hinter sich gebracht hat, aber keinerlei kinematographische Ausbildung aufzuweisen hat. Als Film ist die Nachstellung eine Aktualisierung des Blicks, den der Polizist einnimmt; er gibt uns seine Sicht aus seiner Perspektive. Der Film ist grobkörnig, die Kamerabewegungen abgehackt, und das künstliche Licht zieht gelbe Schlieren über den gesamten Bildschirm. Später wird die Aufnahme der Nachstellung dann im Gerichtssaal vorgeführt, meistens zu Beginn des Plädoyers des Staatsanwalts. Die Richter sitzen dann dabei und schauen sich mit einer Mischung aus Faszination und Horror an, wie der Mord vor ihren Augen geschieht.

Mein Interesse an diesen Nachstellungen begann nach dem Mord an einem jüdischen Jungen namens Dani Katz. Fünf Männer wurden damals wegen Mordes verurteilt, drei waren Araber aus dem Dorf Sakhnin und zwei Beduinen, die in den Außenbezirken von Haifa lebten. Das zentrale Beweisstück, das gegen sie in Anschlag gebracht wurde, war die Videoaufnahme einer solchen Nachstellung, in der alle fünf gestanden hatten, das Kind entführt und umgebracht zu haben, und schließlich sexuellen Verkehr mit seiner Leiche gehabt zu haben. Meine Aufmerksamkeit wurde dadurch erregt, daß ich feststellen mußte, daß wichtige Teile der Nachstellung nicht wahr waren, einschließlich einiger furchteinflößender Details über die Art, wie der Leichnam des Jungen verstaut wurde. Dieser sollte zuerst in ein weißes Leintuch gehüllt unter einem Bett verstaut worden sein, bevor er von drei Männern in einem Lieferwagen von Peugeot weggeschafft wurde. Im weiteren Verlauf der Ermittlungen stellte sich heraus, daß alle diese Details erfunden waren. Die Wirklichkeit, die in der Regel der loyale Verbündete im Gesichtskreis des Polizisten ist, hat diesmal die Nachstellung einfach ausgekotzt. Der Ermittlungsausschuß entdeckte, daß dort, wo die Nachstellung den Leichnam unter dem Bett plaziert hatte, am fraglichen Tag gar kein Bett war und auch kein Leichnam, und außerdem ein Dutzend Arbeiter dort zugange gewesen waren. Ich mußte zu meiner großen Beunruhigung feststellen, daß die falsche Nachschöpfung des Verbrechens flüssig, detailreich und von jener narrativen Schlüssigkeit war, die das alles glaubwürdig erscheinen ließ. Diese falsche Nachstellung war nun aber genauso beschaffen wie jede der anderen Nachstellungen, die vor meinen eigenen Augen von Gerichten zum kategorialen Schuldbeweis erklärt worden waren. Das bedeutete also, daß es keine eindeutige Möglichkeit gab, falsche von richtigen Nachstellungen zu unterscheiden. Ich fragte mich, wie eine Person so ausgiebig und authentisch schreckliche Verbrechen nachstellen konnte, die sie gar nicht begangen hatte. Hatte es die traumartige Atmosphäre während der Nachstellungen möglich gemacht, aus den Grenzen von Wahrheit, Unschuld und Schuld einfach auszubrechen?

Um die innere Grammatik der Nachstellungen zu lernen, wurde ich zu einem enthusiastischen Sammler von Mordgeständnisssen in ihren verschiedensten Formen. Da sie als Beweismaterial in Prozessen zugelassen sind, stellen sie öffentliches Eigentum dar und können folglich kopiert, gesammelt und schließlich auch einer sachkundigen vergleichenden Analyse unterzogen werden. Ich bin jetzt im Besitz von Dutzenden solcher Mordgeständnisse und Videoaufzeichnungen. Leider hat niemand bisher daran gedacht, solche Dokumente zu untersuchen. Auch Hannah Navehs umfassende Studie fiktionaler Geständnisse geht nicht auf sie ein, da sie ganz gewiß keine fiktiven Geständnisse sind, aber aus dem Vergleich beider ließe sich eine Menge lernen.[1] Naveh unterstellt, daß die Akteure literarischer Geständnisse völlig verschieden sind von den wirklichen. Ihre Unterstellung ist teilweise richtig, aber manchmal ähneln diejenigen, die ein Mordgeständnis ablegen ihren von Naveh beschriebenen fiktionalen Pendants. Darin nämlich, daß sie ebenfalls in den Grenzbereichen normaler menschlicher Möglichkeiten leben. Sie gestehen, wie ihre großen literarischen Vorbilder – sie machen Ausflüchte, Entschuldigungen und verfehlen die Möglichkeit zum großen narrativen Moment. In ihrer Mehrheit handelt es sich um flache und verschwommene Texte. Leute, die Verbrechen gestehen, scheinen unfähig zwischen dem Unabdingbaren und dem nicht Folgerichtigen zu unterscheiden. Winzige Objekte und alltägliche Gewohnheiten nehmen ebenso große Bedeutung und Platz ein wie der Mord, und wie er geplant war. Dennoch ist es genau deswegen, daß Geständnisse in Strafprozessen das Alltagsleben ohne jeden Trost und ohne jede Chance auf Erlösung entblößen. Säkulare Zustände völliger Hoffnungslosigkeit.

Wir sollten davon ausgehen, daß die meisten Geständnisse Ergebnis einer Kollaboration zwischen Polizisten und Verdächtigen sind. Das ist sowohl der Fall, wenn der Polizist dem Verdächtigen das Geständnis diktiert, nachdem dieser infolge eines harten Verhörs seinen eigenen Willen verloren hat, als auch wenn die Verbindung zwischen beiden mehr indirekt ist, und der Verdächtige den Polizisten lediglich bei Laune halten will, indem er sein Geständnis dem Genre von Geständnissen anpaßt, das zwar dem Polizisten vertraut ist, aber nicht dem Verdächtigen, es sei denn, er hatte bereits anderweitig dazu Gelegenheit bekommen. Darum sollte man die Erzählung des Geständnisses nicht als eine spontane Schöpfung betrachten, sondern als eine Geschichte, die einer bestimmten Formel folgt. So lassen sich gemeinsame Elemente in den meisten Geständnissen aufzeigen – zum Beispiel erfolgt der Beginn mit Erklärungen über die räumliche und zeitliche Entfernung von der Leiche. Die Kollaboration zwischen Verhörendem und Verdächtigem ist einem schriftlichem Geständnis nicht anzusehen, aber unbedingt notwendig und offenkundig, wenn die Nachstellung gefilmt wird. Schließlich kann sich der Verdächtige nicht selber filmen, und so ist er immer abhängig von dem Polizisten mit der Videokamera, und der Polizist, der das ganze Szenario organisiert, dient schließlich als Amateurregisseur. Als ein spezielles narratives Genre haben auch diese Filme eine szenische Struktur, innerhalb deren der Charakter des Nachstellers dem Narrativ bereits vorab eingeschrieben ist, und alles, was der Nachsteller zu tun hat, ist in diesen Charakter einzutreten und korrekt die Hinweise zu beachten, die ihm gegeben werden.

Die Nachstellung übertreibt gerade in den theatralischen, überlebensgroß geschnittenen Elementen, die innerhalb der Ermittlungen keinen anderen als symbolischen Zwecken dienen. Paradoxerweise reflektiert gerade das Theatralische an der Nachstellung in grotesker Weise den Skandal des Mordes. Ein Beipiel dafür ist die riesige Puppe, die als Opfer eingesetzt wird – sie erscheint in mehreren der Videos. Meine Nachforschungen haben ergeben, daß es sich dabei um ein paramedizinisches Demonstrationsobjekt handelt, das in den Erstehilfe-Kursen der Polzei benutzt wird, um das korrekte Anlegen von Verbänden, Herzstillstandsmassagen und vor allem Mund-zu-Mund-Beatmung zu üben.[2] Diese groteske, makabre humanoide Puppe führt also ein Doppelleben: von Polizeianwärtern wird sie wiederbelebt und in Nachstellungen ermordet. Diese Puppen sind biegsam und können zerlegt werden – der einen mag das Herz aus der Brust genommen worden sein, in einer anderen fehlen die Nieren und der Darm, die offensichtlich bei einem Erstehilfe-Kurs ausgelöst worden waren. Während einer der Nachstellungen zerfiel das Modell regelrecht in den Händen des Akteurs, ein Arm ging ab und die Beine fielen herunter. Dieser kämpfte gegen das Auseinanderfallen des Opfers an, war aber nicht in der Lage, die einzelnen Teile der Puppe wieder zusammenzusetzen. Am Ende der nachgestellten Szene hatte er nur noch den trostlosen Torso in seinen Händen, der mit einem Hemd aus Filz bedeckt war. Die restlichen, verstreuten Teile säumten den blutigen Pfad des Mörders.

Ein Polizist spielt das Opfer. Um den Polizisten, der diese Rolle spielt, von den anderen Polizisten unterscheiden zu können, trägt er eine Karteikarte um seinen Hals, auf der entweder der Name des Opfers vermerkt ist, oder manchmal auch nur der Begriff »das Opfer«. Der Verdächtige erhält eine Spielzeugpistole, oder falls eine solche gerade nicht zur Verfügung steht, bekommt er ein Stück Holz gereicht, das die Pistole darstellen soll. Dadurch wirkt die ganze Szene wie ein Kinderspiel. Die Nachstellung schafft eine eigentümliche Mischung aus Groteske und Beängstigung: die düstersten und schrecklichsten Details des Mordes werden aufgeführt, als handelte es sich um eine kindische Laientheater-Inszenierung. Auf diesem niedrigsten, karnevalesken Niveau der Nachstellung sind die Teilnehmer sich sehr wohl des abgeschmackten Scherzes dieser totalen Simulation bewußt, in der der Verdächtige schließlich den Polizisten erschießt. Aber diese Ebene ist durchsichtig und stört den regulären Ablauf der Nachstellung nicht wirklich, auch wenn oft eine unangemessen leichtherzige Atmosphäre vorherrscht. Gerade die Schlampigkeit der Nachstellung, in der die Puppe auseinanderfällt und ein Stück Holz für die Pistole steht, verstärkt das allgemeine Gefühl, daß es sich bei dem Mord um ein Ereignis handelt, das außerhalb der Ordnung der Realität stattfindet, um eine völlige Verletzung des natürlichen Gangs der Ereignisse. Eine derartige Verletzung verwischt geradezu die Grenzlinie zwischen Imitation und Original und verdunkelt damit das Prinzip der Reflexivität.

Die Tatsache, daß eine Person schriftlich oder mehr noch in einem Video zugibt, ein solch grausames Verbrechen begangen zu haben, verursacht bei den Zuschauern, einschließlich der Richter, ein emotionales Trauma. Das setzt ihre Unterscheidungsfähigkeit herab. Die Fähigkeit zwischen den Details des Geständnisses und dem Umstand zu unterscheiden, daß die Simulation und Inszenierung des Verbrechens voller Irrtümer und gänzlich unlogisch ist. Anstatt das Geständnis mit realistischen Details anzureichern, wird es mehr und mehr von der Wirklichkeit abgelöst und am Ende zu einem kindischen Traum, in dem eine Perücke eine Pistole spielt und eine Schneiderpuppe das Opfer. Der Gerichtshof kann nicht erkennen, daß die Simulation die Wirklichkeit verschlingt, daß das Opfer wie eine ernste, stumme Attrappe sich verhält. Der Nachsteller schleppt die Puppe zwanzig und mehr Meter, ohne daß diese reagiert, sich wehrt oder auch nur schreien würde. Sie wird mit gewaltiger Brutalität mit einem Stock auf den Kopf gehauen, fällt zu Boden, um nur ein paar Momente später wieder wie ein Punchingball hochzukommen und die nächste Sequenz der Schläge nachzustellen.

Von der Nachstellung geht eine solche Macht aus, daß der Gerichtshof nicht mehr hören kann, wie der Nachsteller selbst ständig seine Unschuld beteuert. Im Mordprozeß um Dani Katz dreht sich einer der Angeklagten während der Nachstellung zur Kamera und spricht in diese hinein:

> Ich habe die Beweise so gegeben, weil ich mein Leben beenden will, damit sie mich endlich fortbringen, und ich ausruhen kann...Ich habe ihn nicht umgebracht, ich habe auch nicht daran teilgenommen und habe es auch nicht gesehen. Ich habe das bloß gesagt, um endlich in Ruhe gelassen zu werden, damit sie mich wegbringen, damit sie mich erschießen, oder was sie auch immer tun wollen.

Die Aussage ist in keinem der verschiedenen Urteile berücksichtigt worden, die über die Angeklagten verhängt worden sind.

Die traumartige Atmosphäre der Nachstellung ist ein unablösbarer Teil der Phantasie, die sich um einen Mord rankt, eine Art roter Krone, die sich auf die Toten legt, oder wie Slavoj Zizek schreibt:

> Am Anfang also steht der Mord – ein traumatischer Schock, ein Ereigns, das nicht in die symbolische Realität integriert werden kann, weil es die »normale« Kausalkette zu sprengen scheint. Von diesem Moment des Ausbruchs an scheinen noch die allergewöhnlichsten Ereignisse des Lebens mit bedrohlichen Möglichkeiten aufgeladen zu sein; die Alltagswirklichkeit wird zu einem Alptraum, wenn die »normale« Verbindung zwischen Ursache und Wirkung aufgehoben wird. Diese radikale Eröffnung, diese Auflösung der symbolischen Wirklichkeit zieht die Transformation der gesetzmäßig erscheinenden Abfolge von Ereignissen in eine Art »gesetzlose Sequenz« nach sich. Dadurch wird eine Begegnung mit dem »unmöglichen« Realen bezeugt, das sich der Symbolisierung widersetzt. Plötzlich wird »alles möglich« – einschließlich des Unmöglichen.[3]

Auf einer anderen Ebene stellt die Nachstellung ein moralisches Lehrstück dar, das von einem Theater aufgeführt wird, in dem das Publikum die Protagonisten durch die Zeichen identifiziert, die sie herumschleppen. Diese unmittelbare Identifikation der Charaktere an den Zeichen, die sie umgehängt haben, ist für den Erfolg der Nachstellung ebenso wichtig wie die Identifizierung des Verdächtigen durch das drahtlose Mikrophon, das er an sich trägt und das wie ein akustischer Zeigefinger wirkt, der permanent auf ihn zeigt. Aber gerade diese

Behauptung fixierter Identitäten und einer stabilen Beziehung zwischen Zeichen und Bezeichnetem widerspricht diametral dem Charakter einer kriminalistischen Ermittlung, die ja gerade Identitäten erschüttert. Eines der Geheimnisse, das ich über die kriminalistischen Ermittlungen gelernt habe, ist, daß im Prinzip Identitäten flexibel und fließend sind. Ich habe noch nie eine kriminalistische Untersuchung gesehen, bei der verschiedene, in der Untersuchung mehr oder weniger wichtige Personen nicht mindestens an zwei Orten zur gleichen Zeit gesehen wurden. Tote Leute tauchten wieder auf an belebten Orten wie Bushaltestellen und Einkaufszentren, wo sie von mehr als einer Person gesehen wurden. In jeder Untersuchung tauchen Zwillinge und Doppelgänger auf, und Leute, die mehrere parallele Familien haben, mit denen sie leben, ohne daß die eine von der anderen weiß, und Identitäten in zwei verschiedenen Städten. Diese existentiellen Geheimnisse, die im Laufe einer kriminalistischen Untersuchung von einer 'Fröhlichen Wissenschaft' bewußtlos und nebenbei aus der Wirklichkeit zu Tage gefördert werden, unterdrückt und negiert die Nachstellung, die in einem karnevalistischem Ritual die wissenschaftliche Standardillusion von einer stabilen Identität feiert.

Auch wenn die Videoaufzeichnung von allen Einflüssen durch Montage und andere künstlerische Eingriffe frei sein sollte, also eine Art 'Nullpunkt'-Photographie erwartet wird, kann der Kameramann natürlich künstlerische Ausführungen wie Zooms, Kamerabewegungen, Schärfe nicht umgehen, sowenig wie er es vermeiden kann, daß marginale und unwichtige Details mit ins Bild kommen wie z.B. die Hand des Verdächtigen, ein Aschenbecher, der auf dem Tisch steht, an dem das Verhör durchgeführt wird, oder die billige Schreibunterlage, die der Polizist benutzt. Diese Details können der Untersuchung eine andere Aura verleihen. Ich werde verzaubert von dem Kontrast, der sich auftut zwischen der bürokratischen Schäbigkeit, die das Büro atmet, in dem die Nachstellung beginnt und den betörenden Details des Verbrechens. Ich habe Notiz davon nehmen müssen, wie zentral während der Nachstellung das Gesicht der Verdächtigen ist. Der Kameramann kommt immer wieder darauf zurück, auch wenn es keine narrative Bedeutung hat. Das Gesicht des Verdächtigen wird zur zentralen Arena gemacht, in der sich die Zeichen für Mord abspielen, anstelle von Fingerabdrücken auf der Fensterscheibe oder dem Schuhabdruck im feuchten Matsch. Es ist so, als gäbe es eine retrospektive Prophezeiung des Mordes in diesen Zügen. Der Ort der Nachstellung ist so nicht nur der physikalische Raum, in dem der Mord passiert ist, sondern ebenso das Gesicht des Verdächtigen.

Die ununterbrochene, unverpackte Nachstellung ohne Kameratricks bringt die Illusion hervor, daß etwas zu sehen ist, das man mit eigenen Augen nie fassen kann – die geheime Wirklichkeit, die plötzlichen Pausen im Fluß der Ereignisse, jene Momente, die Paul Virilio »Verschwinden« genannt hat.[4] Von Anbeginn hatte das Kino proklamiert, daß es die Fähigkeit besitzt, uns eine Wirklichkeit vorzuführen, die dem Auge entzogen ist. Die berühmteste Frage, die Künstler an das Kino stellten, war die nach dem Bild, das die vier Hufe eines Pferdes im Galopp aufzeichnet. Ebenso verspricht die Nachstellung eines Verbrechens dem Richter und dem Publikum, sie in die Lage zu versetzen, die vier Beine des Nachstellers für einen Moment vom Boden gelöst ganz in der Luft schweben zu sehen.

Jeder, der einer solchen Videoaufzeichnung denselben Status einräumt wie unabhängigen Beweisstücken, vergißt, daß wir die Aufzeichnung der Realität immer durch das Auge dessen sehen, der die Kamera hält, in diesem Falle also das des Polizisten. Der Blick des Polizisten, der ein ganz spezifischer ist, auch wenn er ganz öffentlich seine Arbeit im Dienst eines autonomen Polizeigesetzes tut, wird zu unserem Blickpunkt in den Nachstellungen. Es ist überraschend wie leicht und natürlich wir uns dem Auge des Polizisten anverwandeln. Das geschieht so unmittelbar, daß ich zu der Annahme neige, daß jeder Blick auf den Anderen, vor allem der voyeuristische Blick, der ins Auge des Anderen eindringt, der Blick des Polizisten ist.

Etwas, das in den Nachstellungsvideos fehlt, ist jener »blinde Fleck«, der sich über das Reale legt, von dem Slavoj Zizek schreibt, daß er Teil der Realität ist, die niemals von einer Kamera eingefangen werden kann.[5] Wenn man der Kamerabewegung durch den Raum aufmerksam folgt, dann bemerkt man plötzlich ein kleines Rechteck, das die Kamera ausspart – die Augen und den Blick des Nachstellers. Der graphische Ausdruck, den die Kamerabewegung hinterläßt, wenn sie die Augen des Darstellers vermeidet und stattdessen direkt auf seinen Mund fährt, ist wie ein Stadtplan voller dichtgedrängter Straßen, von einer Stadt, deren Zentrum versteckt ist.

Das Vermeiden des Blicks des Darstellers ist Ausdruck von Angst. Der Angst, daß das Objekt unserer Inaugenscheinnahme oder anders gesagt unseres Voyeurismus, die Voyeure entdeckt und den Blick zurückwirft. Denn es ist ganz sicher so, daß das Nachstellungsvideo ein voyeuristisches Eindringen in die intimen Akte des Essens, Ausspuckens und Ausscheidens eines Körpers von Jemandem bedeutet. Die Beziehung zwischen den Zuschauern und dem Darsteller errichtet ein Panoptikum, jenes Gefängnis, das Bentham entworfen hat als eine Kreisstruktur, an deren äußerem Rand die Zellen der Gefangenen aufgereiht sind und in deren Mitte sich ein Wachturm befindet. Diese Architektur schuf ein Gefängnis wie ein Einwegspiegel, auf dessen einer Seite sich der Gefangene befand und auf der anderen der Wärter – die Winkel der Fenster und Korridore waren so ausgerichtet, daß die Wärter zwar die Gefangenen, aber diese weder sich gegenseitig sehen konnten noch die Wärter. Die Videoaufnahmen der Nachstellungen und der weiße Fleck in ihrer Mitte aber haben enthüllt, daß die wahren Gefangenen dem Mann aus Hitchcocks *Rear Window* gleichen. Wie er leben sie in der ständigen Angst als Spanner/Aufseher in den Blick zu geraten, der auf sie zurückfällt – und so erscheint die gesamte Benthamsche Struktur nicht im Sinne ihres Erfinders dazu da zu sein, die Gefangenen besser hüten zu können, sondern vielmehr, die Aufseher vor den Blicken der Gefangenen zu verbergen.

Jacques-Alain Miller nennt den Prozeß, der die Zuschauer von Nachstellungsfilmen dagegen blind macht zu sehen, daß sie den Körper einer anderen Person eingenommen und damit eine Eintrittskarte in die symbolische Ordnung der Nachstellung gewonnen haben, »suture« – und damit ist gemeint, daß Bedeutung auf Kosten der Existenz gewonnen wird.[6] Der Eintritt in eine neue symbolische Ordnung, im Falle der Nachstellungen ist es die der Polizei, erfordert vom Betrachter die Aufgabe seiner unabhängigen Existenz. Diese Prozesse werden in den Nachstellungsfilmen aufgrund des speziellen Status des kinematographischen Apparates verschärft, wie er sich durch seine technischen Mittel und deren Begrenzungen, die am Prozeß des Filmemachens beteiligt sind, konstituiert. Das kinematographische Konzept des Apparates, wie ihn Jean Louis Baudry eingeführt hat, um den narrativen Status von Kamera, Ausschnitt und Bewegung zu beschreiben, bekommt in den Nachstellungsvideos neue Bedeutung.[7] Denn dort ist der Ausschnitt nicht nur ein imaginär gebundener Raum, den die Kamera festhält, sondern es ist ein rigid realistisch gefaßter Raum, den der Darsteller nicht durchschreiten kann, denn würde er dies versuchen zu tun, könnte es ihn das Leben kosten. Während der Dreharbeiten zur Nachstellung umstellen bewaffnete Polizisten den Schauplatz und oft werden die Zu- und Ausfahrten durch Straßensperren verstellt. Diese Polizisten, die den »filmischen Ausschnitt« umgeben, sind damit beauftragt, dafür zu sorgen, daß der Star des Films, der Darsteller, nicht aus dem Bild wegläuft. Der symbolischen Bedeutung des Apparates nach Baudry wird in den Nachstellungsfilmen konkrete, praktische Bedeutung beigegeben. Insofern ist die Nachstellung absoluter Film, die Essenz der Aktualisierung der Kinomaschine, eine Vermengung von künstlerischer und symbolischer Methode mit disziplinierenden und überwachenden Mechanismen, die ideologischen Techniken der Kontrolle und Übersicht dienen, wie Stephen Heath schreibt.[8]

Die Nachstellung kann man als den Idealtypus des kinematographischen Apparates ansehen, über die Ähnlichkeiten zwischen Kino und Gefängnis haben sich dagegen schon Filmforscher ausgelassen. Jean Louis Baudry beschreibt die Bedinungen der Filmvorführung als eine Art Gefängnis, wenn er schreibt:

> Projektion und Reflektion finden an einem geschlossenen Ort statt [...] keine Zirkulation, keine Kommunikation mit einem Außen [...] und diejenigen, die dort bleiben, finden sich selbst angekettet, gefangengenommen oder in Bann geschlagen vor, unabhängig davon, ob sie das wissen oder nicht (sie wissen es nicht).[9]

Innerhalb des Ausschnitts erfreut sich der Darsteller relativer Freiheit. Während der Nachstellung werden seine Handschellen abgenommen, und er kann sich frei bewegen. So erfreut er sich einer falschen Freiheit, die in ausschließlich filmischen Zielen ihren Grund hat, und die in Jean Louis Baudrys Ansicht des kinematographischen Ausschnitts auf einem illusionären Freiheitsraum beruht, der den oppressiven Charakter des kinematographischen Apparates verbirgt.

Die Nachstellung dient einzig dem klaren Ziel, den Verdächtigen ins Netz eines Strafprozesses zu treiben. Wenn die Nachstellung zum Ort des Verbrechens zurückkehrt, um die ordnungsgemäße Verknüfpung von Ursache und Wirkung wiederherzustellen, dann muß der Nachsteller als Subjekt des Prozesses wiedergeboren werden. Dieser Übergang wird durch die Nachstellung vervollkommnet, die damit die Handlung in einen Text verwandelt. So wie Kinder lernen, Buchstaben zu erkennen, so wird der Darsteller von der Polizei aufgefordert, gleichzeitig zu handeln und zu sprechen, seine Handlungen mündlich zu beschreiben, so daß seine verborgenen Handlungen im öffentlichen Raum ausgeführt und in Sprechen verwandelt werden. Im weiteren Verlauf des Prozesses wird die Handlung vollständig verschwinden und ersetzt werden durch Texte, mündliche Zeugenaussagen über den verbrecherischen Skandal, der zu diesem Zeitpunkt die Welt bereits verlassen hat.

Den Darsteller aus der symbolischen Ordnung der Handlung zur symbolischen Ordnung seines Sprechens zu bringen, bereitet ihn darauf vor, als Partner in einem Strafprozeß mitzuwirken und hat vor allem seine Bedeutung in der technischen Notwendigkeit, Leute als Angeklagte zu trainieren, die keinerlei vorherige Erfahrung in der Art und Weise haben, wie man in Strafprozessen liest und spricht. Die Fähigkeit, als Angeklagter an einem Strafprozeß teilzunehmen, bedarf einer langen Liste von Talenten. Einer der wichtigsten Lehrer ist dabei der Staatsanwalt, der gegenüber dem Angeklagten während des Prozesses als Geheimagent des Richters handelt. Darum ist die Nachstellung von fast festlicher Natur. Es handelt sich um eine Art Schlußprüfung in Prozeßerzählung. Bevor der Verdächtige diese Fähigkeit nicht erworben hat, kann er nicht ins Fach des Angeklagten überwechseln. Dieser Statuswechsel bringt einige Vergünstigungen mit sich, zum Beispiel bessere Haftbedingungen – eine Uniform, Ausflüge, Familienbesuche, Fernsehen, Telephonanrufe. Wenn die Nachstellung erfolgreich abgeschlossen ist, entsteht darum ein wechselseitiges Gefühl der Zufriedenheit, und man kann geradezu sehen, wie der Polizist dem Angeklagten auf die Schulter klopft, als wollte er ihm sagen, daß er »bestanden« habe.

Das Studium der etablierten und offizialisierten Narrative eines Verbrechens ist von Bedeutung für die Disziplin der Kriminellen vor Gericht. Das ist die Antwort auf eine Frage, die mich immer schon umgetrieben hat: Warum lassen sich die Verteidiger nie aus der Reserve locken? Warum stellen sie sich nicht physisch diesen gewalttätigen Vorgängen in den Weg? Warum greifen sie die Richter nicht an? Die »natürliche« Erzählung des Strafprozesses ist, wie auch in anderen Bereichen, ein mächtiger Disziplinierungsmechanismus, ein natürliches Regelwerk für das Sprechen, das Schweigen und einen Dialog, der mühelos und ohne physische Gewaltanwendung Leute zu Sklaven fremdartiger, demütigender und gewalttätiger Vorgehensweisen macht.

Das Ereignis Zerstören

Die Nachstellung ist eine hohe und tiefgreifende Schule des guten Benehmens, deren pädagogisches Ziel es ist, den Mörder von seinem Kannibalismus abzubringen und ihn mit stumpfen Zähnen und verschlossenem Mund wieder in die Gesellschaft zurückzubringen – genauso wie Hannibal Lecter, den mordgierigen Psychologen und Kannibalen aus *The Silence of the Lambs*. Es ist eines der bestgehütetsten gesellschaftlichen Geheimnisse, daß hinter jedem Mörder ein Kannibale steckt, und jeder Mord kannibalistische Züge trägt. Die Enthüllung des Kannibalen vollzieht sich in der Nachstellung durch Sandkastenreime, die der Mörder längst vergessen glaubte, leicht nachvollziehen und auswendig runterbeten kann: »Beim Essen redet man nicht«, »Man spricht nicht mit vollem Mund«, »Spuck aus, was Du im Mund hast.« In ihrem Buch über Kafka sagen Deleuze und Guattari, daß es unmöglich ist, zur gleichen Zeit zu essen und zu reden.[10] So muß er, bevor er seine Nacherzählung beginnt, ausspucken, was er in seinen Mund gestopft hatte, das Fleisch und Blut und die Knochen des Mordopfers. Die Kamera übersieht das wiederholte seitliche Ausspucken der nur ungenügend gekauten Materie fast, das den Wörtern der Nachstellung Platz machen und der Zunge erlauben soll, leicht im Mund über den Text der Nachstellung zu gleiten. Das mündliche Geständnis schafft im Nachsteller, nach Deleuze und Guattari, eine Entgrenzung von Mund, Zähnen und Zunge; diese rachsüchtigen, tödlichen und kannibalistischen Organe werden wiedergeboren als Organe des Sprechens und der Artikulation.

Das erklärt den langen Blick der Polizeikamera auf das Gesicht des Nachstellers. Der Polizist schaut gar nicht auf dessen Gesicht sondern vielmehr auf seinen Mund. So findet die Nachstellung an zwei Arenen des Mordes gleichzeitig statt – am Schauplatz selbst und im Mund des Mörders, der nicht weniger eine Szene des Mordes ist als der Flecken Asphalt, auf dem der Kopf des Opfers aufschlug.

Nachstellungsfilme enthalten eine Suche nach Beweisen, die der Mord zurückgelassen haben soll. Die Darsteller werden angeleitet von der Vermutung, daß immer etwas von einem Mord zurückbleiben wird, daß der Ort selber sich durch den Mord verändert, daß er eine Verwandlung erfuhr, daß, geschähe die Untersuchung nur gründlich genug, sich noch lange nachdem das Verbrechen geschehen ist, Anzeichen des Mordes entdecken ließen. Darum ist es äußerst wichtig, den Tatort in Anwesenheit des Verdächtigen, der die Kamera durch den Prozeß des Mörders lenkt, noch einmal photographisch festzuhalten. Darüber hinaus scheint die Verbringung des Mörders zum Tatort diesen magnetisch aufzuladen, so daß sich neues Beweismaterial an den Täter heftet. Der schwere Fuß, der am Schauplatz aufgetreten ist, die Instrumente, die auf dem Boden verstreut umherliegen, die menschliche Puppe, die zur Seite gezerrt mit ihrem breiten Rücken die kurze Einmündung zu dem Haus an der Yosef-Straße versperrt, all diese Dinge radieren den Prozeß aus, und die authentischen Markierungen des Schreckens werden ersetzt durch die gestellten Markierungen der Nachstellung. Es wird nun nicht länger mehr möglich sein, ursprüngliche Spuren und Beweise für den Mord zu finden; es wird nicht länger mehr möglich sein, am Tatort zwischen Original und Nachahmung zu unterscheiden. Vom Standpunkt der kriminalistischen Untersuchung aus gesehen versetzt die Nachstellung jedem unabhängigen Versuch des Verteidigers, eine andere Erzählung der verbrecherischen Szene zu konstruieren, den Todesstoß.

Der größte aller Nachstellungsfilme, Claude Lanzmanns *Shoah* hat zwar ähnliche Eigenschaften und Bedeutungen wie die Nachstellungsfilme der Polizei, aber Lanzmann bringt nicht die Täter sondern die Opfer zurück an den Ort des Verbrechens und dirigiert die Nachstellung gemeinsam mit ihnen. Lanzmann bittet die Opfer zu wiederholen, was sie damals getan haben, wie etwa die herzzerbrechende Fahrt auf dem Fluß, und dabei erschafft er eine Mischung aus authentischen und wiedererschaffenen, imitatorischen Zeichen. Paradoxerweise verwischt der Macher von *Shoah* vollständig die Erinnerung an den Holocaust, nicht nur indem er die kollektiven Bilder durch filmische ersetzt, wie dies jeder historische Film tut,[11] sondern auch durch die aktuelle Verschleifung materialer Symbole durch die Ersetzung mit künstlichen Imitationen, die Angst und Pathos hervorbringen.

Der physische Akt der Überschreibung des Verbrechens, der während der Nachschöpfungen der Opfer in *Shoah* stattfindet, ist ein weiterer Beitrag des Films zur Diskussion des subversiven, ambivalenten Status von Beweisen im Allgemeinen. Shoshana Felman weist in ihrem Artikel zu Claude Lanzmanns Film auf die zentrale Rolle hin, die in der Diskussion des Films die Augenzeugenberichte bezüglich ihrer Gültigkeit einnehmen:

> *Shoah* erlaubt uns die Ereignisse des Holocaust als ein absolutes historisches Ereignis zu sehen, dessen unumstößliche Gewißheit es paradoxerweise in ein *Geschehen verkehrt, das nicht bewiesen werden kann.* Das Zeitalter der Zeugenschaft ist das Zeitalter des Nicht-Beweises, das Zeitalter eines Ereignisses, dessen Reichtum an Verifikation es jenseits jeder Möglichkeit von Beweis stellt.[12]

Nachstellungsfilme stellen einen Beweis dar, der nicht nur keinen Beweis für den Mord selber liefern kann, sondern auch die Unmöglichkeit des Beweises beweist, indem er den Mord aus unserem Gesichtsfeld schiebt und durch eine Travestie einer Nachahmung ersetzt, die das Ereignis selbst zerstört.

(Aus dem Englischen von Gertrud Koch. Vortrag auf der Konferenz »Medien der Demokratie« am Kulturwissenschaftlichen Institut in Essen, Juni 1995)

Anmerkungen

1 Hannah Naveh, *The Confessional Story: An Analysis of the Genre* (Hebräisch), Tel Aviv 1988

2 Anmerkung der Übersetzerin: diese medizinischen Puppen werden in der BRD in den meisten Erstehilfe-Kursen für Führerscheinanwärter verwendet.

3 Salvoj Zizek, *Looking Awry*, Cambridge 1992, S. 58

4 Paul Virilio, »Disappearances«, in: *Semiotext* 1993

5 Slavoj Zizek, a.a.O.

6 Jacques-Alain Miller, »Suture (elements of the logic of the signifier)« in *Screen* 1977-78 Vol.18,4.

7 Jean Louis Baudry, »Ideological Effects of the Basic Cinematographic Apparatus« in Philip Rosen (Hg.), *Narrative Apparatus Ideology*, Columbia University Press, 1986, S.286

8 Stephen Heath, *Question of Cinema*, Indiana University Press, 1981

9 Jean Louis Baudry, a.a.O.

10 Gilles Deleuze, Felix Guatarri, *Kafka: Towards a Minor Literature*, University of Minneapolis Press, S.19

11 Vgl. Anton Kaes, »History and Cinema: Public Memory in the Age of the Electronic Media« auf hebräisch in *Zemanim* Nr.39-40, S.28

12 Shoshana Felman, Dori Laub, *Testimony*, New York, London 1992, .204

Klaus-Peter Friedrich

Die Affäre Jankowski

Einige Anmerkungen zu einer Auseinandersetzung in der polnischen Publizistik

Der polnische Präsidentschaftswahlkampf wurde 1995 unter dem Einfluß der Äußerungen des Danziger Pfarrers Henryk Jankowski über »die Juden« ausgetragen. Dieser hatte sich 1980 durch sein mutiges Eintreten für die streikenden Arbeiter der Lenin-Werft über die Grenzen Polens hinaus Berühmtheit erworben. Er gab ihnen damals seinen geistlichen Beistand, und bis heute ist die Verbindung zum ersten Vorsitzenden der *Solidarnosc* nicht abgerissen – auch für den Präsidenten Walesa war Jankowski Beichtvater, Freund und Berater. In seiner Predigt erklärte Jankowski am 11. Juni 1995 in Anwesenheit des damaligen Staatsoberhaupts: »Wir können nicht länger eine Regierung von Leuten dulden, die nicht kundtun, ob sie aus Moskau oder aus Israel stammen.« Jankowski erinnerte an die Art und Weise, wie er wenige Wochen zuvor das symbolische Grab Christi arrangiert hatte, das in der Osterzeit in den polnischen Kirchen aufgebaut wird. Aus Protest gegen das Töten ungeborenen Lebens habe er damals die Namen der für eine liberale Handhabung der Schwangerschaftsunterbrechung eintretenden Parlamentsparteien neben den Symbolen verbrecherischer Organisationen – NSDAP, SS, NKWD, KGB – eingetragen. Den Davidstern, bekannte Jankowski, habe er nur deswegen nicht beigefügt, »weil er in das Symbol von Hakenkreuz und Hammer und Sichel eingeschrieben ist« (*Gazeta Wyborcza,* 12.6.1995).

Schon 1990, als in Polen die ersten freien Präsidentschaftswahlen der Nachkriegszeit stattfanden, war die politische Auseinandersetzung von antijüdischen Mißtönen überschattet worden. Sie folgten dem Streit um das Karmelitinnenkloster in Auschwitz (Oswiecim), der für den nationalistisch und chauvinistisch eingestellten Teil der Presse willkommener Anlaß zu antisemitischen Ausfällen war. Der polnische Kardinalprimas Józef Glemp hatte sich damals in einer Predigt am Nationalheiligtum des polnischen Katholizismus in Jasna Góra zu dem Konflikt geäußert. Seine Ermahnung an »die Juden«, sie würden betreffs Auschwitz unangebrachte, ungerechte Forderungen erheben, hatte wenig dazu beigetragen, die Wogen zu glätten. Die Tiraden des Danziger Priesters kamen nun im Frühjahr 1995 zu einer Zeit, als ein anderer Vorfall antijüdischer Phrasendrescherei in den Reihen der *Solidarnosc* erst wenige Wochen zurücklag. Arbeiter der Warschauer Ursus-Fabrik hatten auf einer Straßendemonstration ihrem Groll auf die Regierung mit den Ausrufen »Ursus für uns, Israel für euch!«, »Oleksy und Bartoszewski ins Gas!« Luft gemacht. Dies wurde später zwar in den Veröffentlichungen offizieller Stellungnahmen allgemein verurteilt. Das hinderte den *Solidarnosc*-Funktionär im Ursus-Werk jedoch nicht daran, seine Klagen über die Schlechtigkeit der Juden in den Arbeiterversammlungen ständig zu wiederholen (*Dos jidisze wort / Slowo zydowskie,* 16.-30.6.1995). Das »Problem der Streikenden oder sonstigen Protestierer, die ihre Verachtung für die politische Klasse in dem Ausruf 'alles Juden!' zum Ausdruck bringen«, interpretierte der polnische Publizist Wlodzimierz Borodziej zuletzt folgendermaßen: »Die Regierung, die politische Klasse befriedigt die Streikenden nicht, folglich ist sie schlecht; weil sie schlecht ist – dies der entscheidende Punkt –, ist sie fremd, und weil sie nun offensichtlich nicht aus Schwarzen oder Chinesen besteht, besteht sie eben aus Juden« (Polen und Juden im 20. Jahrhundert, in: Polen nach dem Kommunismus, hrsg. v. Erwin Oberländer, Stuttgart 1993).

Einige Tage nach dem 11. Juni, als die Presse über seine Worte berichtet hatte, erklärte Jankowski, er sei sicherlich kein Antisemit. Seiner Auffassung nach aber sei der Davidstern nicht nur das Symbol des Staates Israel, sondern auch des jüdischen Volkes. Bei den Juden komme es vor, daß sie als Bankiers und Finanzleute »schändliche Taten« begingen, die »viele menschliche Tragödien« zur Folge hätten. Auch sei »ihre teuflische Gier die Ursache für das Entstehen des Kommunismus, und sie führte zum Ausbruch des Zweiten Weltkriegs, dem größten Verbrechen in der Geschichte der Menschheit.« Jankowski bedauerte, daß auf eine solche »sachbezogene Kritik hin niemals eine sachliche Diskussion geführt, sondern laut über Antisemitismus geklagt« werde *(Zycie Warszawy,* 16.6.1995). So habe bei dem Streit um das Karmelitinnenkloster in Auschwitz, als der amerikanische Rabbiner Abraham Weiss »das Kreuz entweihte« (d.h. während einer umstrittenen Protestaktion die Einfriedung des Klosters überwand), Schweigen geherrscht. Niemand habe seine Handlungen als antipolnisch verurteilt, weil sie antichristlich gewesen seien. Wenn er, Jankowski, aber etwas sage, käme es »gleich zu einer landesweiten Affäre« *(Gazeta Wyborcza,* 16.6.1995). Auch danach dauerte es noch einige Tage, bis Walesa – von in- und ausländischen Kommentatoren gedrängt – eine Erklärung zum polnisch-jüdischen Verhältnis abgab, die die erhitzte Diskussion in den Medien beruhigen sollte. Er unterließ es indes, sich *expressis verbis* von Jankowskis Aussagen zu distanzieren. Der geschäftsführende Direktor des *American Jewish Congress*, David Harris, hielt Walesas Stellungnahme für verspätet; außerdem erwähnte sie Jankowski namentlich überhaupt nicht. Nach Harris' Meinung habe die polnische Elite die Pflicht, Antisemitismus und Rassismus sofort und ohne jegliche Rücksichtnahme entgegenzutreten; schon vor fünf Jahren sei das nicht geschehen (*Gazeta Wyborcza*, 23.6.1995).

Nun waren im Zusammenhang mit Jankowskis Worten zweifellos einige geschmacklose Erwägungen in den Blättern nationalistisch-chauvinistischer Kreise (wie *Czas*, *Tygodnik Solidarnosc*, *Mysl Polska*, *Gazeta Polska*) zu lesen gewesen. Wesentlich verbreiteter waren jedoch die kritischen Stimmen. Die ersten politischen Kommentatoren begannen sich eine Woche nach Jankowskis Predigt mit der Affäre zu befassen. In der *Rzeczpospolita*, einer der angesehensten Tageszeitungen des Landes, geschah dies zunächst noch auf recht oberflächliche Weise. Jankowski, hieß es, sehne sich zweifellos danach, bei seinen Zuhörern den Eindruck zu erwecken, daß er ein feuriger Patriot sei und zum Wohle Polens handele. Doch »Pfarrer Jankowski ist keine Person, die größere Aufmerksamkeit verdiente«, sondern »ein Denker von begrenzter Klugheit«, schrieb Kazimierz Dziewanowski, ehemals polnischer Botschafter in Washington. »Wir haben heute die Chance,« so Dziewanowski, »uns endlich aus der Unterdrückung, in der sich Polen seit zweihundert und mehreren Dutzend Jahren befunden hat, herauszufinden und dem nationalen Unglück, das in den Jahren 1939-1945 seinen Höhepunkt erreichte, ein Ende zu setzen. Und gerade dann verkündet einer, der sich für einen Patrioten hält, mit viel Aufhebens Auffassungen, die für alle Feinde Polens das Geschenk sind, auf das sie nur gewartet haben.« Dziewanowski fuhr fort, über die Absichten dieser »Feinde« – deren Identität nicht preisgegeben wird – zu spekulieren: »Sie wollen uns als finstere Fanatiker darstellen, die man als Partner in einer zivilisierten Welt nicht ernstnehmen kann.« Sie werden, bedauerte der Kommentator, »jetzt lange Jankowski zitieren, um jene zu erschrecken, an deren Unterstützung wir interessiert sind«. Schaden werde dem Land – laut Dziewanowskis eigenwilliger Interpretation – also nicht durch Jankowskis antisemitische Tiraden zugefügt, sondern von jenen, die sich ihrer bedienten, um Polen in einem schlechten Licht zu zeigen (Kto szkodzi Polsce? [Wer schadet Polen?], in: *Rzeczpospolita*, 18.6.1995).

In einem Kommentar Dawid Warszawskis in der *Gazeta Wyborcza* ging es zwei Tage später erneut um die Frage, ob der Antisemitismus von jenen verursacht wird, die sich antisemitisch äußern, oder von jenen, die darüber beunruhigt sind und – im In- oder Ausland – darüber berichten. Warszawski, der sich offen zum Judentum bekennt, fragte: »Ist Pfarrer Jankowski ein Antisemit?« Der Kommentator zitierte zunächst Walesas Äußerungen gegenüber einem Rundfunksender, dem er versichert hatte, sein »langjähriger Freund« sei kein Antisemit. »Weil ich das weiß«, habe Walesa fortgefahren, »werde ich mich nicht weiter darüber auslassen. Ich fürchte jedoch, daß einige Antisemitismus in Polen herbeiführen wollen, und deswegen gefällt mir das nicht.« Warszawski merkte dazu an, daß Walesa wegen seiner eigenen antisemitischen Äußerungen vor fünf Jahren für diesen Fall »nicht der beste Richter« sei. Er habe aber im Namen Polens und aller Polen gesprochen und dabei dem Antisemitismus seinen offiziellen Segen erteilt sowie seine Kritiker mit Erpressung zum Schweigen gebracht. »Man möge sich daran erinnern«, mahnte Warszawski, »wenn beim nächsten Mal wieder von 'unbegründetem jüdischen Groll gegenüber Polen und den Polen' die Rede sein wird« (Czy ksiadz kanonik jest antysemita? [Ist Pfarrer Jankowski ein Antisemit?], in: *Gazeta Wyborcza,* 20.6.1995). Im polnischen Rundfunk sorgte sich währenddessen Jan Jezioranski, einer der renommiertesten Aktivisten der polnischen antikommunistischen Emigration, über den enormen Prestigeverlust, den die »Affäre Jankowski« und ihre ungeschickte Handhabung Polen im Westen verursachte.

Andrzej Oseka machte wenige Tage später in einem Kommentar auf gewisse Widersprüchlichkeiten im Verlauf der Affäre aufmerksam. Es sei nicht zu verstehen, warum sich einige polnische katholische Kirchenführer für Jankowskis Aussagen entschuldigt hätten, während dieser doch weiterhin zu ihnen stehe. Überhaupt sei eine Entschuldigung zu wenig, zumal wenn der kritikübende Danziger Erzbischof sich danach von dem Getadelten zum Essen einladen lasse. Nun müßten eindeutige Worte und entschiedene Taten folgen, und auch Walesa sollte sich mehr um die Affäre sorgen. Denn es gehe hier um »bestens durchdachte Äußerungen, die darauf berechnet sind, bei uns einen 'jüdischen Krieg' auszulösen. Man verbreitet sie dort, wo der Ort ihnen einen besonderen Rang verleiht: in der Kirche und in der Wiege der *Solidarnosc*« (Pomruki »zydowskiej wojny« [Gemurmel von einem »Jüdischen Krieg»], in: *Gazeta Wyborcza,* 24./25.6.1995).

Zwei Wochen nach seiner Danziger Predigt vertrat Jankowski in einem Interview die Auffassung, daß die Machtübernahme Adolf Hitlers »einem raffinierten Plan von Bankiers und Finanzleuten entsprang, die zum großen Teil jüdischer Abstammung waren«. Ihr Ziel sei es gewesen, »die Weltkonjunktur anzukurbeln und dabei ein gutes Geschäft zu machen« (*Angora*, zit. nach:

Gazeta Wyborcza, 26.6.1995). Das polnische Fernsehen gab dann Jankowski Gelegenheit, seinen Standpunkt vor einem großen Publikum zu vertreten. Freilich nahm er auch in diesem Interview keine seiner absurden Behauptungen zurück. Warszawski empfahl daher, die Sache nun den Gerichten zu überlassen. Die glaubwürdigste polnische Reaktion auf Jankowskis Mißbrauch, im Namen seiner Landsleute aufzutreten, wäre zwar ein Boykott der Gläubigen beim nächsten Sonntagsgottesdienst. Dazu werde es aber wohl nicht kommen. Warszawski wies auch auf das Problem hin, wie denn dieser politisch tätige Priester zu bezeichnen sei. »Als Aufwiegler?« – das ginge nicht, denn zur Gewalt habe er nicht aufgerufen. »Als Faschist?« – das habe die Redaktion abgelehnt, habe Jankowski doch bloß Dummheiten von sich gegeben. Damit stelle sich aber die Frage: Waren die Faschisten klüger? (Jak rozmawiac z ... [Wie spricht man mit einem ...], in: *Gazeta Wyborcza*, 29.6.1995).

Andrzej Szczypiorski, eine der größten Autoritäten im heutigen Polen, wenn es um eine ehrliche und unverkrampfte Auseinandersetzung mit dem Antisemitismus geht, befaßte sich anläßlich der Affäre kritisch mit dem geistigen Hintergrund der Äußerungen Jankowskis. In einem ausführlichen Beitrag für die liberale Wochenzeitung *Polityka* stellte er die These auf, daß es gar keinen »Fall Jankowski« gebe. Denn Jankowski sei geradezu »typisch für eine unaufgeklärte und rückschrittliche Gesinnung, die nicht erst seit gestern in Polen ziemlich allgemein verbreitet ist«. Es gebe also keinen »Fall Jankowski«, sondern »einen Fall Polen und die Polen«. Szczypiorski leitet die bei Jankowski auftretende geistige Beschränktheit aus der Geschichte des polnischen Nationalismus her. Der habe Kritik an der Nation nicht zugelassen. Anders als in Westeuropa waren für die polnischen Intellektuellen in der Teilungszeit somit nur die Regierenden Gegenstand kritischer Analyse: »Die Nation blieb häufig ein Ideal ohne Makel.« Ein Ideal, das gelobt und gepriesen werden mußte, wenn die polnische auch »zu einem nicht geringen Teil eine rückständige, demoralisierte, schlecht ausgebildete, gleichgültige, mißgünstige und aufklärungsfeindliche Gesellschaft« war. Auf all dies hatte Pole und Polin nun stolz zu sein, während die Intellektuellen ihre Bewunderung für die Unfehlbarkeit des einfachen Volkes entdeckten. Der unaufgeklärte Mensch lebe aufgrund seiner Unwissenheit jedoch ständig mit Ängsten, Aggression und Haß. Jankowski spreche somit zwar von Juden, aber er denke an alles, was nicht so ist wie er selbst. Sein Standpunkt sei noch dazu voll Hochmut und Selbstsicherheit. Er könne es sich heute erlauben, »in Gegenwart des Staatspräsidenten haßerfüllte Absurditäten zu äußern, was Polen zu den exotischen und zugleich schreckeneinflößenden wilden Steppen Europas macht«. Aber man halte ihn für einen Patrioten.

Vergessen werde dabei freilich, daß patriotisch sein vor allem heißen sollte: »Schmerz und Scham wegen der polnischen Unzulänglichkeiten zu empfinden«. Der polnische Spießer hingegen halte »alles, was nach seiner Meinung schlecht ist und sich mit seiner Beschränktheit nicht vereinbaren läßt, für ein Werk der jüdischen Verschwörung«. Für ihn »sind die Deutschen ein Volk von Verbrechern, die Russen ein Volk von Knechten ... und er selbst ist das Juwel im Diadem der Allerheiligsten Jungfrau, von der der Spießer nicht weiß, daß sie eine Jüdin war und einem Juden das Leben schenkte, welcher der Gott aller Christen ist«. Von der Misere der geistigen Elite zeuge andererseits, daß sie »kunstvolle, dienstbare Konstrukte zur Rechtfertigung seines Spießertums aufbaut«. Heute gehe es jedoch nicht mehr darum, gegen eine böse und von der Nation ungewollte Herrschaft zu kämpfen. Die aufgeklärten Schichten müßten gegen »populistische Schreihälse« vom Schlage Jankowskis die Stimme erheben, auch wenn sie dabei »Gefahr laufen, von großen Teilen der eigenen Landsleute bespuckt zu werden«. Denn wenn sie »versagen, wird es irgendwann überhaupt keine Nation mehr geben« (Sielska moc ludowej krzepy [Kraft der Idylle aus dem Mumm des einfachen Volkes], in: *Polityka,* Nr. 26, 1.7.1995).

Jankowski nahm schließlich seine Anschuldigungen gegen die Juden zurück. Er habe sich von seinen Gefühlen mitreißen lassen, schrieb er an den Danziger Erzbischof; er entschuldigte sich bei dieser Gelegenheit »herzlich« bei allen, die sich von seinen »unbedachten« und »ungerechten« Äußerungen über das jüdische Volk sowie von seiner Verunglimpfung jüdischer Symbole verletzt gefühlt hätten *(Rzeczpospolita,* 5.7.1995). Noch vor Jankowskis Widerruf hatte sich auch Kardinal Glemp der Kritik an Jankowskis Aussagen angeschlossen. Dabei beklagte er sich allerdings bei den Journalisten, daß man »mit an Besessenheit grenzender Hartnäckigkeit zu dem Thema Jankowski zurückkehrt« und soviel Aufhebens um das »unbesonnene Daherreden eines unglücklichen Wortes« mache. Laut Glemp »gibt es bei uns Erscheinungen des Antisemitismus wirklich nicht« (*Gazeta Wyborcza,* 5.7.1995).

Die gleiche Meinung vertritt der nationalistisch orientierte Teil der polnischen Presse, der mit Angriffen auf die Kritiker Jankowskis nicht zurückhielt. Einige Beispiele dafür enthält ein Buch, das die Aufrichtigkeit von Jankowskis Entschuldigung schon in seinem Titel in Zweifel zieht: »Ks. Jankowski nie ma za co przepraszac« (Pfarrer Jankowski hat sich für nichts zu entschuldigen). Peter Raina, der in Berlin lebende Herausgeber, ist bisher als Verfasser einer ansehnlichen Zahl von Veröffentlichungen hervorgetreten, die ihn als Vertrauten sowohl der polnischen katholischen Kirchenführung als auch der ehemals herrschenden kommunistischen Nomenklatura ausweisen. (Besonders eng war

Raina mit der von den Kommunisten geförderten national-klerikalen PAX-Gruppe und ihrem Führer Boleslaw Piasecki verbunden. Seit dessen Sohn Bohdan unter ungeklärten Umständen ums Leben kam, verbreitet Raina die These, er sei einem »jüdischen Ritualmord« zum Opfer gefallen (vgl. *Dos jidisze wort / Slowo zydowskie,* 15.-29.12.1995). Neben Materialien zu Jankowskis politischer Biographie enthält Rainas neuestes Werk Schriftstücke aus der privaten Korrespondenz des Pfarrers: Solidaritätserklärungen von chauvinistischen Organisationen und Einzelpersonen, die Jankowski insbesondere aus dem polnisch-amerikanischen Milieu sowie aus ganz Polen zugeschickt worden waren – vom Führer der rechtsextremen »Polnischen Nationalen Gemeinschaft« Boleslaw Tejkowski bis zum Universitätslehrer Prof. Tadeusz Kwiatkowski, der hauptberuflich als Leiter des Instituts für die Geschichte der Philosophie an der Lubliner Maria Curie-Sklodowska-Universität wirkt.

Zur Affäre um die Worte Jankowskis äußerte sich in der »nationalen« Presse ausführlich J.R. Nowak. Zwar kritisiert auch er Jankowski für die Verunglimpfung des Davidsterns und seine historischen Herleitungen. Ähnliche Thesen würden nämlich auch in einem – gerade ins Polnische übersetzten – Buch des deutschen Autors Hennecke Kardel vertreten, der in Hitler den »Begründer Israels« erkennen will. (Kardels Hauptthese beruht auf der nirgends schlüssig bewiesenen Behauptung, Hitler sei von seinen »jüdischen« Beratern im Sinne des Zionismus manipuliert worden, und Hitler selbst sei jüdischer Abstammung gewesen.) Jankowski sei jedoch keineswegs dafür verantwortlich zu machen, daß seine Worte »eine aufgebauschte Kampagne« zur Folge hatten. An dieser hätten sich der Schriftsteller Szczypiorski und der Warschauer Journalist Warszawski beteiligt, die mit ihrer Kritik am Antisemitismus dem polnischen Ansehen im Ausland Schaden zufügten. Auch dem damaligen Außenminister Bartoszewski wird vorgeworfen, diesen »Nestbeschmutzern« (wie diese Intellektuellen auf deutsch wohl am treffendsten zu bezeichnen wären) in die Hände zu spielen. Bei der Gedenkstunde zum 50. Jahrestag des Kriegsendes habe er in Bonn von zwei Millionen Toten gesprochen, die Zweiter Weltkrieg und deutscher Besatzungsterror unter den Polen verursacht hätten, während Historiker die Verluste stets auf 3 Millionen bezifferten. Außerdem habe er zu seinem *Bevollmächtigten für die Beziehungen zur jüdischen Diaspora* ausgerechnet den »extremen Philosemiten« Krzysztof Sliwinski ernannt. Der war 1989 in der Solidarnosc-Presse zum ersten Mal mit massiver Kritik an Glemp an die Öffentlichkeit getreten, nachdem der Primas in Jasna Góra aus den 30er Jahren bekannte antijüdische Stereotypen wiederholt hatte. Eine Kritik an polnischen antijüdischen Äußerungen ist jedoch nach Nowaks Meinung nicht zulässig.

Seine Argumentation läßt sich wie folgt zusammenfassen: Die Glemps und Jankowskis haben ein Recht sich so zu äußern, wie sie es tun, solange in der außerpolnischen Welt – und besonders unter Amerikanern und Westeuropäern – »lügenhaft-freche (hucpiarskie)« Behauptungen über die Polen und ihr Verhältnis zu den Juden umgingen. Diese erfüllten den Tatbestand des »Antipolonismus«, der von den Kritikern judenfeindlicher Äußerungen genauso eindeutig zurückgewiesen werden müsse wie der Antisemitismus (Katholische Tageszeitung »Slowo« [Das Wort], 5.7.1995). Nowak ignoriert bei einer solchen Gleichsetzung indes gewisse historische Zusammenhänge: Jankowski ist nicht der erste polnische Priester, der mit absurden antisemitischen Äußerungen von sich Reden macht. Vor ihm gab es bereits J.B. Pranajtis und sein Buch »Chrzescijanin w Talmudzie zydowskim« (Der Christ im jüdischen Talmud), und es gab Stanislaw Trzeciak, der in den 30er Jahren Mitarbeiter des antisemitischen Erfurter *Weltdienstes* war und mit seiner Enthüllungsschrift über »Das Programm der jüdischen Weltpolitik« vor der »jüdischen« Gefahr warnte. Die Frage, warum im besetzten Polen nur wenige Zehntausend von über drei Millionen Juden den Holocaust überlebten, hat in den Augen Nowaks und seiner Gesinnungsgenossen mit der zunehmenden antisemitischen Hysterie der letzten Vorkriegsjahre – an der sich die katholische Kirche beteiligte – nichts zu tun.

Von *Polityka* wurde die Möglichkeit erwogen, öffentlich auftretende Antisemiten – wie es in einigen Staaten Westeuropas geschieht – vor Gericht zu bringen. Inwieweit dies praktikabel ist in einem Land, in dem die antijüdische Phrasendrescherei keineswegs nur eine extreme Randerscheinung darstellt, bleibt abzuwarten. Antisemitische Literatur wird in Buchhandlungen und Straßenständen ziemlich ungeniert verbreitet, darunter neu aufgelegte Werke der Vorkriegszeit – wie Feliks Konecznys »Cywilizacja zydowska« –, aber auch zeitgenössische Ausarbeitungen über den »zersetzenden Einfluß des Judaismus« wie Prof. Michal Poradowskis »Talmud czy Biblia?«.

Über das negative Presseecho des westeuropäischen Auslands auf die Affäre um Jankowskis Äußerungen schrieb dann im August 1995 das Posener Nachrichtenmagazin *Wprost* zusammenfassend, Polen werde als ein Land dargestellt, dessen Führer »politisch wenig verantwortlich« handeln. »Der Kompromittierung unseres Landes auf dem internationalen Schauplatz«, heißt es weiter, »wollen sich uns freundlich gesinnte Politiker des Westens mit größerem Eifer und größerer Entschiedenheit entgegenstellen als unsere eigenen Eliten« (Polska specyfika [Polnische Eigenart], in: *Wprost,* Nr. 34, 20.8.1995). Angesichts einer solch unentschlossenen, zögerlichen Reaktion seitens der politischen

Führung waren die Stellungnahmen der polnischen Presse gegen die Intoleranz umso wichtiger. Wie schon 1989 spielte auch diesmal *Gazeta Wyborcza* eine besondere Rolle. Sie berichtete als erste über den Wortlaut der Predigt und verfolgte ständig den Verlauf der Affäre. Die politische Instrumentalisierung antijüdischer Stimmungen erwies sich im heutigen Polen wohl auch deswegen als letztlich erfolglos. Die Haltung der meisten polnischen Geistlichen hatte daran nichts ändern können. Mit dem gewendeten Kommunisten Kwasniewski wählte die Mehrheit der Polen erstmals einen Präsidenten, der sich zu seiner jüdischen Abstammung öffentlich bekannte. Gustaw Herling-Grudzinski, einer der bedeutendsten polnischen Schriftsteller, merkt in seiner Wahlanalyse zur Rolle der Kirche an: »Ich vertrete folgende Hypothese: Mehr oder weniger 20-25% [der Wähler Kwasniewskis] bilden die eiserne Garde der Kommunisten ... Den Rest bilden Leute, denen Walesa (und alles, wofür er steht) so zuwider geworden war, daß sie es vorzogen, für irgend jemanden zu stimmen – nur nicht für die Solidarnosc und die Kirche von Pfarrer Jankowski« (Dziennik pisany noca [Tagebuch, aufgezeichnet in der Nacht], Neapel, 4.12.1995, in: *Rzeczpospolita,* 9.-10.3.1996).

Auch die Entscheidung im Wahlkampf hat die Affäre um Jankowski freilich nicht beendet. Jüdische Organisationen, die gegen Jankowski Strafanzeige wegen Aufhetzung zum Rassenhaß gestellt hatten, warten bis heute auf die Eröffnung des Verfahrens. Unterstützung hatten sie schon im Juni von Tadeusz Zielinski erhalten, dem »Sprecher für die Bürgerrechte« [Rzecznik Praw Obywatelskich], der verfassungsgemäß über die Einhaltung der staatsbürgerlichen Rechte und Freiheiten wachen soll. Er wies darauf hin, daß laut Verfassung »das Verbreiten von Haß oder Verachtung, das Säen von Zwietracht und die Herabsetzung von Menschen aufgrund ihrer unterschiedlichen Nationalität, Rasse oder ihres Bekenntnisses verboten ist«. Zielinski bemängelte »die Untätigkeit staatlicher Organe, die nicht rasch und energisch genug auf Erscheinungen nationaler Unduldsamkeit in Zeitungen reagieren, die straffrei chauvinistische Texte veröffentlichen«. Dasselbe gelte für öffentliche Äußerungen von Personen, die den nationalen und rassischen Minderheiten feindlich gesinnt seien. Zielinski bezeichnete in diesem Zusammenhang die Aussagen Jankowskis als »juristisch und moralisch unzulässig«. Nichtsdestotrotz wurden Anfang 1996 die Ermittlungen seitens der Danziger Staatsanwaltschaft – ungeachtet einer eindeutigen Beweislage – fürs erste sang- und klanglos eingestellt. Nachdem dies öffentlich wurde, wird wieder ermittelt – bis heute. Währenddessen geht die kritische Auseinandersetzung mit den bei Jankowski auftretenden Denkmustern weiter. Zuletzt ist sie auf die Seiten des von katholischen Laien herausgegebenen *Tygodnik Powszechny* vorgedrungen. Dort äußerte sich der Sekretär der *Kommission des polnischen Episkopats für den Dialog mit dem Judaismus*, Jan Grosfeld. Während Jankowski glaubt, seine Haltung sei mit dem Dialog zwischen dem Katholizismus und dem Judaismus zu vereinbaren, sind für Grosfeld Jankowskis Aussagen über den Davidstern »eine ideologisch-historisch-geometrische Operation, die den Sinn, der in der Geschichte, in der Religion und im Wesen des Glaubens an den Einen Gott liegt, gänzlich verwischt« (Krzyz i gwiazda Dawida [Kreuz und Davidstern], in: *Tygodnik Powszechny,* Nr. 14, 7.4.1996). Es ist zu erwarten, daß die durch die Danziger Worte vom 11. Juni 1995 neu entfachte Debatte darüber, welchen Standpunkt Katholiken in Polen heute gegenüber Juden und der spannungsreichen Geschichte der jüdisch-polnischen Beziehungen einnehmen sollten, auch in den kommenden Monaten fortgesetzt wird.

Michael Spöttel

Hamiten: Kulturbringer und Kulturzerstörer

Anmerkungen zu einer vergessenen Facette des ethnologischen Antisemitismus

In der ersten Hälfte des 20. Jahrhunderts zehrten eine ganze Reihe von wissenschaftlichen Disziplinen von der sogenannten Hamitentheorie: Linguistik, Geschichtswissenschaft, Geographie, Anthropologie, Ethnologie.

Hamiten, so die Theorie, sind vom Kaukasus in den Schwarzen Kontinent eingewanderte, viehzüchtende Nomaden. Dank ihrer militärischen Überlegenheit, ihres politischen Geschicks und ihrer technischen Kreativität hätten sie die »unbedarften« Schwarzen aus dem Dornröschenschlaf »archaischer Barbarei« gerissen. Alle afrikanischen Errungenschaften, die zeitgenössischen Europäern als Ausdruck wahrer Kultur galten, wurden hamitischem Einfluß zugeschrieben. In seiner klassischen Studie »Races of Africa« formulierte noch 1930 der britische Ethnologe Charles G. Seligman prägnant: »(...) the civilizations of Africa are the civilizations of the Hamites«.

Die Hamitentheorie stützte die kolonialen und rassistischen Ideologien, die gegen Ende des 19. Jahrhunderts in Mode gekommen waren. »Zivilisation« bedeutete zuallererst Verstaatlichung. Diese wurde als Ergebnis ethnischer Überlagerungsvorgänge interpretiert. Als geborene Eroberer, so die Theorie, überwanden Hamiten vielerorts die seßhafte ländliche oder städtische Bevölkerung. In den von ihnen gegründeten Staaten und Königreichen bildeten sie die herrschende Aristokratie; siehe Buganda, siehe Rwanda. Der deutsche Geograph und Ethnologe Friedrich Ratzel entwickelte in seiner »Anthropogeographie« eine »Hirtenkriegertheorie«: Staaten seien in der Alten Welt dort entstanden, wo es Steppen, den 'natürlichen' Lebensraum der kriegerischen Hirtennomaden, gibt.

Dieses Paradigma hat in den folgenden Jahrzehnten bedeutenden Herrschaftskonzeptionen als Leitmotiv gedient, so bei Franz Oppenheimer und Alexander Rüstow. In den Augen Oppenheimers war der moderne Kapitalismus die Fortsetzung des Steppen-Nomadismus mit anderen Mitteln.

Populärer Rassenkunde zufolge ist Zivilisierung nun die Leistung einer einzigen – der weißen – Rasse. Hamiten standen ihrer angeblich kaukasischen Abstammung wegen im Ruf, den Europäern genetisch verwandt zu sein; sie wurden zu frühen Trägern der »Bürde des weißen Mannes« in Afrika stilisiert. Die Stellung der Hamiten in dieser Konzeption ist jedoch zweideutig. Den authentischen Schwarzafrikanern gegenüber in einer überlegenen Position, stehen sie gleichzeitig auf der untersten Sprosse der kaukasischen Leiter, gelten sie als die »vernegerten« Schwestern und Brüder der »Europiden«. Seligmann beispielsweise differenzierte in seiner Systematik die verschiedenen afrikanischen Ethnien qualitativ nach der jeweiligen »admixture of negro blood«. Je weniger »schwarzes Blut« durch seine Adern fließt, um so nobler sei der Hamite.

So war die Hamitentheorie zugleich ein Appell an die »Reinhaltung des Blutes«.

Die Legende von hamitischen Kulturbringern war nicht die erste Hamitentheorie.[1] Es existierte ein talmudisches Vorläufermodell: Hamiten sind Menschen mit schwarzer Hautfarbe. Der talmudischen Version zufolge markiert diese Hautfarbe charakterliche, intellektuelle und moralische Mängel, da sie als Strafe für eine in der Bibel berichtete Verfehlung des jüngsten Noah-Sohnes Ham interpretiert wurde. Ein äußerst zählebiges Klischee. Noch um 1600 herum diente es im christlichen Abendland einer biblisch gestützten Begründung rassischer Differenzen zwischen Europäern und Schwarzafrikanern. So konnten Schwarze ohne große Skrupel unterworfen, ausgebeutet und versklavt werden.

Daneben existierte eine zweite Sichtweise: 'Hamite' war eine stigmatisierende Bezeichnung für vermeintlich lasterhafte und unfähige – keineswegs notwendig schwarze – Menschen.

Im 18. Jahrhundert verlor die biblische Erklärung für die Entstehung verschiedener Völker und Hautfarben erheblich an Attraktivität. Die Vorurteile gegen die vermeintlich inferioren Schwarzen verschwanden jedoch nicht, sie wurden lediglich anders begründet. 'Aufgeklärte', wissenschaftliche Argumente ersetzten die althergebrachten theologischen.

Der französische Feldzug nach Ägypten unter Leitung Napoleons gab den Anstoß zum Entwurf eines neuen Hamiten-Mythos.

Mitreisenden Forschern gelang eine bahnbrechende Entdeckung: Das alte Ägypten hatte eine hochentwickelte Zivilisation lange vor den Römern und Griechen ausgebildet. Damit nicht genug: Die französischen Gelehrten kamen zu dem Schluß, daß es sich bei den alten Ägyptern um 'Negroide' gehandelt hatte.

Die gelehrte Welt dies- und jenseits des Atlantik stand vor einem Paradox: Eine inferiore Rasse sollte eine Hochkultur begründet haben?

Findige Bibel-Exegeten erinnerten angesichts der neuen Lage daran, daß Noah nur seinen Sohn Kanaan verflucht hatte. Aus christlicher Sicht war das kein Paradox! Die alten Ägypter, laut biblischer Genealogie Abkömmlinge des Ham-Sohnes Mizraim, waren kein 'entarteter' schwarzhäutiger Menschenschlag, sondern ein durchaus kulturfähiges *hamitisches* Volk.

An diese neue Lesart der Genesis knüpften in der Folgezeit wissenschaftlich fundierte Konzeptionen an. In den USA entstand eine anthropologische Schule, die den wissenschaftlichen Nachweis zu erbringen suchte, daß Ägypter der kaukasischen Rasse angehörten und mit Schwarzafrikanern nichts gemein hätten. Der schwarze Teint vieler Bewohner Ägyptens des 19. Jahrhunderts war nach Ansicht von Anthropologen ein genetisches Überbleibsel zahlloser schwarzer Sklaven, die den rassisch superioren 'Kaukasiern' einst dienstbar sein mußten. Mit diesen Hypothesen ließ sich um 1850 herum die zu diesem Zeitpunkt noch legale und profitable Sklaverei in den USA erklären und rechtfertigen.

Ein neuer Hamitenmythos war geschaffen.

Erst der Niedergang des wissenschaftlich fundierten Rassismus nach dem 2. Weltkrieg und die Dekolonialisierung Afrikas läuteten das Ende der Hamitentheorie ein, die von zahlreichen Ungereimtheiten und Widersprüchen ohnehin nie frei gewesen war. Freilich erschien noch 1966 Seligmans berühmte Studie in einem nahezu unveränderten Neudruck; geändert hatte sich mitunter die Terminologie, nicht jedoch der Geist der Theorie. Der amerikanische Ethnologe George P. Murdock transformierte die Hamiten schlicht und einfach in 'Southern Cushites', sein deutscher Kollege Adolf E. Jensen sprach von 'Niloten'.

Wenn im folgenden die Hamitentheorie noch einmal unter dem Berg ausgemusterten wissenschaftlichen Mülls hervorgezerrt wird, dann deswegen, weil im deutschsprachigen Raum vor 1945 eine bisher kaum beachtete Beziehung zwischen der Hamitenlegende und judenfeindlichen Haltungen bestand. Dies soll im folgenden am Beispiel der Kulturtheorien der Ethnologen Pater Wilhelm Schmidt und Leo Frobenius gezeigt werden.

Die Biographien der beiden Ethnologen weisen erstaunliche Parallelen auf. Sie gründeten selbständige Forschungseinrichtungen und Fachperiodika, die noch heute im deutschsprachigen Raum einen guten Ruf genießen. Beide entfalteten maßgeblichen Einfluß auf die wichtigste theoretische Innovation der deutschen Völkerkunde in der ersten Hälfte des 20. Jahrhunderts, die Kulturkreislehre bzw. kulturhistorische Schule.

Das wohl bemerkenswerteste parallele Detail war jedoch die enge Beziehung der beiden Gelehrten zu ihren herrschenden Dynastien. Zu den Anhängern von Frobenius zählte Wilhelm II., der sich nicht nur gern über die Kulturen des Schwarzen Kontinents persönlich unterrichten ließ, sondern auch so manche Expedition mit kräftigen Finanzspritzen förderte und noch im niederländischen Exil für seinen Ethnologen Geld sammelte.

Pater Schmidt, ein gebürtiger Westfale, der während der fruchtbarsten Phase seiner wissenschaftlichen Laufbahn in Mödling bei Wien lebte, war dem Hause Habsburg eng verbunden – so als Beichtvater des letzten Kaisers Karl I. und als k.u.k. Feldkurat – und ließ sich auch durch den Zusammenbruch der Donaumonarchie nicht in seiner Sympathie beirren.

I. Leo Frobenius: Kulturmorphologie als 'Konflikt der Kulturstile'

Frobenius und Schmidt waren eingefleischte Gegner der nach dem 1. Weltkrieg entstandenen Republiken in Mitteleuropa. Mit Rekurs auf außereuropäische, exotische Gesellschaften suchten sie restaurative politische Alternativen zu begründen. Leo Frobenius erklärte, daß er »im großen soziologischen Laboratorium Afrikas« nach einem Muster für die ersehnte Erneuerung Deutschlands geforscht hätte. Gestützt auf seine Untersuchungen in Afrika, entwarf Frobenius in den zwanziger Jahren seine 'Kulturmorphologie'. Schicksalshaft sei der einzelne Mensch seiner Kultur unterworfen, die als mirakulöse spirituelle Substanz (»Paideuma«) ein »Eigenleben« über den Köpfen ihrer Träger hinweg führe. Einem lebenden Organismus gleich, durchlaufen Kulturen drei Stadien. Sie wachsen als »Barbarei« heran, reifen zur »Kulturei« und enden schließlich kläglich als »Mechanei«.

Im Zentrum der Kulturtheorie von Frobenius steht ein »Konflikt der Kulturstile«. Idealtypisch läßt er sich am Gegensatz zwischen bodenbauenden und viehzüchtenden afrikanischen Gesellschaften beschreiben. In der Opposition zwischen 'Äthiopen' und 'Hamiten' kommt Frobenius zufolge die Differenz zwischen einander antithetisch zugeordneten kulturellen Mustern zum Vorschein.

Äthiopische Kulturen seien männlich, mystisch und idealistisch geprägt. Sie seien von heiliger »Hingabe an das Leben« und an die »Sippe« erfüllt. Innerhalb der Kulturmorphologie symbolisiert das noch junge und unverbrauchte äthiopische »Paideuma« zudem Erneuerung und wahres Leben.

Hamitische Kulturen dagegen seien weiblich, materialistisch und rationalistisch ausgerichtet. Sie seien von ihrem profanen »Willen zur Herrschaft«

bestimmt. In ihren von abstrakten Gesetzen regulierten »Clans« grassierte eigensüchtiges Verhalten. Längst erstarrt und verbraucht, sei das hamitische Prinzip dem Untergang geweiht. Hamitik dient als Metapher für Entfremdung, Verfall und Tod.

Kulturkritische Brisanz gewann der Dualismus zwischen Äthiopen und Hamiten dadurch, daß er Frobenius zufolge keineswegs ausschließlich auf Afrika beschränkt sei. In Europa verlaufe die Grenze zwischen Äthiopik und Hamitik exakt am Rhein, verkündete der Afrikaforscher. Die Heldennation Deutschland sei dem äthiopischen Lager zuzurechnen, während die Westkulturen Frankreich, England und USA der hamitischen Sphäre angehörten.

In den Augen Frobenius' fanden die in Schwarzafrika beheimateten äthiopischen, dem »Denken in der Pflanze« ergebenen Kulturen, in der Institution des sakralen Königtums ihre vollendete Form. Er sah in dieser Institution das Vorbild für ein nicht von abstrakten Gesetzen, sondern von der ewig gültigen Ordnung des Kosmos bestimmten zukünftigen Reiches der Deutschen.

Bewegt schilderte er die tragische Rolle des »Gottkönigs«, der zunächst eine unbegrenzte Machtfülle über seine Untertanen erreicht, als Werkzeug des Schicksals diesem dennoch ausgeliefert bleibt und schließlich geopfert wird. Die Gemeinschaft ordnet sich »ergriffen« und hingebungsvoll dem Regiment ihres »Priesterkönigs« unter. Die Tötung des Königs leitet schließlich einen chaotischen, anarchischen Zustand ein, der erst durch die Inthronisation des Nachfolgers beendet wird.

1933 kommentierte der Bezug auf das afrikanische Königtum offensichtlich tagespolitische Ereignisse in Deutschland: »Dem Schrecken und Grauen des Untergangstages folgte dann ein jubelhaftes Begehen des Einsetzens eines neuen Herrschers und die Wiederkehr in eherner Zucht und Ordnung.«

Entsprach die ethnologische Beschreibung der Äthiopen dem zeitgenössischen Ideal deutscher Kultur, so stellten die Hamiten gleichsam deren verkehrte Welt – die westliche Zivilisation – dar. Strukturell und tendenziell war diese Zivilisationskritik antisemitisch, selbst wenn sie sich nicht offen gegen Juden richtete.

Bei den von ihm wenig gelittenen »zentralen Süderythräern« machte Frobenius einen »spitzfindigen, berechnenden und grüblerischen Geist« aus und charakterisierte diese »Eingeborenen (...) wie die meisten Dekadenten älterer Kulturen« als »ebenso scharfsinnig wie egoistisch und treulos«, »habgierig, neidisch und bereit zu Gift und Dolchstoß, also skrupellos«. Hamitische Völker wie Tuareg und Teda gleichen nach Ansicht des Ethnologen »den wilden Tieren. Und wie sollten sie auch nicht? Man bedenke: diese riesenhaften Flächen der Wüste (...), diese Öden (...). Diese Armut (...). Solches Leben formt auch Helden, formt Adel, formt Rasse. Aber es ist nicht unser Heldentum, nicht unser Adel. Denn nur der kann solches Leben durchführen, der es beizeiten gelernt hat, scharfsinnig und listig die kleinste Gelegenheit zur Fristung im entscheidenden Augenblick zu erfassen. Sie erlungern den Vorteil in der Natur wie im Verkehr mit den anderen. Sie schielen beständig nach dem Vorteil. Sie erlauschen jede Spur eines Gewinnes. Sie liegen wie die Tiere auf der Lauer. Es sind die durch die Natur ihrer Umwelt erzogenen Räuber und wenn's gefällt – Mörder.«

Auf Parallelen zwischen der Kultur afrikanischer Rinderhirten und der der Juden hatte bereits der Afrikareisende Peter Kolb 200 Jahre zuvor in seinen Beschreibungen der Khoikhoin hingewiesen. Frobenius behauptete nun, daß sich die Eigenschaften der Hamiten unter dem Druck der Adaption an eine karge, wüstenhafte Umwelt herausgebildet hätten. Dies war seinerzeit ein gängiges Erklärungsmodell vermeintlich 'jüdischer' Charakteristika, das beispielsweise der bekannte Nationalökonom Werner Sombart in seiner polemischen Studie 'Die Juden und das Wirtschaftsleben' vorgebracht hat.[2]

In einem Aufsatz Frobenius', der 1938 in der 'Zeitschrift für Ethnologie' posthum veröffentlicht, aber vermutlich nach einer Expedition im Jahre 1929 geschrieben wurde, ist gleich ein ganzes Arsenal antijüdischer Klischeevorstellungen eingeflossen. Der meist unterschwellige, in einem gegen die Moderne gerichteten Feindbild verborgene oder auf afrikanische Rinderhirten projizierte Antisemitismus wurde in diesem Beitrag einmal offen und radikal geäußert. Die in Südostafrika beheimateten Waremba seien ihm bei seinem Besuch, so Frobenius, geradezu als Wiedergänger des galizischen Juden erschienen. Er listete die ihm typisch erscheinenden Züge auf: »Unrast und ständige Bereitschaft zum Wandern«, »auffällige Veranlagung, sich zu vermehren«, »gekrümmte Nase, sinnlich geschwungene und volle Lippen«, »Unmännlichkeit der Rasse«, »devot und unterwürfig«, »Geldgier«, »fabelhafter Geiz«, »ihrer innersten Veranlagung nach (...) fraglos Metallhandwerker und Krämer«, »Freude am Geheimen und an einem uns nordischen Menschen fremd Erscheinenden (...), das einen kleinen Stich ins Perverse und Sadistische zeigt« usw. usf. Der Aufsatz enthält eine gezeichnete Darstellung des »jüdischen Mulemba«, die sich wegen der Stereotypisierung scheinbar 'jüdischer' Gesichtszüge kaum von vergleichbaren Zeichnungen im 'Stürmer' unterscheidet.

Frobenius merkte selbst entschuldigend an, daß er sich gegen den Eindruck, die Waremba glichen den Juden, gewehrt habe, und war sich des pejorativen Charakters seines Vergleichs also durchaus bewußt.

Indes: Frobenius eilte offenbar der Ruf eines judenfreundlichen Gelehrten voraus. Am 2.6.1930 hielt er den Vortrag 'Der Konflikt der Kulturstile' ausgerechnet vor dem 'Verein zur Abwehr des Antisemitismus'. Frobenius hob bei dieser Gelegenheit hervor, daß »allein die Kultur (...) als Seelenhaftes« Körper und infolgedessen »Rasse« und Nationen bestimme. Die angeblich zerstörerische Wirkung der Juden innerhalb der Weimarer Republik mochte Frobenius zwar nicht bestreiten, bewertete sie jedoch als Indiz für den krisenhaften Charakter deutscher Gegenwartskultur. Judenfeindlichkeit sei gerade kein genuin deutsches Problem, sondern dem Kontext westlicher Zivilisation verhaftet. In einem wahren deutschen Reich fänden eben auch die Juden Seite an Seite mit den Deutschen ihren Platz.

Frobenius widersprach mit seiner Kulturtheorie nazistischer Rassendoktrin. Seine Rede provozierte einen geharnischten Artikel im 'Völkischen Beobachter'. Überhaupt mißverstanden nationalsozialistische Kreise die Kulturmorphologie als eine Art Milieulehre. Alfred Rosenberg lehnte aus diesem Grund 1938 seine Teilnahme an einer Feier des 40jährigen Jubiläums des 'Forschungsinstituts für Kulturmorphologie' ab.

Leo Frobenius ließ sich von etwaigen Animositäten nicht beeindrucken. In den Jahren ab 1933 sah er seine Hoffnungen auf eine äthiopische »Kulturwende« erfüllt. Mehrfach verwies er darauf, daß die in seinen Abhandlungen über die Kulturmorphologie gemachte Prophezeiung eingetroffen sei. In der 'Deutschen Allgemeinen Zeitung' begrüßte er emphatisch die Machtübernahme durch die Nazis. Er pries die Authentizität der 'Bewegung', hob den religiösen Charakter des nationalsozialistischen Staates hervor. Bis zu seinem Tod im Jahre 1938 blieb er dieser Linie treu und spendete dem neuen System des öfteren Beifall.

II. Pater Wilhelm Schmidt: Vom Urmonotheismus zum Bolschewismus

Pater Schmidt war Vordenker einer katholischen Schule der Ethnologie. Er galt als die graue Eminenz des politischen und geistigen Katholizismus in Österreich. Die Verbindung von ethnologischer Theorie und politischer Praxis ist ein hervorstechender Zug seines Lebenswerks.

Gemeinsam mit Mitstreitern seines Ordens 'Societas Verbi Divini' setzte Schmidt alle Hebel in Bewegung, um der katholischen gelehrten Welt die frohe Botschaft des »Urmonotheismus« zu verkünden. Akribisch behandelte er diese These in der auf zwölf Bände angeschwollenen Studie 'Der Ursprung der Gottesidee', an der er bis zu seinem Tode arbeitete. Schmidt zufolge waren sich die sammelnden und jagenden »Urkulturen« der Existenz des Höchsten Wesens dank unmittelbarer Erfahrung bewußt. Zugunsten des christlichen Schöpfungsmythos suchte der Pater die evolutionistischen Paradigmen etwa von Darwin, Spencer und Huxley (»Affen-Enthusiasmus«) ad absurdum zu führen.

Schmidt attackierte die Idee einer religiösen und sittlichen Höherentwicklung der Menschheit. Das glückliche Leben auf der »Urstufe« beruhte, falls man Schmidt glauben darf, zuallererst auf der monogamen und kinderreichen Beziehung zwischen Mann und Frau. Die »Individualfamilie« war, so Schmidt, nicht nur Trägerin des wirtschaftlichen Lebens der Gemeinschaft, sondern auch der soziale Ort, wo Kindern dank ihrer vollkommenen Abhängigkeit von ihren Eltern die staatstragenden Tugenden Gehorsam und Unterordnung vermittelt wurden.

War die Welt auf der »Urstufe« noch in Ordnung, weil die Menschen sich den moralischen Geboten des Höchsten Wesens völlig unterwarfen, so waren die folgenden Stadien im großen und ganzen von Verfall und sittlicher Entartung gekennzeichnet.

Im Zuge der Steigerung der ökonomischen Produktion bildete sich die »Primärstufe« heraus. Sie bestand erstens in einem vaterrechtlichen Kulturkreis der »totemistischen höheren Jäger«, einer »Stadtkultur«, zweitens in einem mutterrechtlichen Kulturkreis der »niederen Ackerbauern« (»Dorfkultur«) und drittens in dem ebenfalls vaterrechtlichen Kulturkreis der »Großviehzüchternomaden« (»Herrschervölker«).

Großviehzüchternomaden – selbstredend sittenstrenge Monotheisten! – schmiedeten auf ihren Wanderungen »totemistische Stadtvölker« und »mutterrechtliche Bauernvölker« zu Großstaaten und Hochkulturen zusammen. Von Asien ausgehend, zivilisierten »indo-europäische« Stämme das Abendland, »hamito-semitische« Gruppen hingegen Afrika.

Vielerorts hätten sich die Viehnomaden Grund und Boden als 'Staatseigentum' angeeignet, das dann als Lehen vergeben wurde. Die Hirten waren Innovatoren eines »natürlichen« »Herden- und Bodenkapitalismus«, der mit modernen Formen des »unnatürlichen« »Geld-Kapitalismus« nichts gemein hatte. Fatal gleicht diese Kontrastierung Schmidts der von den Nazis popularisierten Formel 'schaffendes vs. raffendes Kapital'.

Die Dominanz innerhalb eines Staates – und damit auch den Bestand des Staates selbst! – konnten die Ex-Viehzüchter laut Schmidt nur durch »planmäßige Sorge um die Reinhaltung des Blutes« wahren. Geschwisterehen in den herrschenden Schichten Alt-Ägyptens und des peruanischen Inka-Reichs seien Beispiele für diese machterhaltenden Strategien. Moralisches Laissez-faire

(Polygamie) dagegen brachte mancherorts die Hirtenaristokratien um »völkische Eigenart und Kraft«.

Wenig günstig dagegen war der Eindruck, den die beiden anderen »Primärkulturen« in der Schmidt'schen Theorie hinterlassen hatten. Die Kulturkreise der »totemistischen Jäger« und des »mutterrechtlichen Ackerbautums« waren – zumal als »totemistisch-mutterrechtliche« »Mischkultur«! – laut Schmidt eine Brutstätte für Zauberei und Geheimbündelei, für Händlertum, Großstadt, Materialismus, Gottlosigkeit, Zerfall jeder Autorität, für Haß, Gewalt, Verfall und sexuelle Laster. Bei den matrilinear ausgerichteten Ackerbauern hätten sich, so Schmidt, als Reaktion auf die Vormacht der Frau in der Gesellschaft Männerbünde gebildet, die den Keim eines gewissen Internationalismus in sich trugen. »Mit einer Art lärmender Propaganda« hätten sie sich wie ein Lauffeuer über alle Stammesgrenzen hinweg verbreitet, wußten aber gleichzeitig ihren geistigen Zusammenhang zu wahren. Nicht selten sei es ihnen gelungen, andernorts einen Staat im Staate zu errichten und die Macht an sich zu reißen.

In diesen beiden Kulturkreisen soll also alles das entstanden sein, was der antisemitischen Tradition zufolge den Juden zugeschrieben wird. Ob es innerhalb der Kulturtheorie Schmidts einen systematischen Zusammenhang zwischen diesen Kulturkreisen und den Juden gibt? Darauf werde ich später zurückkommen.

Die strukturellen Gemeinsamkeiten zwischen den Kulturtheorien von Wilhelm Schmidt und Leo Frobenius sind unübersehbar. Auch Schmidts Kulturkreislehre ist dualistisch organisiert. Auf der einen Seite gibt es Kulturerzeuger: gottesfürchtige Archaiker und Nomaden. Auf der anderen Seite Kulturzerstörer: gottlose und lasterhafte Jäger und Ackerbauern.

Freilich nutzte Schmidt im Gegensatz zu seinem Frankfurter Kontrahenten die im Zuge der Ägypten-Euphorie entstandene, modernisierte Version der Hamiten-Legende. Diente der Bezug auf die Hamiten bei Frobenius der Stigmatisierung der Juden und der in den Augen dieses Ethnologen vom jüdischen »Paideuma« besessenen Kulturen, so projizierte Schmidt moralische und politische Ideale auf Hirtenvölker. 1924 beklagte er, daß nach dem 1. Weltkrieg in den Staaten Mittel- und Osteuropas die letzten Reste der von kriegstüchtigen Großviehzüchtern inaugurierten »vertikalen Gliederung der Gesellschaft« einschließlich des Führertums von Gottes Gnaden hinweggefegt worden seien. Dieses System diente als Vorlage der von ihm erstrebten Restauration eines katholisch-pangermanischen Ständestaates.

Allerdings knüpfte Schmidts Auslegung des Nomadenparadigmas an die bei nationalsozialistischen Rassentheoretikern nicht gern gesehene 'Ostthese' an.

Ausgerechnet der Ethnologe Wilhelm E. Mühlmann versuchte die von Schmidt favorisierte Wiener Kulturkreislehre in Mißkredit zu bringen. Schmidt vertrete, empörte sich Mühlmann, die Theorie von der »asiatischen Urheimat der Indogermanen«, unterhöhle auf diese Weise den »nordischen Rassegedanken« und agitiere mit seinen »klerikal-politischen« Zielen gegen den Nationalsozialismus.

In der Tat wandte sich Schmidt, der sich in Publikationen wie 'Rasse und Volk' zur »Rassenfrage« wiederholt äußerte, gegen den absoluten Vorrang, den nationalsozialistische Ideologen der 'nordischer Rasse' einräumten. Dabei mag eine Rolle gespielt haben, daß die etwa von dem Rassenpropheten der Nazis H. F. K. Günther als 'minderwertig' dargestellte 'ostische Rasse' gerade im Einzugsgebiet des Katholizismus in Süddeutschland und Österreich weit verbreitet sein sollte. Schmidt jedenfalls wetterte gegen den »biologischen« Materialismus der Nationalsozialisten, sah darin das Pendant zum historischen Materialismus. Nach Meinung des Paters konnte ein echter Katholik nicht Nationalsozialist sein, nicht einmal im Sinne eines 'positiven Christentums'.

Schmidt verstieg sich sogar zu der Behauptung, daß das »Rassenprinzip des Nationalsozialismus« im offenen Gegensatz zu »wirklicher Rassenwissenschaft« stände. Gegen die hatte er nämlich nichts einzuwenden – übrigens auch nach dem 2. Weltkrieg nicht. Ganz im Gegenteil. Er sprach gar von »rassischen Pflichten«. Und hier ist es plötzlich die in Deutschland »durch Kopfzahl und Veranlagung« führende nordische Rasse, die es durch eine geeignete »Rassenpflege« zu fördern gelte, da sie für Überleben und Qualität »des Ganzen« von herausragender Bedeutung sei. Schmidt schlug konkrete Maßnahmen vor: z.B. Heiratsverbot für »minderwertige Ehepartner« und systematische Erhöhung der Kinderzahl. Der Bezug zu seiner Kulturtheorie ist eindeutig, schließlich hatten »Hirtenaristokratien« laut Schmidt nur durch analoge Schritte ihren Status wahren können.

In der 1927 erschienenen 1. Auflage von 'Rasse und Volk' erhoffte sich Schmidt noch eine weitere Folge rassenpolitischer Maßnahmen: daß die Juden »als Volksfremde und Volksfeinde (...) zunächst isoliert und abgekapselt und dann bald als schädliche Fremdkörper mehr und mehr ausgestoßen werden« würden.

Die Juden hatte Schmidt zu diesem Zeitpunkt schon längst als erste Feinde des deutschen Volkes denunziert. In der 1920, noch unter dem Eindruck der sich an das Ende des 1. Weltkriegs anschließenden innenpolitischen Turbulenzen entstandenen Zeitdiagnostik 'Der deutschen Seele Heil und Not' erscheinen die Juden als die Wegbereiter einer ganz und gar materialistischen »neudeutschen Kultur«. Dem Judentum, ließ Schmidt verlauten, sei es geglückt, das »deutsche Gemüt« unter Kontrolle zu bringen. »Nicht durch eigene positive Leistungen natürlich, sondern durch die Macht des Geldes und der Presse, der Agenturen und Vermittlungen, der Koterien und der Monopolisierung der Kritik. Hier muß ein begeisterter Kreuzzug gepredigt werden, ein millionenstimmiges 'Gott will es!' muß sich erheben, um ein wahrhaft heiliges Land, das Reich der Seele, aus der Knechtschaft der Ungläubigen, des jüdischen Mammonismus zu erlösen und wahrem deutschem Wesen wieder zugewinnen.«

Bis weit in die dreißiger Jahre hinein ließ sich Wilhelm Schmidt in seinen Veröffentlichungen und Reden immer wieder zu antisemitischen Tiraden hinreißen. Er machte die Juden für alle die Moderne kennzeichnenden Übel verantwortlich. Das größte Übel stellte aus seiner Sicht der Sozialismus dar. Vehement wehrte sich Schmidt gegen die Sozialdemokratie. In den Periodika des katholisch-konservativen Milieus prangerte er um 1930 den »revolutionären Bolschewismus« an. Nicht den Interessen des Proletariats diene diese Kultur des (Religions-) Hasses. »Das ganze jüdisch-marxistische Phantom des Zukunftsstaates« laufe letzten Endes auf die Terrorherrschaft »einer Handvoll, wahrscheinlich jüdischer Ausbeuter« hinaus.

In einem 'Zur Judenfrage' überschriebenen Zeitungsbeitrag stellte Schmidt 1934 klar, daß für ihn die Verdorbenheit der Juden allerdings nicht auf ursprüngliche rassische Anlagen rückführbar sei. Das jüdische Volk sei durch sein frevelhaftes Verhalten – durch eine »geschichtliche Willenstat«: den Jesusmord – aus seiner von Gott vorgegebenen Bahn eines auserwählten Volkes geworfen worden. »Sekundär, aber tatsächlich« habe die Ruhelosigkeit des zur Strafe entwurzelten Volkes über fast zwei Jahrtausende hinweg rassische Konsequenzen bewirkt. An der Unterstellung einer substantiellen Differenz zwischen Juden und »deutschen Volksgenossen« hielt Schmidt fest.

Mit seinen heftigen antidemokratischen und antijüdischen Ressentiments und seiner ambigen Stellung zur Rassenanthropologie nährte Wilhelm Schmidt ein geistiges Klima, das von nationalsozialistischer Weltanschauung nicht weit entfernt war. Die Nazis sahen in dem Pater aber ganz sicher einen Oppositionellen. Hier muß die spezifische politische Situtation in Österreich in Betracht gezogen werden. Die Jahre des autoritären Ständestaates hatten das bürgerlich-konservative Lager gespalten. Austrofaschisten und Nationalsozialisten standen sich trotz mancher ideologischer Berührungspunkte in erbitterter Feindschaft gegenüber. Nach dem 'Anschluß' Österreichs wurde Schmidt am 13. März 1938 verhaftet und unter Zimmerarrest gestellt. Auf Intervention Mussolinis wurde die Arrestierung aufgehoben. Schmidt emigrierte über Rom in die Schweiz.

Die Unterstützung von seiten des Duce wurde von Papst Pius XII. angeregt. Dies war kein Zufall, sah Schmidt doch in der Verbindung von Vatikan und Faschismus den von ihm heiß ersehnten Gottesstaat auf Erden.

In ihrem Bezug auf den italienischen Faschismus offenbart sich einmal mehr die politische Dimension der Ethnologie Schmidts. Auf einem internationalen Kongreß im Oktober 1938 plädierte der Pater als Vertreter des Vatikans für eine den Belangen der Galla dienende italienische Kolonisationspolitik in Äthiopien. Er hielt der Religion dieses hamitischen Volkes zugute, daß sie – im Unterschied zum Judaismus – »ursemitische« Kernwerte bewahrt habe. Gleichzeitig hielten sich Schmidts Sympathien für das 'orientalische' Christentum der Amharen in engen Grenzen. Diese Klassifizierung kam dem politischen Interesse Italiens an einer Zerschlagung des amharischen Zentralismus entgegen.

Dies ist eine weitere, bemerkenswerte Parallele zur Frankfurter Kulturmorphologie, die sich nicht nur einer zahlreichen Anhängerschar im intellektuellen Spektrum Italiens erfreuen konnte, sondern ihre Forschungen in den dreißiger Jahren auf 'Italienisch Ostafrika' konzentrierte. 1936 gab der Frobenius-Schüler Adolf E. Jensen den Expeditionsbericht 'Im Lande des Gada' heraus. Der kulturmorphologischen Diktion gemäß gelten die Amharen zwar als typische Hamiten, sie repräsentieren aber genauso das »Falsche und Unwahre« wie innerhalb der katholischen Kulturkreislehre. Dies bedeutet: Sowohl das pro- als auch das antihamitische Identifikationsangebot erfüllten die gleiche Funktion: Faschistische Kolonialpolitik wurde legitimiert!

III. Bachofen Redivivus

In beiden Kulturentwürfen dient die Hamitentheorie als wohlfeiles Mittel, eine grundlegende Differenz zwischen 'Gleichartigen' und 'Fremden' – in erster Linie: Juden – zu postulieren. Die Einschätzung hamitischer Sexualmoral bestimmte die dennoch unterschiedliche Position der Forscher zu den Hamiten.

Wie viele Intellektuelle aus dem deutschsprachigen Raum ließen sich die beiden Ethnologen von den Studien, die Johann Jacob Bachofen über das 'Mutterrecht' vorgelegt hatte, inspirieren. Zwei Aspekte aus dem Gedankengut Bachofens sind in erster Linie zu nennen, da sie auf den Diskurs des politischen Konservatismus einen erheblichen Einfluß entfaltet haben. Erstens ist laut Bachofen ein tiefer Gegensatz angelegt zwischen orientalisch-hetärischem und okzidentalisch-ehelichem Prinzip, das seiner Ansicht nach ursprünglich aus apollinischen Mysterienkulten des hyperboreischen Kulturkreises stammt.

Kurz: Nordische Tugend und orientalische Triebhaftigkeit stehen sich diametral gegenüber. Zweitens hat Bachofen erfolgreich das Bild eines 'gynaikokratischen' Zeit- und Weltalters propagiert, in dem die Auswirkungen des Muttertums als ein Liebe, Freiheit, Frieden, Gleichheit, Brüderlichkeit, Humanität und Solidarität beförderndes Prinzip den Alltag bestimmt haben soll; weibliche Eigenschaften sind in diesem Sinn zugleich demokratische. Die Gynaikokratie trage jedoch den Keim ihres eigenen Verfalls in sich, sie schlage in rabiate Männerherrschaft um, die wiederum deutlich 'hetärische' Züge trage.

Politischer Liberalismus und sexuelle Libertinage sind Bachofen zufolge unlösbar miteinander verknüpft – und der orientalisch-matriarchalichen Kultur inhärent.

Diese Denkfigur hat politische, kulturelle und anthropologische Theorien in Deutschland in den folgenden Jahrzehnten maßgeblich bestimmt.[3] Sie ist eindeutig antisemitisch überdeterminiert. Der Bachofensche Dualismus ist in zugespitzter Weise in die Lehren der führenden deutschen Rassenanthropologen eingeflossen, findet sich etwa in der Dichotomie 'nordisch' vs. 'vorderasiatisch' wieder. Die antisemitische Phantasie ist eindeutig: Die Juden setzen sich für politische Demokratisierung ein, da sie zügellos und triebhaft – eben 'das weiblichste Volk' (Otto Weininger) – sind. Judenherrschaft ist Frauenherrschaft! Und die ist notwendig totalitär, ist orientalische Despotie.

Deshalb sah der bekannte Staatsrechtslehrer Carl Schmitt in der »Rückkehr zum Matriarchat« die große Bedrohung der abendländischen Kultur, und der berühmte Philosoph Martin Heidegger behauptete, daß das destruierende »Asiatische« in den USA und in der Sowjetunion eine moderne Gestalt angenommen habe.

Die von Bachofen übernommene Polarität bestimmte nach dem 1. Weltkrieg die Kulturmorphologie von Frobenius. Äthiopik und Männlichkeit/Patriarchat fallen ebenso zusammen wie Hamitik und Weiblichkeit/Matriarchat. Das Sexualleben der keuschen Äthiopen ist Frobenius zufolge eine uneigennützige, den Bestand der Gemeinschaft sichernde Angelegenheit; dagegen sind die hedonistischen Hamiten der Liebe zur Lust ergeben. Äthiopisch sei das Liebesleben der züchtigen und mütterlichen deutschen Frau; hamitisch das der untreuen Französin. Die unmännlich-»jüdischen« Waremba praktizieren »freie Jugendliebe« und Inzest zwischen Geschwistern, die Ehe sei zur »zuchtökonomischen Angelegenheit« erstarrt.

Allerdings ist die Trennschärfe dieses Schemas an einigen Stellen seltsam gebrochen. Wie zwei Geschlechter hätten sich einst orientales und das okzidentales »Paideuma« gegenseitig befruchtet, ließ Frobenius die Leser seiner Kulturphilosophie wissen. Äthiopik ist »nur Sehnsucht«, Hamitik »nur Erfüllung«, heißt es in einem kleinen Abschnitt, der bezeichnenderweise die Überschrift »Vereinigung« trägt.

Anders gesagt: Eine zwischen Angst und Sehnsucht oszillierende Dialektik schlägt sich in den Schriften von Frobenius nicht nur in der eindeutigen Befürwortung des Zucht und Ordnung gewährleistenden äthiopisch-männlichen Prinzips nieder, sondern darüber hinaus in der freilich heimlich ausgesprochenen Anerkennung des Faszinosums Weiblichkeit.

Die Kulturkreislehre Pater Wilhelm Schmidts ist im wesentlichen eine Neuinterpretation des Bachofenschen Werkes. Noch posthum erschien 1955 Schmidts 'Das Mutterrecht'. Der Pater bestritt die Hypothese Bachofens, der eine Höherentwicklung der Menschheit hin zum Patriarchat nachzuweisen versucht hatte. Die kulturelle Evolution erscheint bei Schmidt als ein Prozeß wachsender sittlicher Entartung, der in den Kulturkreisen der »höheren Jäger« und des »niederen Ackerbaus« seinen Anfang nimmt und in der Form des politischen Sozialismus zum endgültigen moralischen Bankrott der Menschheit wird. Wieder und wieder wies Schmidt auf die sexuelle Revolution hin, die in der Sowjetunion stattgefunden habe. »Gemeinschaftliches Nacktbaden beider Geschlechter«, »Koedukation«, »Promiskuität der Jugend und des Alters«, »grenzenloser Geschlechtsverkehr«, Blutschande in jeder möglichen Variante – 'Sozialismus' heißt, daß Sodom und Gomorrha aus der Retorte entstehen. Mit anderen Worten: Sexuelle Zügellosigkeit und politische Emanzipation bedingen einander gegenseitig und münden zwingend in Diktatur und politischen Terror.

Schmidt verstieg sich zu der Ansicht, daß die familienpolitischen Maßnahmen der »Sowjets« entscheidend von der Psychoanalyse des Juden Sigmund Freud inspiriert worden seien. Mithin sei die Psychoanalyse einem Kulturkreis entsprungen, »in dem das ganze Denken und Fühlen und Handeln von einem weitgehenden Sexualismus durchsetzt und durchseucht war und ist«. Es können kaum Zweifel daran bestehen, daß Schmidt hier an »totemistische« und »mutterrechtliche« Kulturen gedacht hat. Schließlich hatte bereits 1889 Robertson Smith den Zusammenhang zwischen »totemistischen« und semitischen Religionen hergestellt (»The Religion of the Semites«). Diese noch harmlose These von Smith strapazierte Schmidt zu einer gewissermaßen kulturhistorischen Begründung seines exzessiven Judenhasses.

Widersprach Schmidt einerseits der Geschichtsphilosophie Bachofens, so übernahm er andererseits doch dessen manichäische Symbolik. Die jüdisch-orientalische Kultur erscheint als Gegentypus der christlich-katholischen Kultur des Abendlandes.

Kulturmorphologie wie Kulturkreislehre sind Beispiele für die prekäre Relation, die im deutschsprachigen Raum in den ersten Jahrzehnten diesen Jahrhunderts zwischen wissenschaftlichen Lehren und judenfeindlichen Einstellungen bestanden hat. Der Judenhaß der charismatischen Völkerkundler Leo Frobenius und Wilhelm Schmidt war konstitutiv für ihre Sicht auf exotische Völker. In beiden Entwürfen symbolisieren die Juden – verkleidet als Hamiten bei Frobenius, maskiert als gegen Hirten agierende, jägerische oder ackerbauende »Primärkulturen« bei Schmidt – das Abzulehnende, Sündhafte. Zu recht hat Shulamit Volkov hervorgehoben, daß der Antisemitismus seit Ende des 19. Jahrhunderts innerhalb des bürgerlich-konservativen Lagers in Deutschland und Österreich eine bedeutende symbolische, weil politisch-kulturelle Identität stiftende Funktion hatte: »Man drückte dadurch die Übernahme eines bestimmten Systems von Ideen und die Präferenz für spezifische soziale, politische und moralische Normen aus.« [4]

Um es zu wiederholen: Frobenius wurde von den Nazis mehr gelitten denn geliebt; Schmidt war bei weitreichenden ideologischen Gemeinsamkeiten politischer Kontrahent der nazistischen 'Bewegung'. Aber: Allen Diskrepanzen zum Trotz waren beide Strömungen beteiligt an einer sich gegen die Juden und nur die Juden richtenden »metaphysischen Entscheidung«, die dem französischen Philosophen Philippe Lacoue-Labarthe zufolge der einzigartige Aspekt nationalsozialistischer Vernichtungspolitik ist.[5]

Anmerkungen

1 Sanders, Edith R.: The Hamitic Hypothesis; its Origin and Functions in Time Perspective. In: Journal of African History X, 4, 1969, S.521-532.

2 Bei seinem Versuch, Züge der Kulturmorphologie wiederzubeleben, wärmte der, legt man Medienrepräsentanz zugrunde, gegenwärtig bekannteste deutsche Ethnologe, Hans Peter Duerr, diesen Topos noch einmal auf. Cf. Duerr, Hans Peter: Sedna oder die Liebe zum Leben, Frankfurt/M. 1984, S.235f.

3 Sombart, Nicolaus: Die deutschen Männer und ihre Feinde, München, Wien 1991.

4 Volkov, Shulamit: Jüdisches Leben und Antisemitismus im 19.und 20.Jahrhundert, München 1990, S.23.

5 Lacoue-Labarthe, Philippe : Die Fiktion des Politischen, Stuttgart 1990, S.78ff.

Aus den Arsenalen

Rudolf Steiner
Die Sehnsucht der Juden nach Palästina

Nicht wenige kluge Leute werden jedes Wort überflüssig finden, das über die sonderbare Zusammenkunft gesprochen wird, die vor wenigen Tagen unter dem Namen *Zionisten-Kongreß* in Basel stattgefunden hat. Daß sich eine Anzahl europamüder Juden zusammenfindet, um die Idee zu propagieren, ein neues palästinensisches Reich aufzurichten, und die Auswanderung der Juden nach diesem neuen *gelobten Land* zu bewirken, erscheint diesen Klugen als wahnsinnige Vorstellung einer krankhaft erregten Phantasie. Bei diesem Urteile beruhigen sie sich. Sie sprechen nicht weiter über die Sache. Ich aber glaube, daß diese Klugen mit ihrem Urteile um zehn Jahre hinter ihrer Zeit zurückgeblieben sind. Und zehn Jahre sind in unserer Zeit, in der die Ereignisse so rasch fließen, eine kleine Ewigkeit. Vor zehn Jahren konnte man mit einem gewissen Recht einen Juden für halb wahnsinnig halten, der auf die Idee verfallen wäre, seine Volksgenossen nach Palästina zu versetzen. Heute darf man ihn nur für empfindlich und eitel halten; in weiteren zehn Jahren können die Dinge noch ganz anders liegen. Bei den Herren Herzl und Nordau, den gegenwärtigen Führern der Zionistenbewegung, glaube ich allerdings mehr Eitelkeit als gesteigerte Empfindlichkeit gegenüber antisemitischen Strömungen wahrzunehmen. Die banalen Phrasen, die Herzl in seiner Broschüre *Judenstaat* (M. Breitensteins Buchhandlung, Leipzig und Wien 1896) vorgebracht hat, und das Wortgeflunker, mit dem der sensationslüsterne Nordau in Basel seine Zuhörer beglückt hat, sind gewiß nicht aus den tiefsten Tiefen aufgewühlter Seelen entsprungen. Dafür aber stammen sie aus verständigen Köpfen, die wissen, was auf diejenigen Juden am stärksten wirkt, die ein empfindsames Herz und einen hochentwickelten Sinn für Selbstachtung haben. Diese letzten Glieder des jüdischen Volkes werden, nach meiner Vermutung, die Gefolgschaft der Herrn Herzl und Nordau bilden. Und die Zahl dieser Glieder ist wahrscheinlich keine geringe.

Was nützt es, wenn noch so oft betont wird, daß sich die Juden, die so empfinden, in einem schweren Irrtum befinden? Sie wenden ihr Auge ab von den großen Fortschritten, welche die Emanzipation der Juden in den letzten Jahrzehnten gemacht hat, und sehen nur, daß sie noch von so und so vielen Stellen ausgeschlossen, in so und so vielen Rechten verkürzt sind, und außerdem hören sie, daß sie von den Antisemiten in der wüstesten Weise beschimpft werden. Sie tun so, weil ihr gekränktes Gemüt ihnen den Verstand umnebelt. Sie sind nicht imstande, die Ohnmacht des Antisemitismus einzusehen; sie erblicken nur seine Gefahren und seine empörenden Ausschreitungen. Wer ihnen sagt: sehet hin, wie aussichtslos die Machinationen der Judenhasser sind, wie alle ihre Unternehmungen in Blamage auslaufen, den blicken sie zweifelnd an. Ihr Ohr hat nur, wer ihnen wie Theodor Herzl sagt: In den Bevölkerungen wächst der Antisemitismus täglich, stündlich und muß weiter wachsen, weil die Ursachen fortbestehen und nicht behoben werden können ... Unser Wohlergehen scheint etwas Aufreizendes zu enthalten, weil die Welt seit vielen Jahrhunderten gewohnt war, in uns die Verächtlichsten unter den Armen zu sehen. Dabei bemerkt man aus Unwissenheit oder Engherzigkeit nicht, daß unser Wohlergehen uns als Juden schwächt und unsere Besonderheiten auslöscht. Nur der Druck preßt uns wieder an den alten Stamm, nur der Haß unserer Umgebung macht uns wieder zu Fremden. So sind und bleiben wir denn, ob wir es wollen oder nicht, eine historische Gruppe von erkennbarer Zusammengehörigkeit. Wir sind ein Volk - der Feind macht uns ohne unseren Willen dazu, wie das immer in der Geschichte so war. Und diejenigen, bei denen heute solche Sätze den mächtigsten Widerhall finden, waren noch vor ganz kurzer Zeit mit Leidenschaft bereit, das eigene Volkstum in das der abendländischen Stämme aufgehen zu lassen. Nicht der wirkliche Antisemitismus ist die Ursache dieser jüdischen Überempfindlichkeit, sondern das falsche Bild, das eine überreizte Phantasie sich von der judenfeindlichen Bewegung bildet. Wer mit Juden zu tun hat, der weiß, wie tief bei den Besten dieses Volkes die Neigung sitzt, sich ein solch falsches Bild zu machen. Das Mißtrauen gegen die Nichtjuden hat sich gründlich ihrer Seele bemächtigt. Sie vermuten auch bei Menschen, bei denen sie keine Spur von bewußtem Antisemitismus wahrnehmen können, auf dem Grunde der Seele einen unbewußten, instinktiven, geheimen Judenhaß. Ich rechne es zu den schönsten Früchten, welche menschliche Neigung treiben kann, wenn sie zwischen einem Juden und einem Nichtjuden jede Spur von Argwohn in der oben angedeuteten Richtung auslöscht. Einen Sieg über die menschliche Natur möchte ich fast eine solche Neigung nennen.

Es ist nicht ausgeschlossen, daß in kurzer Zeit solche Neigungen überhaupt unmöglich sein werden. Es kann eine Zeit kommen, in der bei jüdischen Persönlichkeiten die Empfindungssphäre so gereizt ist, daß jedes Verstehen mit Nichtjuden zur Unmöglichkeit wird. Und auf das Ziehen intimer Fäden von Jude zu Nichtjude, auf das Entstehen gefühlsmäßiger Neigungen, auf tausend unaussprechliche Dinge, nur nicht auf vernünftige Auseinandersetzungen und Programme kommt es bei der sogenannten Judenfrage an. Es wäre das Beste, wenn in dieser Sache so wenig wie möglich geredet würde. Nur auf die gegenseitigen Wirkungen der Individuen sollte Wert gelegt werden. Es ist doch einerlei, ob jemand Jude oder Germane ist: finde ich ihn nett, so mag ich ihn; ist er ekelhaft, so meide ich ihn. Das ist so einfach, daß man fast dumm ist, wenn man es sagt. Wie dumm muß man aber erst sein, wenn man das Gegenteil sagt!

Ich halte die Antisemiten für ungefährliche Leute. Die Besten unter ihnen sind wie die Kinder. Sie wollen etwas haben, dem sie die Schuld zuschreiben können an einem Übel, an dem sie leiden. Wenn ein Kind einen Teller fallen läßt, dann sucht es nicht die Ursache, die Schuld. So machen es die Antisemiten. Es geht vielen Leuten schlecht. Sie suchen nach etwas, das die Schuld hat. Die Verhältnisse haben es mit sich gebracht, daß viele gegenwärtig dieses Etwas in dem Judentume sehen.

Viel schlimmer als die Antisemiten sind die herzlosen Führer der europamüden Juden, die Herren Herzl und Nordau. Sie machen aus einer unangenehmen Kinderei eine welthistorische Strömung; sie geben ein harmloses Geplänkel für ein furchtbares Kanonenfeuer aus. Sie sind Verführer, Versucher ihres Volkes. Sie opfern die Verständigung, die alle Vernünftigen wünschen müßten, ihrer Eitelkeit, die nach - Programmen dürstet, weil, wo Taten fehlen, zur rechten Zeit ein Programm sich einstellt.

So ungefährlich der Antisemitismus an sich ist, so gefährlich wird er, wenn ihn die Juden in der Beleuchtung sehen, in die ihn die Herzl und Nordau rücken.

Und sie verstehen sich auf die Sprache der Versucher, diese Herren: Man wird in den Tempeln beten für das Gelingen des Werkes. Aber in den Kirchen auch! Es ist die Lösung eines alten Druckes, unter dem alle litten. Aber zunächst muß es licht werden in den Köpfen. Der Gedanke muß hinausfliegen bis in die letzten jammervollen Nester, wo unsere Leute wohnen. Sie werden aufwachen aus ihrem dumpfen Brüten. Denn in unser aller Leben kommt ein neuer Inhalt.

Jeder braucht nur an sich selbst zu denken, und der Zug wird schon ein gewaltiger. Und welcher Ruhm erwartet die selbstlosen Kämpfer für die Sache! Darum glaube ich, daß ein Geschlecht wunderbarer Juden aus der Erde wachsen wird. Die Makkabäer werden wieder auferstehen. Also Herr Theodor Herzl in seiner Schrift *Judenstaat*.

Ich fürchte: es wird eine Zeit kommen, wo die Juden uns Nichtjuden nichts mehr glauben von dem, was wir ihnen über den Antisemitismus sagen, und dafür ihren jüdischen Verführern nachbeten. Und wie so viele Betörte werden die gefühlvollen Juden die leeren Phrasen dieser Verführer in die Sprache ihres Herzens umsetzen. Die Verführten werden leiden; die Verführer aber werden triumphieren über die Erfolge, die ihre Eitelkeit errungen hat.

In Basel ist im Grunde über die Frage entschieden worden: was soll getan werden, um die Lösung der Judenfrage so unmöglich zu machen, wie es nur irgend angeht. Ob die Herren Herzl und Nordau wirklich daran glauben, daß das palästinensische Reich errichtet werden könne, vermag ich nicht zu entscheiden. Ich nehme zu Ehren ihrer Intelligenz hypothetisch an, daß sie nicht daran glauben. Wenn ich mit dieser meiner Annahme recht habe, dann muß man diesen Führern den Vorwurf machen, daß sie einer Auseinandersetzung zwischen Juden und Nichtjuden mehr Hindernisse in den Weg legen als die antisemitischen Wüteriche.

Die Zionistische Bewegung ist ein Feind des Judentums. Die Juden täten am besten, wenn sie die Leute, die ihnen Gespenster vormalen, sich genau ansähen.

(Aus: Magazin für Literatur, Nr. 38, 66. Jahrgang, 1897)

Julia Iwersen

Rudolf Steiner: Anthroposophie und Antisemitismus

Zu einer wenig bekannten Spielart des christlichen Antisemitismus

Bereits vor der Zeit der Entfaltung seiner Anthroposophie hat sich Rudolf Steiner zu Juden und Judentum geäußert. Eine erste Stellungnahme findet sich in dem »Magazin für Literatur«, das Steiner zusammen mit Otto Erich Hartleben in Berlin herausgab. Anlaß war der erste Zionistenkongreß der am 29. August 1897 in Basel stattfand.

Wie vielen seiner Zeitgenossen war die zionistische Bewegung Steiner ein Dorn im Auge. In Anbetracht seiner stets betont humanistischen Grundhaltung überrascht die Heftigkeit und Ungerechtigkeit von Steiners Ausfällen gegen den Zionismus. Anstatt den Zionismus als von jüdischer Seite her naheliegenden Ausweg aus der bedrückenden Situation in West- und Mitteleuropa zu begreifen, erklärte er, in Umkehrung von Ursache und Wirkung, die jüdische Reaktion auf den am Ende des 19. Jahrhunderts entstehenden Rasseantisemitismus als das eigentliche Problem im Verhältnis zwischen Juden und Nichtjuden. Den Antisemitismus, der bereits bedrohliche Ausmaße angenommen hatte, hielt Steiner dagegen für ungefährlich, für eine »unangenehme Kinderei«[1]. »So ungefährlich der Antisemitismus an sich ist, so gefährlich wird er, wenn ihn die Juden in der Beleuchtung sehen, in der ihn Herzl und Nordau sehen...«[2] »Viel schlimmer als die Antisemiten sind die herzlosen Führer der europamüden Juden, die Herren Herzl und Nordau. Sie machen aus einer unangenehmen Kinderei eine welthistorische Strömung; sie geben ein harmloses Geplänkel für ein furchtbares Kanonenfutter aus.«[3]

Daß er ausgerechnet in Berlin, dem Agitationsfeld eines Stöcker, Marr, Treitschke und Henrici den Antisemitismus als »Geplänkel« ausgab, spricht nicht für Steiners Beobachtungsgabe und Realitätssinn. Wenn er darüber hinaus mangelnde Verständnisbereitschaft nicht etwa bei den Antisemiten, sondern auf seiten der sich wehrenden Juden beklagte, macht ihn dies selbst des Antisemitismus verdächtig. Tatsächlich verbindet ihn mit den Protagonisten des Antisemitismus, daß auch ihm das Problem einer »Judenfrage« bewußt war, deren »Lösung«, so Steiner, durch die Zionisten verhindert werde.[4]

Anhand späterer Ausführungen Steiners wird im weiteren Verlauf der Argumentation zu zeigen sein, daß seiner Auffassung nach die »Lösung der Judenfrage« in der vollständigen Assimilation der jüdischen Bevölkerung an die europäische Christenheit liegt. Vor diesem Hintergrund wirkt es besonders befremdend, daß er die Störung des bereits in Deutschland und Frankreich weit fortgeschrittenen politisch-kulturellen Assimilationsprozesses nicht im Antisemitismus, sondern im Zionismus sah. Der Zionismus erscheint bei Steiner, der sich wiederholt gegen jeden Nationalismus ausgesprochen hat, als eine Art nationalistischer Prototyp und als Relikt alttestamentarischen Denkens.

1889 beschäftigte sich Steiner in zwei Beiträgen im »Magazin für Literatur« mit der Dreyfus-Affaire. Er zeigte sich von der Unschuld des französisch-jüdischen Offiziers überzeugt[5], der des Landesverrats bezichtigt wurde, äußerte sich auch anerkennend über den leidenschaftlichen Einsatz Emile Zolas für Dreyfus[6], erwähnt aber den Antisemitismus mit keinem Wort. Von dem durchaus öffentlich diskutierten Aspekt der jüdischen Herkunft des verfemten Kapitäns als Erklärung für die französische Affäre wollte Steiner offenbar nichts wissen.

Im Jahre 1901 publizierte Rudolf Steiner mehrere Artikel in den »Mitteilungen aus dem Verein zur Abwehr des Antisemitismus«[7]. Es war ihm besonders daran gelegen, die fehlende Wissenschaftlichkeit des Antisemitismus nachzuweisen. In diesem Sinne gab Steiner seiner Überzeugung Ausdruck, »... daß die Menschheit höher steht als jede einzelne Form (Stamm, Rasse, Volk), in der sich die Menschheit auslebt.«[8]

In einem am 11. Februar 1919 in Zürich gehaltenen Vortrag hat Steiner unter dem Eindruck des Ersten Weltkrieges seine Interpretation des Nationalismus als spezifisch jüdisches Phänomen weiter ausgeführt:

> Bevor der Christus-Impuls durch das Mysterium von Golgatha in die Erdenentwicklung hereingewirkt hatte, betrachtete sich dasjenige Volk, aus dem gerade der Christus Jesus herausgeboren ist, als das auserwählte Volk, und es glaubte dieses auserwählte Volk, daß die Erde nur glücklich werden könne, wenn alles übrige abstirbt und nur die Glieder dieses Volkes die ganze Erde erfüllen würden. Das war in gewissem Sinne ein fester Glaube, weil der Gott Jahve als der Einheitsgott angesehen worden ist.[9]

Steiner gestand dem jüdischen Glauben Berechtigung und Funktion für die alttestamentarische Zeit zu, nicht jedoch nach dem Erscheinen Christi, dem Zeitpunkt, an dem der alte Glaube hätte aufgegeben werden müssen. Er schreibt:

> Das war für die Zeit, bevor das Mysterium von Golgatha auf die Erde gekommen ist, aus dem Grunde eine berechtigte Anschauung des alten Hebräischen Volkes, weil gerade aus diesem alten Hebräischen Volke der Christus Jesus hervorgehen sollte. Aber mit der Erscheinung des Mysteriums von Golgatha auf Erden hätte dieses Bewußtsein aufhören sollen. Nachher war dieses Bewußtsein antiquiert, nachher hätte an die Stelle des Jehova-Bewußtseins das Christus-Bewußtsein treten müssen, welches ebensosehr vom Menschen spricht, wie das Jahvevolk von den Angehörigen eines Volkes gesprochen hat.[10]

Nach dem Plan einer weisen Weltenlenkung, in dem Steiner sich hellseherische Einsichten zumaß, hätten die Juden also im ersten Jahrhundert Christen werden sollen. Ihre Weigerung, den alten Glauben aufzugeben, setzte Steiner in Beziehung zu Nationalismus und Weltkrieg, indem er fortfährt:

> Es ist das tragische Geschick des jüdischen Volkes, daß es nicht anerkannt hat, daß die Sache so liegt. Aber heute erleben wir vielfach einen Rückfall. Heute erleben wir den Rückfall, daß die Völker langsam – wenn sie das auch anders ansehen, anders benennen – alle eine Art Jahve, aber einen Spezial-Jahve, ihren Volksgott, anbeten wollen ... Das hat gerade dazu geführt, daß Volk gegen Volk wütet. Wir erleben einen Rückfall in die Jahve-Religion, nur daß die Jahve-Religion spezialisiert in viele Jahve-Religionen auseinanderfällt. Es ist wirklich heute alttestamentarischer Rückfall vorhanden, Atavismus, Rückfall in das Alte Testament! Die Menschheit will sich geradezu über die ganze Erde in einzelne Glieder spezialisieren, gegen Christus Jesus, der für die ganze Menschheit gewest und gelebt hat. Die Menschheit will sich im Sinne der Volksgötter installieren, jahvemäßig installieren. Das war vor dem Mysterium von Golgatha gerechtfertigt, ist jetzt ein Rückfall. Das muß man nur richtig verstehen: Nationale Installierung ist heute ein Rückfall ins Alte Testament. Dieser Rückfall ins Alte Testament ist das, was schwere Prüfungen der modernen Menschheit auferlegen wird, und gegen das es nur das eine Heilmittel gibt: dem Christus auf geistigem Wege wieder nahezukommen.[11]

An einer anderen Stelle, in einem vor Arbeitern des Goetheanums am 8. Mai 1924 gehaltenen Vortrag, drückte Steiner noch deutlicher aus, worum es ihm ging: die jüdische Verantwortung für den Ersten Weltkrieg:

> Und so ist das größte Unglück dieses 20. Jahrhunderts gekommen von dem, was die Juden auch wollen. Und so kann man sagen: Da alles dasjenige, was die Juden getan haben, jetzt in bewußter Weise von allen Menschen zum Beispiel getan werden könnte, so könnten die Juden eigentlich nichts Besseres vollbringen, als aufgehen in der übrigen Menschheit, sich vermischen mit der übrigen Menschheit, so daß das Judentum als Volk einfach aufhören würde. Das ist dasjenige, was ein Ideal wäre.[12]

Der Anthroposoph Karl Heyer scheute sich nicht, in einer Veröffentlichung von 1947 den Nationalsozialismus »in die innere Nähe des alten Hebräertums und seiner Empfindung für Jehova als den Nationalgott des auserwählten Volkes«[13] zu rücken: »Ich bin der Herr, dein Gott. Du sollst nicht andere Götter haben, neben mir. Dieses Gebot des 'eifrigen Gottes' des Alten Testamentes bezeichnet auch den Anspruch, den der Gott der Nationalsozialisten und vor allem Hitler selbst, gleichsam als Gott genommen, erhob, und es bezeichnet die Seelenhaltung der Nationalsozialisten in ihrem Verhältnis zu ihrem Gott und ihrer 'Religion' – wobei nur der große Unterschied besteht, daß im althebräischen Altertum eine solche Seelenhaltung aus tiefen entwicklungsgeschichtlichen Gründen ihre große zeitbedingte Berechtigung hatte, die ihr im Neuhebräertum der Nationalsozialisten vollkommen fehlt, als in einer Zeit, in der längst der weltweite Impuls des im tiefsten auf Freiheit und Toleranz veranlagten Christentums durch die Welt gegangen ist und an einer Wandlung der Härte, Einseitigkeit und intoleranten Schroffheit der alttestamentarischen Seelenhaltung gearbeitet hat.«[14] Letztlich ist also jüdische Geisteshaltung und mit ihr die Juden, die an ihr festhalten statt sich den segensvollen Impulsen des Christentums zuzuwenden, am Nationalsozialismus schuld.

Noch ein weiteres »Grundübel« seiner Zeit, »den kalten Intellektualismus« führte Steiner im wesentlichen darauf zurück, daß die Juden sich geweigert hätten und sich immer noch weigerten, Christen zu werden. Das »abstrakte Begriffsdenken« nämlich, dessen Überwindung ein wesentliches Anliegen der Anthroposophie ist, wird als spezifisch jüdische Fähigkeit und Vorliebe dargestellt. In Steiners Worten: »Die Juden haben eine große Begabung für den Materialismus, aber wenig Begabung für die Anerkennung der geistigen Welt.«[15] In dem folgenden, infantil und dümmlich wirkenden Versuch wollte Steiner seinen Zuhörern die Besonderheit des jüdischen Denkens veranschaulichen:

> Nehmen Sie an, es sind eine Anzahl von Leuten zusammen, drei, vier, fünf Leute; (...) einer ist Jude (...) Ich erzähle Ihnen nicht Dinge, die ich erfinde, sondern die ich erlebt habe. In dieser Gemeinschaft herrschen verschiedene Meinungen. Nehmen Sie nun an, diese fünf Menschen, unter denen ein Jude ist, die sprechen. Der eine wird sagen: Ja, es ist sehr schwer, diese Menschen alle unter einen Hut zu bringen; da muß man denjenigen, die in der Minorität sind, *so* zureden, der Majorität *so* zureden, damit ein Kompromiß zustande kommt. Kompromisse werden ja auf die Weise gemacht, daß die Leute so untereinander reden. – Der zweite Nichtjude wird sagen: Ja, aber ich habe da gelebt unter den Leuten, die da in der Minorität sind; ich weiß, wie schwierig es ist, die Leute zu überzeugen! – Der dritte, der Vertreter der Minorität ist, sagt: Wir haben schon gar keine Lust mehr, daran teilzunehmen, das geht nicht! – Der vierte sagt: Man muß doch eben sehen, daß man von dieser oder jener Seite ausgeht. – So die vier Nichtjuden. Jetzt fängt der Jude an: Das ist alles nichts! Begriff des Kompromisses: Der Kompromiß besteht darin, daß die Leute mit verschiedenen Meinungen sich ausgleichen und daß sie klein beigeben. – Er bringt abstrakt: Begriff des Kompromisses – geht nicht aus von

dem oder jenem, er fängt an: Begriff des Kompromisses – läßt den Artikel aus, darin auch seine ursprüngliche Zähigkeit beweisend. Wenn einer sagt: Welches ist *der* Begriff des Kompromisses und so weiter, dann hat er schon in sich eine Anschauung; dann will er das anschauen. Aber so fängt der Jude nicht an, sondern er sagt: Begriff des Kompromisses! Damit wird die Jehova-Anschauung hingestellt: Jehova sagt! – Man denkt nicht nach: Wie ist das im einzelnen? Sondern das, was feststeht, ist im Begriff, das wird einfach aufgestellt. Daher denkt der Jude immer, er könne alles aus dem Begriff heraus entwikkeln.

Diese seltsamen Ausführungen schließt Steiner mit dem Resümee ab:

Solange die Juden zusammen unter sich sind, wird natürlich das so sein; wenn sie aber aufgegangen sein werden unter die anderen Menschen, werden sie nicht sagen: Begriff des Kompromisses –, sondern sie werden eben auch so sein müssen, wie die anderen Menschen.[16]

Ludwig Thieben, ein Anthroposoph jüdischer Herkunft, brachte 1930 ein Buch mit dem Titel »Das Rätsel des Judentums« heraus, in dem er Rudolf Steiners verstreute Äußerungen zu Juden und Judentum systematisch zusammenfaßte, interpretierte und mit eigenen Kommentaren versah. In seinen Erläuterungen zeigt er Verständnis für Steiners Konzept des »Gesetzesintellektualismus«, indem er es zu den als bedrohlich empfundenen Symptomen der Moderne in Verbindung setzt: »zur modernen Naturwissenschaft, zur kapitalistischen Wirtschaftsform der Neuzeit ebenso wie zum Kommunismus und seinen materialistisch-intellektuellen Ideen.«[17] Thieben findet es »durchaus verständlich, daß man in nichtjüdischen Kreisen die große Rolle, welche die Juden im Bank- und Börsenwesen, im Handel, in der modernen Wissenschaft, als Ärzte, Advokaten und Journalisten spielen, recht unsympathisch empfindet und daß man in dieser Hinsicht von einem 'zersetzenden Einfluß des jüdischen Geistes' spricht.«[18]

Steiner selbst nahm in dem bereits mehrfach zitierten Arbeiter-Vortrag Anstoß an der großen Zahl jüdischer Ärzte und der »abstrakten Jehova-Medizin«:

So ist auch da in der Medizin ein abstrakter Geist, ein abstrakter Jehova-Dienst eingezogen, der heute eigentlich noch immer in der Medizin drinnen ist.
Es wäre zum Beispiel sehr natürlich, daß in den verschiedenen Ländern Europas nicht mehr Ärzte wären, als sie prozentual zu der Bevölkerung sind. Ich will nicht sagen, – bitte, mich nicht mißzuverstehen –, daß man das durch ein Gesetz festsetzen sollte; das fällt mir durchaus nicht ein. Aber die natürliche Anschauung müßte das ergeben, daß entsprechend der Anzahl Juden auch jüdische Ärzte da wären. Aber das ist gar nicht der Fall. In den meisten Ländern sind eine viel größere Anzahl Juden Ärzte. Das stammt noch aus dem Mittelalter; sie fühlen sich noch zu der Medizin sehr hingezogen, weil es ihrem abstrakten Denken entspricht.[19]

Neben dem »neuhebräischen Nationalismus« macht Heyer auch den Intellektualismus und den Materialismus für den Nationalsozialismus verantwortlich. So habe sich der Nationalsozialismus »mit Recht«, aber mit der falschen Methode, gegen das »Kulturübel« des »Intellektualismus«, das »kalte, abstrakte Kopfdenken« gewandt, »wie es in den neueren Jahrhunderten immer mehr um sich gegriffen hat und an dem, wenn es allein herrscht, die moderne Menschheit seelisch zu veröden droht.«[20]

Paradoxerweise stellt die anthroposophische Interpretation das Judentum als Repräsentant eines Übels dar, gegen das der Nationalsozialismus auftrat, andererseits wird es zusammen mit dem Materialismus und dem Gegenchristentum als Bestandteil des Nationalsozialismus selbst kritisiert: Daß der materialistische Religionsersatz des Nationalsozialismus, daß diese nationalsozialistisch-atavistische Pseudoreligion bei so vielen Deutschen Aufnahme finden konnte, ist eine Folge davon, daß echte Religiosität und echter christlicher Sinn seit langem in erschreckendem Maße dahingeschwunden waren, und zwar unter dem Einfluß derselben materialistischen, naturwissenschaftlichen Denkweise, auf der auch der Nationalsozialismus aufbaute.[21]

In der Anthroposophie ist der für das 19. Jahrhundert typische Evolutions- und Entwicklungsgedanke vorherrschend, in dessen Rahmen auch die Vorstellung gehört, daß die Religionsgeschichte eine stete Fortentwicklung zum Höheren und Besseren darstellt. Für Anthroposophen sind also religiöse Vorstellungen nicht voneinander weitgehend unabhängige Manifestationen gläubigen Welt- und Menschenverständnisses in unterschiedlichen Kulturen und Epochen. Die Religionen werden zueinander in einen sinnhaften Zusammenhang gestellt. Da in der anthroposophischen Perspektive das Christentum als in der Hierarchie ganz oben stehend angesehen wird, können das »nachchristliche Judentum« und der Islam nur als Fehlentwicklung interpretiert werden. Das Fortbestehen vorchristlicher Religionen werden daher als dekadent abqualifiziert.

Steiners »Geschichtsschau« teilt die Zeit nach dem Untergang von Atlantis in sieben sogenannte nachatlantische Kulturepochen ein:

Im Jahre 7227 v. Chr. begann demnach die erste nachatlantische Epoche, die »urindische Kulturepoche«. Die aus der vedischen Literatur als Gesetzgeber bekannte Sagenfigur Manu soll die Atlantier aus der Flutkatastrophe, die das Leben auf Atlantis ausgelöscht hatte, gerettet und sie in ein Gebiet bei der Wüste Gobi geführt haben. Dort schuf Manu ein spirituelles Zentrum und sandte später seine sieben Schüler nach Indien, wo diese die indische Kultur begründeten. Als besonderes Merkmal dieser Kulturstufe beschreibt Steiner den mühelosen Kontakt zu der göttlichen Sphäre, während sich die Beziehung zur irdischen und materiellen Welt als schwierig gestaltete.

Die »urindische Epoche« wurde von der »urpersischen« abgelöst, in der es erheblich leichter war, den Umgang mit der physischen Welt zu meistern. Die Hinwendung zur geistigen Welt war hingegen erschwert.

In der dritten Kulturepoche, 2909-2747 v. Chr., konzentrierte sich die Entwicklung, nach Steiners Schilderung, auf Mesopotamien und Ägypten. In dieser »ägyptisch-chaldäischen« Epoche oblag es den Juden als besondere kulturgeschichtliche Mission, nord-chaldäische (Zweistromland) und süd-chaldäische (Ägypten) Elemente miteinander zu verschmelzen.

Im Verlauf der drei frühen nachatlantischen Epochen war der Keim für die vierte, »griechisch-lateinische« Epoche, bereits angelegt: das zentrale spirituelle Geschehen des nachatlantischen Zeitalters, das »Christus-Ereignis« oder das »Mysterium von Golgatha«, die physische Inkarnation eines göttlichen Sonnenwesens, das sich durch seinen Tod am Kreuz zum Wohle der Menschheit fest mit der Erde verband. Den Menschen sei durch das Mysterium von Golgatha die mit dem Sündenfall, im anthroposophischen Denken gleichbedeutend mit tiefem Absinken in das Materielle, verlorene Möglichkeit wiedergegeben worden, erneut Verbindung mit dem Geistig-Göttlichen aufnehmen zu können.

Die unmittelbare Vorbereitung dieses bedeutsamen Ereignisses fiel den Juden als zentrale Aufgabe zu: die Entdeckung des »Ich«, des »höchsten Wesensgliedes« des Menschen, das göttlichen Ursprungs ist.

Nach Steiner war Abraham der erste Mensch, der das Göttliche nicht außerhalb seiner selbst, sondern in seinem Inneren erlebte.[22] Nichts anderes als dieses, im eigenen Inneren wahrgenommene Göttliche, sei der jüdische Gott YHWH gewesen.

Der Grund für diese zunächst nur den Juden vorbehaltene neue Erfahrungsmöglichkeit lag, nach Steiner, in einer besonderen physischen Organisation der alttestamentarischen »Hebräer«:

> Während die anderen Völker in den mehr oder weniger dekadenten Seelenzuständen lebten, die Erbstücke des alten atlantischen Hellsehens waren, nahmen die zum hellsichtigen Schauen des Geistes aufgerufenen Seelenkräfte beim hebräischen Volk eine andere Richtung. Sie schlugen sich gleichsam nach innen und bewirkten eine völlige Umgestaltung der leiblichen Konstitution. Alles, was beim Atlantiertum geistig-göttlich war, wirkte beim hebräischen Volk im Inneren, bildete Organe, wirkte leibgestaltend und konnte daher aufblitzen innerhalb des Blutes des hebräischen Volkes so, wie wenn alles, was der Atlantier gesehen, wenn er den hellsichtigen Blick in alle Richtungen des Raumes geschickt hat, wie wenn das aufgetreten wäre – ganz nach innen geschlagen. Im Inner-

> sten als Organbewußtsein des hebräischen Volkes, als das Jahve- oder Jehova-Bewußtsein, als das göttliche Bewußtsein im Innern. Mit seinem Blute vereint fand dieses Volk seinen Gott, der ausgebreitet war im Raum; fand sich durchdrungen, imprägniert mit dem Gotte, der im Raum ausgebreitet war, und es wußte, daß dieser Gott in seinem Inneren, in der Pulsation seines Blutes lebt. Es ist der große Gott der Welt jetzt geworden, jener Gott des hebräischen Volkes, der Gott Abrahams, Isaaks und Jakobs, der im Blute durch die Generationen rinnt.[23]

YHWH wird von Steiner nicht nur als der Gott im Inneren beschrieben, sondern wesentlich auch als »diejenige Gottheit, welche einen von außen her anschaut, von außen an den Menschen herankommt, sich in Wind und Wetter offenbart.«[24] Mit der folgenden Feststellung konnten Steiner und sein Schüler Karl König das Geheimnis der jüdischen Intellektualität lüften:

> Wenn der Mensch alles, was in der Außenwelt an Zahl, Maß und Gewicht vorhanden ist, durchdringt, nähert er sich dem Jahve-Gott. Das ist die geistige Seite dessen, was genannt wird: Der Bunde Jahves mit Abraham war so, daß dieser den Jahve oder Jehova als den die Welterscheinung draußen durchlebenden und durchschwebenden Gott verstehen konnte.
>
> Das heißt, daß nun zum ersten Mal in der Menschheitsgeschichte Göttlichkeit sich in den Elementen zu offenbaren begann und daß in diesen Offenbarungen Menschengedenken, mathematisierend, urteilend, begrifflich formulierend, göttliches und himmlisches Dasein erfassen sollte …
>
> Damit, mit dem mathematisierenden Verstand, mit der Offenbarung des Göttlichen draußen in der Welt und nicht im Seeleninneren mehr, beginnt die jüdische Geschichte.[25]

Dennoch sind es zwei, dem unbefangenen Betrachter eher widersprüchlich erscheinende Komponenten, die die Besonderheit von Juden und Judentum ausmachen: die Offenbarung YHWSs in der Außenwelt und das Erleben derselben Gottheit im Blut der Juden. Bemerkenswert an diesen Ausführungen ist vor allem, daß die Anthroposophen der quasi-rassistischen Theorie anhängen, die Juden hätten aufgrund einer besonderen physischen Organisation eine sie von anderen Menschen unterscheidende Wesensart ausgebildet. Thieben behauptet sogar, die jüdische »Blutsveranlagung« sei die Ursache dafür, daß sich das jüdische Volk »wie kein anderes« gegen das Christentum sträube.[26]

Über YHWH weiß Steiner auch noch zu berichten, daß er eine Mondgottheit sei. Die Juden hätten YHWE mit dem »geistigen Einfluß des Mondes« in Verbindung gebracht, darüber aber die geistigen Wesensheiten anderer Planeten sowie sämtlicher Naturgeister, von deren Existenz Steiner überzeugt ist, vernachlässigt. Im Zusammenhang mit dem ausschließlichen Glauben an YHWE warf Steiner den Juden vor, sie seien einer Täuschung erlegen, wenn sie die Naturgeister leugneten.[27]

Was Steiner hier gegen das Judentum vorbringt, ist nichts weniger als eine grundsätzliche Kritik am Monotheismus. Im Rahmen der anthroposophischen Interpretation von Religionsgeschichte war die Ausbildung des Monotheismus in alttestamentarischer Zeit ein wichtiger und notwendiger Zwischenschritt. Mit der Entstehung des Christentums jedoch hätte der Eingottglaube aufgegeben werden müssen.

Nach anthroposophischer Anschauung haben sich die Juden nicht auf die nächste Stufe der fortschreitenden geistig-religiösen Evolution der Menschheit entwickelt, indem sie die Annahme des »Christus-Impulses« verweigert haben, den sie selbst mit vorbereitet hatten. Um die Folgen dieser Verweigerung zu veranschaulichen, bedient sich die Anthroposophie der Sage von Ahasver:

> Ich habe schon einmal darauf aufmerksam gemacht, daß es einen wichtigen Mythos, eine wichtige Sage gibt, die vor unsere Seele hinstellt, was diejenigen Menschen erleben können, die zu tief hinuntersteigen in das Zeitliche und Vergängliche der Inkarnation. Wenn wir es uns extrem denken, können wir es vor unsere Seele stellen: Wir können uns einen Menschen denken, der da sagt: was geht mich das an, was ich alles in meinem ewigen Lebenskern hinübertrage in eine andere Inkarnation. Ich will hier mit dieser Inkarnation verwachsen sein, und was später werden soll, das kümmert mich nicht weiter. Wozu würde das führen, wenn sich diese Gesinnung radikal ausbildete? Es führt zu einem solchen Charakter, der da sitzt an einer Wegstrecke, und vorüber geht einer der großen Führer, die die Wege weisen für die Menschheit. Wer aber so nichts wissen will für die Zukunft, der stößt einen solchen Lehrer, einen solchen großen Menschenführer zurück: Nichts will ich von dir wissen, der du meinen Wesenskern in künftigen Inkarnationen dahin führen willst, wo die Menschheit vervollkommnet sein wird. Ich will verwachsen mit der gegenwärtigen Gestalt, die ich jetzt habe! – Ein solcher Mensch, der einen solchen Menschenführer zurückweist, wird wiedererscheinen in derselben Gestalt. Und wenn dieselbe Gesinnung dann wieder ebenso in ihm ist, so wird er auch in der folgenden Inkarnation die Menschenführer von sich weisen, und er wird immer wieder in derselben Gestalt erscheinen. Und wenn andere Menschen, welche auf die großen Führer der Menschheit hören und die Seele mit dem ewigen Wesenskern bewahren, in einer vorgeschrittenen Rasse wiedererscheinen, so wird der, der von dem großen Lehrer nichts hat wissen wollen, der den großen Menschheitsführer von sich stößt, immer in derselben Rasse wiedererscheinen, weil er nur die eine Gestalt hat ausbilden können. Das ist die tiefere Idee des Ahasver, der immer in derselben Gestalt wiederkehren muß, weil er die Hand des größten Führers, des Christus, von sich gewiesen hat. So ist die Möglichkeit für den Menschen vorhanden, mit dem Wesen einer Inkarnation zu verwachsen, den Menschheitsführer von sich zu stoßen, oder aber die Wandlung durchzumachen zu höheren Rassen zu immer höherer Vervollkommnung.[28]

Die ihnen durch das »Mysterium von Golgatha« gegebene Möglichkeit zum Seelenaufstieg haben die Juden also durch das Festhalten am alttestamentarischen Glauben versäumt. Dieses Versäumnis ist nach Ansicht Thiebens auch ein

Opfer für das Christentum gewesen, denn: »Hätte das Judentum als ganzes Volk Christus anerkannt, so hätte dem noch jungen Menschheitsimpuls die eminente Gefahr gedroht, von den mächtigen spirituellen Blutskräften des Judentums einfach aufgesaugt zu werden; das Christentum wäre das geworden, wofür man es am Anfang wirklich hielt – eine jüdische Sekte, unannehmbar für die anderen blutsfremden Völker.«[29]

Unabhängig von dieser Interpretation Thiebens führt der bereits erwähnte anthroposophische Theoretiker Karl König in seinen Adventvorträgen aus dem Jahre 1965 die nationalsozialistische Judenvernichtung auf die Schuld der Juden an Jesu Kreuzigung zurück. So wie die Juden dem Erlöser ihre Anerkennung verweigerten und ihn hinrichten ließen, so verleugneten die Nationalsozialisten die erneute Erscheinung Christi »im Ätherischen«, die laut Steiners Interpretation einiger Stellen im Neuen Testament in den 1930er Jahren stattfand, und ermordeten Millionen Juden. Bei Karl König liest sich dieser logische Zusammenhang wie folgt:

> Man kann es gar nicht anders sagen, als daß nun diejenigen, die in den Hochöfen von Polen und Bayern und Österreich verbrannt wurden, daß diejenigen durch ihren Opfertod Zeugenschaft ablegten für das Kommen des Christus in den Wolken, für das Erscheinen des Menschensohnes im Aetherraum der Erde. Die Vorzeichen haben sich umgekehrt: Die Pharisäer und Sadduzäer, Herodes und Ponti Pilati, sie trugen alle arische Leiber, deutsche Gewänder, braune Hemden. Das sind die Juden unserer Zeit geworden, die Verleugner jenes gewaltigen Ereignisses, das sich im Aetherischen vollzogen hat. Dieses Ereignis mußte sein Judas-Schicksal auf Erden finden und es ist gefunden worden.[30]

Nach dieser Theorie war die Schoa unausweichlich, ja sogar ein Bestandteil der kosmischen Ordnung, die nun einmal Opfer fordert: »Niemals wird es gelingen durch Gerichtsverhandlungen jene Taten zu richten oder zu sühnen. Denn es sind Taten, gleich der des Judas; Taten die geschehen mußten. Und der, der sie tat, ist ja viel schlimmer daran als diejenigen, die sie erleiden mußten (!). Nicht, daß das Entschuldigung oder Mitleid für diejenigen wäre, die vom Schicksal ausersehen waren, Untäter zu sein. Das ist nicht gemeint; es ist aber aus der großen Perspektive des Menschendaseins zu erkennen, es zu begreifen und sich demütig vor diesem Schicksal zu beugen: das ist es, worum es geht.«[31]

1 Gesamtausgabe (GA), 3. Auflage 1984, 31, S. 200
2 GA., 31, S.200
3 GA., 31, S. 199-200
4 GA., 31, S. 201
5 Dreyfus-Briefe, GA., 31, S. 277-281
6 Zolas Schwur und die Wahrheit über Dreyfus, GA., 31, S. 230
7 Der Wissenschaftsbeweis des Antisemitismus, Verschämter Antisemitismus, Zweierlei Maß in: GA., 31, S. 393-420
8 GA., 31, S. 412
9 GA., 193, S. 56
10 GA., 193, S. 56
11 GA., 193, S. 56-57
12 GA., 353, S. 202
13 Karl Heyer: Wenn die Götter den Tempel verlassen. In: Wesen und Wollen des Nationalsozialismus, 3. Auflage, Basel 1991
14 ebenda
15 GA., 353, S. 78
16 Karl Heyer: Wenn die Götter den Tempel verlassen. In: Wesen und Wollen des Nationalsozialismus, 3. Auflage, S. 208-9, Basel 1991
17 ebenda
18 ebenda
19 GA., 353, 200-1
20 Karl Heyer, a.a.O.
21 ebenda
22 GA., 353, S. 72
23 R. Steiner in einem Vortrag vom 2.9.1910, in: Ludwig Thieben: Das Rätsel des Judentums, S. 61. Vergleiche auch GA., 121, S. 113-114
24 Steiner in einem Vortrag vom 9.11.1909 in: (Hg.) C. Pietzner, A. Roth, P. Roth: 3 Vorträge im Advent, 1965: K. König: Geschichte und Schicksal des jüdischen Volkes., Schweiz 1986, S. 9
25 ebenda
26 Ludwig Thieben: Das Rätsel des Judentums, S. 164
27 GA., 353, S. 196
28 Rudolf Steiner, Vortrag vom 16.5.1908, in GA., 102, S. 173-4
29 Ludwig Thieben: Das Rätsel des Judentums, S. 142
30 K. König: Geschichte und Schicksal des jüdischen Volkes., Schweiz, 1986, S.40
31 ebenda, S. 29

Marina Sassenberg

»Lieber ferner Freund!«

Zum Briefwechsel Julie Braun-Vogelstein und Jisrael Neumark (1967-1971)

Vor dreißig Jahren veröffentlichte die New Yorker Kunsthistorikerin und Schriftstellerin Julie Braun-Vogelstein ihre Erinnerungen unter dem Titel »Was niemals stirbt«.[1] Wenig später, im August 1967, erhielt die aus Stettin stammende und 1936 in die USA emigrierte Tochter eines westfälischen Rabbiners zum ersten Mal Post aus Hasorea, einem Kibbuz in Israel. Absender: Jisrael Neumark, 1913 in Duisburg geborener Historiker und seit 1936 Kibbuzmitglied. Er hatte ihre Autobiographie gelesen und war fasziniert von der Schilderung ihres Lebens im Kreis von Sozialisten und Intellektuellen, ihren Erinnerungen an Heinrich und Lily Braun, an Eltern, Geschwister und Freunde. Es entwickelte sich ein reger Briefwechsel, der erst mit dem Tod Julie Braun-Vogelsteins im Jahre 1971 endete.

Vor dem zeitgeschichtlichen Hintergrund einer der politisch schwierigsten Phasen seit Gründung des Staates Israel lesen sich die Briefe als documents humanes zweier nach Verständigung suchender Menschen. Braun-Vogelsteins Reaktion auf Neumark ist zunächst zurückhaltend. Sie beschreibt ihren ersten Aufenthalt in Israel im Jahre 1959. Der Besuch in einem Kibbuz habe sie sehr beeindruckt, doch befürchte sie, »daß der große kulturelle Beitrag der aus Deutschland Stammenden in Gefahr sei, von der jungen Generation minder gewertet, wenn nicht gar abgelehnt zu werden ....«[2] Damit beginnt ein über vier Jahre andauernder Dialog, in dessen Verlauf Jisrael Neumark immer wieder die Präsenz und den Einfluß deutsch-jüdischer Kultur in Israel berührt: »... wenn Sie ein Radioprogramm in die Hand nehmen, ist der musikalische Teil vorwiegend deutschen Ursprungs.« Die Kinder im Kibbuz »führen zu Kinderfesten Grimmsche und Andersens Märchen auf, spielen oder hören Mozart, Haydn, Beethoven, Bach und Brahms (nicht Wagner!).«[3]

Julie Braun-Vogelsteins Briefe sind kurz. Auf einen ihrer Briefe kommen häufig zwei aus Hasorea. Diese fordert sie jedoch mit sanfter Deutlichkeit ein, betont immer wieder die Wichtigkeit des »Gesprächs«. Schon eine 14tägige Pause wirkt auf sie »störend beunruhigend«.[4] Die 84jährige wird dem dreißig Jahre jüngeren Kibbuznik zur »mütterlichen Freundin«. Sie hört ihm zu, fragt nach, interessiert an allem, was das Leben im Kibbuz ausmacht.

Jisrael Neumark wird unmittelbar nach seiner Emigration Mitglied des von deutschen »Jekkes« gegründeten Kibbuz Hasorea. Den (bis heute) humanistischen Sozialisten und Kibbuznik der Gründergeneration und die amerikanische vom Sozialismus enttäuschte Schriftstellerin trennen Welten, geographisch, vor allem aber politisch. Beide fliehen 1933 aus dem nationalsozialistischen Deutschland, doch führen ihre Wege in unterschiedliche Richtungen:

die eine nach Amerika, den anderen nach Palästina. Verbunden fühlen sie sich durch die gemeinsame deutsch-jüdische Geschichte, in der es zahlreiche biographische Parallelen gibt. Als Heranwachsende genießen beide eine Erziehung in einem rabbinischen Elternhaus, teilen das Erlebnis der Jugendbewegung, die politische Hinwendung zum Sozialismus. Beide fühlen sich zur Literatur hingezogen, zu Goethe vor allem, zu Archäologie und Architektur.

Klassische deutsche Literatur bedeutete in der Gesellschaft assimilierter deutscher Juden nicht nur erstrebenswertes Bildungsgut, sondern gelebten Alltag. Jisrael Neumark beschreibt die Atmosphäre in seinem Elternhaus so: »Kultur – das war Goethe, Schiller, [und die] die Bibel«[5]. Dabei »lebten wir koscher, schrieben am Schabbath nicht in der Schule und lernten zu Haus viel Hebräisch, Bibel, Talmud. Eine besondere Note brachte in unser Milieu die lebendige Begegnung mit dem Ostjudentum, das im Industriegebiet besonders stark war. Mit tiefem Verständnis für volkstümliches Kulturgut ... chassidische Melodien und jiddisches Schrifttum – gab er [der Vater; M.S.] uns einen Einblick in diese Welt, die den meisten 'Westjuden' verschlossen blieb. Ohne Parteizionist zu sein, hatte er [ein] »lebendiges Verständnis für alles Jüdische ... und Israel war ihm tief ans Herz gewachsen.«[6]

Neben der Versicherung gemeinsamer deutsch-jüdischer Traditionen stehen in den Briefen Jisrael Neumarks vor allem aktuelle Begebenheiten im Vordergrund. Er schreibt von Theater- und Konzerterlebnissen und von Reisen, etwa über ein Beethovenkonzert in den Kreuzritterkatakomben in Akko oder Ausgrabungen am Toten Meer. Immer wieder thematisiert er dabei die politische Situation Israels und verbindet sie mit persönlichem Erleben: »... die Sorge um unsere Jungs beim Militär (diesen Monat hat auch unser Großer Reservedienst, so haben wir beide draußen!) Jedes Radio und jede Zeitung bringen Trauernachrichten, viele Bekannte dabei, und vor allem, es ist kein Ende abzusehen!« [7]

Im Mittelpunkt des Briefwechsels steht das Leben im Kibbuz, mit seinem Alltag und seinen Festen. Neumark lädt Julie Braun-Vogelstein gleichsam ein, an seinem Leben teilzunehmen, beispielsweise am Rosch ha Schana-Abend, den er am 2. Oktober 1970 so beschreibt:

> Stellen Sie sich die weißgedeckten Tische, den großen Eßsaal vor, mit Wein und Obst, auch der traditionelle Apfel mit Honig. Das Essen verteilen Chawerim, alte und junge, an keinem Tisch vergessen wir, auch allen ein gutes neues Jahr zu wünschen. [...] Und dann der Abend: eine Gerichtssitzung über das alte Jahr, begleitet von gefilmten Kurzszenen aus dem Leben des Kibbuz im Jahre 5730. Wir merkten nicht, wie die Stunden vergingen, über Mitternacht hinaus. [...] Selten genießen so verschiedene Menschen gemeinsam ein so vielseitiges Programm (bis zu »Hair«!) ...

Die Briefe zeichnen ein facettenreiches Bild gelebter Kibbuztradition, beginnend mit den Schwierigkeiten der Bewässerung, über Diskussionen um die kollektive Kindererziehung, Einsatz von Lohnarbeitern, seine Tätigkeit als Kibbuzredakteur, bis zu Vorträgen in Jerusalem und der Gastfreundschaft marokkanischer Juden. Diese Tradition wurde zum großen Teil von den Jekkes geprägt, den deutschen Einwanderern, die nach 1933 aus dem nationalsozialistischen Deutschland fliehen mußten. Mit berechtigtem Stolz weist Neumark auf deren Pionierleistungen hin, die auch seine eigenen sind:

> Wir kamen hier vor 31 Jahren in eine Gegend am Carmelrand im Jesreeltal, außer wenigen Feigen und Olivenbäumen nur primitiv bearbeitete Getreidefelder und stachelige wilde

Zwergbüsche, hier und da an Winterbächen Oleandersträuche [...]. Heute haben wir in den Bergen ein durchgehendes Waldgebiet von Hunderttausenden von Bäumen, Aleppokiefern, Zypressen, Johannisbrotbäumen.[8]

Das Land wie auch die Kibbuzbewegung haben sich verändert. Jisrael Neumark betont, daß er ihre Entwicklung aus heutiger Sicht nicht mehr so eindeutig positiv beurteilen würde wie in jener Zeit, in der der Briefwechsel entstand. Viele, vor allem junge Leute, kehrten dem Kibbuz den Rücken. Und auch der technische Fortschritt erforderte bei den heute 280 Kibbuzim durchweg einen dramatischen Strukturwandel. Neumark hat die Kibbuzbewegung jedoch immer auch als veränderbar verstanden, als dialogisches Gefüge der Generationen, das anpassungsfähig auf gesellschaftliche und wirtschaftliche Herausforderungen reagieren kann. Deshalb mündet sein Resümee von sechzig Jahren erlebter Kibbuzbewegung in einem »Trotzdem«, das den Glauben an die Zukunft, an »wichtige Änderungen und (den) lebendigen Ausdruck der neuen Generation« miteinschließt.[9]

Der vollständige Briefwechsel befindet sich im Leo Baeck Institute, New York, Kopien davon bei Jisrael Neumark, Kibbuz Hasorea/Israel und Marina Sassenberg/Duisburg.

Anmerkungen

1 Stuttgart 1966
2 JBV an JN am 15. August 1967
3 JN an JBV am 26. August 1967
4 JBV an JN am 30.3.1970
5 JN an JBV am 7. Oktober 1967
6 JN an JBV am 28. November 1970
7 JN an JBV am 6. Mai 1969
8 JN an JBV am 7. Oktober 1968
9 Jisrael Neumark an Marina Sassenberg am 15.4.94

Uffa Jensen

Sigmund Freud – der neuzeitliche Erzketzer des Judentums?

Yosef Hayim Yerushalmi über Freuds »Moses«

Im Modernisierungsprozeß der europäischen Gesellschaft ist jüdischer Selbstdefinition der Gegenstand zunehmend fragwürdig geworden. Mit dem Weg aus den Ghettos begann für viele Juden auch der Weg ins eigene Ich. Trotz aller Anpassung oder gar Assimilation blieb oft die Frage, wie sich Jüdischsein mit der Moderne vereinbaren ließe. Man reformierte die jüdische Religion, man entwickelte einen jüdischen Nationalismus, sprach von jüdischer kultureller Autonomie, entdeckte die hebräische Sprache wieder. Aus der eher einheitlichen traditionellen Identität entstanden seit dem letzten Jahrhundert jüdische Identitäten.

Die Psychoanalyse wie auch ihr Begründer Sigmund Freud sind nur selten in diesem Zusammenhang gesehen worden, galt doch diese Wissenschaft als Produkt der Assimilation, deren Ziel eben nicht die Neudefinition jüdischen Lebens war. Zwar ist der Tatsache, daß Freud und nahezu alle seiner Weggefährten Juden waren, Rechnung getragen worden, doch scheint man dem, insbesondere im Falle Freuds, vornehmlich biographische Bedeutung beigemessen zu haben.

Die Untersuchung von Yosef Hayim Yerushalmi zur letzten Schrift Freuds »Der Mann Moses und die monotheistische Religion« geht einen anderen Weg. Sie stellt die Arbeit von 1939 in den Zusammenhang jüdischer Identitäten in der Moderne und fragt dabei nach der Bedeutung dessen, was Freud sein »gottloses Judentum« genannt hat.

Es mag verwundern, daß ein Historiker sich in die psychoanalytische Domäne der Freud-Forschung begibt, zumal wenn er dies, wie es bei Yerushalmi der Fall ist, mit einem für ihn neuen Forschungsgebiet – der modernen jüdischen Geschichte Mitteleuropas – verbindet. Der Historiker an der Columbia University in New York hatte bisher zumeist Arbeiten über das sephardische Judentum und über jüdische Geschichtsschreibung veröffentlicht. Die Hinwendung zu »Freuds Moses« erörtert er im Vorwort. Sein Leitinteresse gilt dabei den Formen des modernen jüdischen Historismus als einer »Suche nach dem Sinn des Judentums und nach der jüdischen Identität auf der Grundlage einer radikalen Neubetrachtung der jüdischen Vergangenheit«.[1]

Yerushalmi erläutert auch, was ein Historiker zu der vertrackten Diskussion über »Der Mann Moses« beitragen kann. Er möchte sich abgrenzen gegen die vorherrschende Sichtweise der Forschung, in welcher »Der Mann Moses« vornehmlich als psychologische Autobiographie Freuds gelesen und, in einer Art wilden Analyse, Freud gegen Freud gewendet werde. Dem Historiker Yerushalmi geht es dagegen um die bewußten Beweggründe, mit deren Hilfe sich Freuds Spätschrift in eine folgerichtige biographische Entwicklung einordnen ließe.

Es gebe, so meint auch Yerushalmi, gute Gründe, Freuds »Der Mann Moses« vor allem biographisch zu lesen. Die formalen Unzulänglichkeiten, die merkwürdige Entstehungsgeschichte, die ethnologischen und historischen Fragwürdigkeiten und Freuds zeitweilige Identifikation mit der Figur Moses ließen das Werk als einen »zerklüfteten Steinbruch« (Grubrich-Simitis) erscheinen, dessen »autonomous subplot of personal history« (Bergmann) daher in den Blickpunkt gelangen müsse. Dies müsse aber nicht zwangsläufig mit psychoanalytischen Methoden geschehen, sondern könne auch mit historisch-kritischen erfolgen.

Die Mängel der bisherigen Forschung zu »Der Mann Moses« liegen für Yerushalmi auf der Hand. »Der Mann Moses« sei hierbei als Ausdruck eines ödipalen Konflikts Freuds (Robert), eines Verzichts auf seine jüdische Identität oder eines jüdischen Selbsthasses (Ricoeur, Oring) verstanden worden. Die Konzentration auf Themenkomplexe wie Freuds familiären Hintergrund und das Verhältnis zu seinem Vater, die man besonders bei Robert und bei Krüll finden könne, möge interessante Spekulationen initiieren. Dies Verfahren sei aber aufgrund der fehlenden und doch unerläßlichen Daten aus Freuds Kindheit und seinem Sexualleben fragwürdig.

Freuds eigene Äußerungen über seine jüdische Identität waren von großer Seltenheit, lassen sich zumeist nur in privater Korrespondenz finden und waren zudem eher verschleiernd denn aufklärend. So schrieb er 1930 im Vorwort zur hebräischen Übersetzung von »Totem und Tabu«:

> Keiner der Leser dieses Buches wird sich so leicht in die Gefühlslage des Autors versetzen können, der die heilige Sprache nicht versteht, der väterlichen Religion – wie jeder anderen – völlig entfremdet ist, an nationalistischen Idealen nicht teilnehmen kann und doch die Zugehörigkeit zu seinem Volk nie verleugnet hat, seine Eigenart als jüdisch empfindet und sie nicht anders wünscht. Fragt man ihn: Was ist an dir noch jüdisch, wenn du alle diese Gemeinsamkeiten mit deinen Volksgenossen aufgegeben hast?, so würde er antworten: Noch sehr viel, wahrscheinlich die Hauptsache. Aber dieses Wesentliche könnte er gegenwärtig nicht in klare Worte fassen.[2]

Yerushalmi erklärt die Seltenheit solcher Äußerungen sowie deren verschleiernden Charakter einleuchtend mit dem Unbehagen Freuds, die ohnehin umstrittene Psychoanalyse als eine jüdische nationale Angelegenheit erscheinen zu lassen. Sein eigenes Jüdischsein sollte seiner Wissenschaft nicht den Vorwurf unwissenschaftlicher Partikularität einbringen.

Ende der 30er Jahre war aber gerade dies mit dem Erfolg des Nationalsozialismus, dem Anschluß Österreichs und dem fortschreitenden Zusammenbruch der Psychoanalyse in Wien und Berlin der Fall. In dieser Situation habe, so argumentiert Yerushalmi, Freud es für unausweichlich gehalten, die von ihm bis dato eher beiläufig behandelte Frage anzugehen – die Frage nach seiner jüdischen Identität.

> Angesichts der neuen Verfolgung fragt man sich wieder, wie der Jude geworden ist und warum er sich diesen unsterblichen Haß zugezogen hat.[3]

Auch wenn in »Der Mann Moses« zumeist eine weitgehende Zurückhaltung, dieses Thema direkt zu behandeln, hervorsteche, sei dies dennoch die zentrale Thematik des Werkes.

Freud greift in »Der Mann Moses« seine klassische Definition der Religion als massenpsychologische Neurose, welche sich in »Totem und Tabu« und in »Die Zukunft einer Illusion« finden läßt, auf. Wie sich in der Menschheitsentwicklung der Monotheismus herausformte, hatte Freud zusammenfassend mit einem Prozeß beschrieben, an dessen Ende die »Wiederkehr des einen, einzigen, unumschränkt herrschenden Vatergottes«[4] stehe.[5]

Es lassen sich allerdings bei diesem Prozeß zwei bemerkenswerte Veränderungen aufzeigen, wie in »Freuds Moses« dargelegt wird. Im Gegensatz zu seinen früheren Schriften schreibe Freud, so stellt Yerushalmi fest, der Religion nun eine historische Wahrheit zu, die in der Wiederkehr des verdrängten Urmordes zu sehen sei.

Außerdem – und dies ist die zweite Abweichung – bewege er sich in »Der Mann Moses« von dem vorhistorischen Gebiet des Psychoanalytikers in den quellenkritischen Raum des Historikers.

> Der Mann [Moses, U.J.] und die von ihm gegründete Religion gehören in die geschichtliche Zeit und sind daher zu Recht der unerbittlichen Forderung des Historikers nach konkreten historischen Beweisen unterworfen [...] Zum ersten Mal galt es, eine psychoanalytisch entdeckte Wahrheit mit historischen Fakten jenseits der Psychoanalyse zu untermauern.[6]

Yerushalmi weist zu Recht darauf hin, daß die Schrift in ihrer äußeren und inneren Struktur darunter leide, »ein erschreckend großartiges Bild auf einem tönernen Fuß« zu sein, wie Freud selbstkritisch über seine Abhandlung meinte.

Yerushalmi verfolgt im wesentlichen zwei Argumentationslinien, die in der Forschung über »Der Mann Moses« als neu zu gelten haben und eine produktive Diskussion über Freuds jüdische Identität und deren Verbindung zur psychoanalytischen Wissenschaft veranlassen sollten.[7]

Zum einen weist er überzeugend nach, wie man Freuds Beschäftigung mit der Figur Moses in eine biographische Kontinuität einbetten kann. Ausgangspunkt seiner Überlegungen ist die bis dato sträflich ignorierte hebräische Widmung in der Philippsohn-Bibel, mit welcher Freud als Kind die Bibel kennenlernte und die sein Vater ihm zum 35. Geburtstag schenkte. Die Widmung sei ein kunstvoller Appell des Vaters an seinen Sohn, zu der jüdischen Tradition zurückzukehren und die Heilige Schrift erneut zu studieren. Es ist ein wichtiger Verdienst Yerushalmis, diese Widmung als erster quellenkritisch bearbeitet und im Anhang veröffentlicht zu haben. Eine Stelle aus »Der Moses des Michelangelo« wird im folgenden als ein Hinweis auf ein Schuldgefühl gegenüber dem Vater interpretiert, das bei Freud durch den Verlust der jüdischen Identität, welche der Vater verkörpere, verursacht worden sei. »Der Mann Moses« erscheint in diesem Zusammenhang nun als eine Rückkehr zu den Texten der jüdischen Tradition. Yerushalmi hält dieses für einen nachträglichen Gehorsam gegenüber dem Vater, wenn dieser sich auch in einer eigenwilligen, eben Freudschen Art und Weise artikuliere.

> Erst jetzt erkannte Freud im Rückblick die volle Auswirkung der Bibellektüre auf sein Leben und war bereit, sich dazu zu bekennen. In diesem Sinne bedeutet »Der Mann Moses« nun endlich die Erfüllung des väterlichen Auftrags bzw. [...] einen Fall von nachträglichem Gehorsam. [...] Meine These ist also, daß die Auflösung der Schuld [...] einen psychologischen Sieg darstellt. Dadurch, daß er »Der Mann Moses« schreibt, gehorcht er nachträglich dem Vater. [...] Gleichzeitig bewahrt er sich durch seine Interpretation die Unabhängigkeit vom Vater.[8]

Yerushalmi weist damit allen Interpretationen, die Freuds Schrift als letzten Identitätsbruch oder gar als Selbsthaß deuten wollen, einen Platz im Reich der psychoanalytischen Mythen zu und unterstreicht den versöhnlichen Charakter der Arbeit.

Der zweite neue Ansatz von »Freuds Moses« geht weit über biographische Aspekte der Freud-Forschung hinaus und tangiert vielmehr die Stellung des Werkes im Prozeß moderner jüdischer Selbstdefinition. In der »Wiederkehr des Verdrängten« liest Yerushalmi einen erstrangigen Schlüssel zu Freuds Identität als »gottloser Jude«.

Über die »Wiederkehr des Verdrängten« unter den Juden hatte Freud geschrieben:

> Das Schicksal hatte dem jüdischen Volk die Großtat und Untat der Urzeit, die Vatertötung, nähergerückt, indem es dasselbe veranlaßte, sie an der Person des Moses, einer hervorragenden Vatergestalt, zu wiederholen.[9]

Mit Hilfe dieser »Wiederkehr des Verdrängten« habe sich die »Mosesreligion« durchgesetzt. Sie, die durch Beschneidung und Auserwähltheit nach außen abgegrenzt sei, verkörpere vornehmlich eine Religion des Triebverzichts, welche sich auf das Schuldgefühl für den uneingestandenen Vatermord gründete.

> In einem Rausch moralischer Askese legte man sich immer neue Triebverzichte auf und erreichte dabei wenigstens in Lehre und Vorschrift ethische Höhen, die den anderen alten Völkern unzugänglich geblieben waren.[10]

Die hier bereits angedeutete Charakteristik des »jüdischen Wesens« nuanciert Freud, wenn er die Folgen des mosaischen Bilderverbots beschreibt.

> Durch das mosaische Verbot wurde Gott auf eine höhere Stufe der Geistigkeit gehoben. [...] Alle solchen Fortschritte in der Geistigkeit haben den Erfolg, das Selbstgefühl der Person zu steigern, sie stolz zu machen, so daß sie sich anderen überlegen fühlt, die im Banne der Sinnlichkeit verblieben sind. [...]. Die Juden behielten die Richtung auf geistige Interessen bei, das politische Unglück der Nation lehrte sie, den eigenen Besitz, der ihnen geblieben war, ihr Schrifttum, seinem Werte nach einzuschätzen.[11]

Es ließe sich also mit Freud konstatieren, daß Moses die jüdische Religion und damit im eigentlichen Sinne die Juden geschaffen habe.

Im Zusammenhang damit sieht Yerushalmi in der Freudschen »Mosesreligion« eine doppelte Auserwähltheit der Juden begründet. Zum einen habe Moses sie im eigentlich wörtlichen Sinne auserwählt. Zum anderen seien sie in einem tieferen Sinne auserwählt, »weil nur bei den Juden das Verdrängte auch tatsächlich wiederkehrte«[12]. Bergmann hat dies an anderer Stelle unterstrichen:

> Freud deprived the Hebrews of their discovery of monotheism but restored them psychologically to a central position: for among them the repressed returned with fateful results for the spiritual history of mankind.[13]

Die besondere psychische Eignung der Juden, das Verdrängte wiederkehren zu lassen, verweise auf das bedeutsamste theoretische Problem von »Der Mann Moses«. Dies sei die Frage, wie man eine verdrängte Tradition kollektiv über Generationen erinnern und damit eine Wiederkehr ermöglichen könne. Das meine aber nichts anderes als die Schwierigkeit der Kluft, die zwischen der individualpsychologischen Analogie der Neurose und dem massenpsychologischen Phänomen der religiösen Überlieferung bestehe.

Eine mündliche Tradierung hatte Freud ausgeschlossen:

> Eine Tradition, die nur auf Mitteilung gegründet wäre, könnte nicht den Zwangscharakter erzeugen, der den religiösen Phänomenen zukommt.[14]

Demgemäß hatte Freud festgestellt:

> Ich meine, die Übereinstimmung zwischen dem Individuum und der Masse ist in diesem

Punkt eine fast vollkommene, auch in der Masse bleibt der Eindruck der Vergangenheit in unbewußten Erinnerungsspuren erhalten.[15]

Diese Lehre einer »archaischen Erbschaft« sei die radikalste Formulierung des Freudschen Psycho-Lamarckismus, welchen er bereits 1915 in »Überblick der Übertragungsneurosen« entwickelt habe.

Mit dieser These sei im Falle von »Der Mann Moses« nichts Geringeres gemeint, als daß eine Vielzahl historischer Ereignisse im genetischen Material einer definierten Gruppe traumatisch eingeschrieben, verdrängt und erinnert werde. Dies geschehe innerhalb weniger Jahrhunderte und beziehe sich, neben den historischen Tatsachen, auch auf konkrete Inhalte der »Mosesreligion«.

Selbst der überzeugteste Freudianer werde dies abwegig finden, womit die Frage bleibe, warum Freud an einer theoretisch so brisanten Stelle so weit gehe. Dies werde eher einleuchten, so unterrichtet uns Yerushalmi, wenn man an dieser Stelle auf Freuds Suche nach seiner Identität und damit auf das eigentliche Thema von »Der Mann Moses«, nämlich »wie der Jude geworden ist«, verweise.

> Was ist denn, ins Jüdische dekonstruiert, der Lamarckismus anderes als das starke Gefühl, daß man, ob man will oder nicht, im Grunde nicht aufhören kann, Jude zu sein, und zwar nicht nur angesichts von Antisemitismus und Diskriminierung [...], sondern weil das eigene jüdische Schicksal vor langer Zeit durch die Väter bestimmt wurde, weil man im Blut hat, was man am tiefsten und dunkelsten empfindet.[16]

Yerushalmi legt überzeugend dar, daß Freud auf der Suche nach seiner Identität eine ganz eigene Antwort gefunden habe.

> »Der Mann Moses« dürfte für ihn endlich die Antwort auf die so lange unlösbaren Fragen gewesen sein, wieso er bei aller Gottlosigkeit immer noch so jüdisch war [...].[17]

Zwar erkannte Freud die Bedeutung, welche die jüdische Religion für das »jüdische Wesen« gespielt habe. Diese sei jetzt aber für ihn überflüssig geworden. Er könne ein endliches Judentum von einem unendlichen trennen:

> Wenn nämlich ein »Volkscharakter« wirklich 'unabhängig von direkter Mitteilung und von dem Einfluß der Erziehung durch Beispiel' übermittelt werden kann, so heißt das, daß »Jüdischsein« unabhängig von »Judentum« weitergegeben werden kann, daß ersteres unendlich ist, selbst wenn letzterem ein Ende bereitet werden sollte.[18]

Freud enthebe das »jüdische Wesen« des Religiösen und stelle es auf eine säkularisierte, psychoanalytische Stufe. Er formuliere somit seine Idee, was ein »gottloser Jude« sei.

Yerushalmi stellt in diesem Zusammenhang die These auf, daß eben jene Idee eine »neue Thora« verkörpere.

> Man könnte vielleicht sogar behaupten, Freud sei ein besserer Kandidat für die Rolle des neuzeitlichen Erzketzers des Judentums als Spinoza. Denn dessen »Theologisch-politischer Traktat« enthält zwar eine Demontage der biblischen Geschichtsauffassung, löst sich dann aber von diesem Thema los. Weitaus gefährlicher bietet »Der Mann Moses« dagegen ... eine unmittelbare Alternative, eine neue Thora mit der Apotheose des Moses, der an Gottes Stelle tritt.[19]

Dies erlaubt es Yerushalmi schließlich, eine sehr weitgehende Spekulation über das Verhältnis von Psychoanalyse und Judentum zu äußern.

> Ich glaube, daß Sie [d.i. Freud, d. Verf.] im tiefsten Herzen davon überzeugt waren, daß die Psychoanalyse selbst eine weitere, wenn nicht die letzte, verwandelte Ausprägung des Judentums ist, welche, aller illusorischen reli-

> giösen Formen entkleidet, die entscheidenden monotheistischen Merkmale bewahrt, wenigstens in dem Sinne, wie Sie sie verstanden und geschildert haben.[20]

Der Untersuchung von Yerushalmi ist im positiven Sinne eine intellektuelle Gratwanderung. Die als Vorlesungen konzipierten Aufsätze sind reich an Einfällen und Spekulationen, mit denen es durchaus gelingt, einen neuen, weil historischen Blick auf die letzte Schrift Freuds zu werfen. Sie enthalten eine Vielzahl bemerkenswerter Überlegungen zum Komplex der jüdischen Identität Freuds, die nur zu oft in einem Widerspruch zur bisherigen Forschung stehen. Da dies in den meisten Fällen befruchtend wirken sollte, sind wohl einzelne, zu spekulative Thesen Yerushalmis, etwa über Freuds vermeintliche Hebräisch-Kenntnisse, oder gelegentliche Abschweifungen verzeihlich.

Yosef Hayim Yerushalmi: Freuds Moses – Endliches und unendliches Judentum, übersetzt v. Wolfgang Heuß, Verlag Klaus Wagenbach, Berlin 1992, 192 S., 10 Abb.

Anmerkungen

1 Yerushalmi, Freuds Moses, S. 17.
2 Zitiert nach: Ebenda, S. 33.
3 Freud und Arnold Zweig, Briefwechsel, S. 102.
4 Vgl. Freud, Studienausgabe, Bd. IX, S. 529 ff.
5 Ebenda, S. 532.
6 Yerushalmi, Freuds Moses, S. 42.
7 Yerushalmi hält eine solche Verbindung durchaus für möglich und grenzt sich dabei von Peter Gays Arbeiten ab, der jeglichen Einfluß des jüdischen Milieus Wiens auf die Entstehung der Psychoanalyse verneint. Seiner Meinung nach müssen solche Überlegungen die Psychoanalyse nicht zwangsläufig, wie Gay befürchtet, als unwissenschaftlich erscheinen lassen.
8 Yerushalmi, Freuds Moses, S. 112/ 113.
9 Freud, Studienausgabe, S. 536.
10 Ebenda, S. 579.
11 Ebenda, S. 560/ 561. Diese Sätze stehen in dem Kapitel »Der Fortschritt in der Geistigkeit«, welches Freud für so wichtig hielt, daß er es 1938 auf dem 15. Internationalen Psychoanalytischen Kongreß von seiner Tochter Anna verlesen ließ.
12 Yerushalmi, Freuds Moses, S. 60.
13 Bergmann, Moses and the Evolution of Freud's Jewish identity, S. 134/ 135.
14 Freud, Studienausgabe, S. 548.
15 Ebenda, S. 542.
16 Yerushalmi, Freuds Moses, S. 55. So schrieb Freud 1932 in einem Brief an Zweig über Israel (in: Freud und Zweig, Briefwechsel, S. 51/ 52.) »[...] wir stammen von dort, unsere Vorfahren haben dort vielleicht ein halbes Jahrtausend, vielleicht ein ganzes gelebt [...] und es ist nicht zu sagen, was wir vom Leben in diesem Land als Erbschaft in Blut und Nerven [...] mitgenommen haben.«
17 Yerushalmi, Freuds Moses, S. 113.
18 Ebenda, S. 133.
19 Ebenda, S. 60.
20 Ebenda, S. 146.

Fritz Backhaus

»Ich will Zeugnis ablegen bis zum letzten«

Victor Klemperers Tagebücher 1933-1945

Victor Klemperers Lebenslauf liest sich bis 1933 wie die Erfolgsstory des assimilierten deutschen Judentums. Als Sohn eines liberalen Rabbiners 1881 geboren, arbeitete er zuerst als Journalist, schlug dann aber auf Drängen seiner Familie eine wissenschaftliche Karriere ein, die ihn 1920 auf den Lehrstuhl für Romanistik an der TH Dresden führte. Wie seine älteren Brüder, die als Ärzte oder Rechtsanwälte erfolgreich waren, trat er zum Protestantismus über.

Als »Frontkämpfer« des 1. Weltkrieges erst 1935 von den Nazis entlassen, überlebte Klemperer die Nazizeit in einer »Mischehe«. D.h. als Ehemann einer »Arierin wurde er nicht deportiert und konnte nach der Zerstörung Dresdens im Februar 1945 mit seiner Frau untertauchen. Nach dem Krieg wurde er wieder als Professor in Dresden eingesetzt, später nach Greifswald und Berlin berufen. Er trat in die KPD ein und war in den fünfziger Jahren Mitglied der DDR-Volkskammer. Bekannt wurde er in einer breiteren Öffentlichkeit durch seine 1947 veröffentlichte »Lingua Tertii Imperii«, der aus den Tagebüchern 1933 bis 1945 zusammengestellten Darstellung der nationalsozialistischen Sprache. Knapp 20 Jahre nach seinem Tode wurden 1989 relativ wenig beachtet seine in der Nazi-Zeit verfaßten Lebenserinnerungen der Jahre 1881 bis 1918 herausgegeben. Im Herbst 1995 folgte dann, wie die Kritik fast einmütig feststellte, das »Jahrhundertwerk«: die Veröffentlichung seiner Tagebücher der Jahre 1933 bis 1945. Der Erfolg dieses Werkes ist mittlerweile ein Phänomen eigener Art geworden. Innerhalb weniger Monate wurden bereits mehr als 100 000 Exemplare verkauft. In München lasen die Schauspieler der Kammerspiele die gesamten 1500 Seiten in sieben Tagen. Der Zuspruch war so groß, daß sich bereits in anderen Städten Nachahmer dieses »Rituals« fanden.

Für die geradezu euphorische Reaktion der Kritik ist das Urteil der »Zeit« über die Tagebücher charakteristisch: Sie »stellten alles in den Schatten, was jemals über die Zeit des Nationalsozialismus geschrieben wurde«. Um die erste Deutung der Tagebücher durch Martin Walser, der die Laudatio zur postumen Verleihung des Geschwister-Scholl-Preises an Victor Klemperer hielt, entspann sich jedoch auch eine, wenn auch sehr bescheidene Kontroverse. Walser wurde »Deutschtümelei« vorgeworfen. Sigrid Löffler kritisierte, daß er »fast seine ganze Laudatio dem Versuch gewidmet hätte, Klemperer als Deutschen zu vereinnahmen und zum Kronzeugen für Walsers eigenes 'Wunschdenken' zu machen, das Projekt der jüdischen Assimilation in Deutschland sei mit Auschwitz nicht endgültig gescheitert, sondern dürfe sich an Klemperers ungebrochenem 'Kulturvertrauen' wieder hochranken«. Der Disput brach schnell ab, da Walser viel differenzierter, als seine Kritiker darstellten, über eine wesentliche Seite Klemperers nachdachte: Sein Deutschtum und das Selbstverständnis des assimilierten und gesellschaftlich erfolgreichen deutschen Judentums.

Eine recht ungewöhnliche Perspektive auf Victor Klemperer entwickelte Friedrich Karl Fromme in mittlerweile drei Besprechungen in der »FAZ«, die kaum die Tagebücher der Nazi-Zeit selbst, dafür um so mehr den Aufbau-Verlag und den Herausgeber Walter Nowojski als Repräsentaten des DDR-Literaturbetriebes ins Visier nahmen. Erster Ansatzpunkt war die Tatsache, daß die Tagebücher der Zeit Juni bis Dezember 1945 separat vom Dresdener Geschichtsverein veröffentlicht wurden und in die Ausgabe des Aufbau-Verlags nicht mehr aufgenommen wurden. Fromme gelang es dabei, das Schicksal Klemperers in der Nazizeit zu »viel Unbill« zu reduzieren. »Von seinem Lehrstuhl wurde er vertrieben. Er wurde für einfache Arbeiten dienstverpflichtet. Sein Haus wurde ihm genommen. Er mußte schießlich den Judenstern tragen. Aber deportiert wurde er nicht. Die von britischen Bombern besorgte Zerstörung Dresdens am 13/14. Februar 1945 mag für Klemperer, so bitter es klingt, die Rettung bedeutet haben.« Für Fromme sind die Tagebücher 1933-45 »sicherlich eine interessante Lektüre«, da Klemperer seine »prekäre Situation in der Zeit des Nationalsozialismus... nicht in Bitterkeit umgesetzt habe«, »überaus spannend« wird es für ihn aber erst mit den Tagebüchern Juni bis Dezember 1945, offensichtlich vor allem, da sie die bohrende Frage ermöglichen, warum der Aufbau-Verlag diese Tagebücher mit ihren kritischen Bemerkungen zum Kommunismus nicht mehr in seine Edition aufgenommen habe. Fromme selbst hält vor allem Klemperers »zaghaften Wunsch nach einem Auto« für zentral. In seinen eigenen Worten: »Das gibt es bis heute: Intellektuelle, die in der Klasse ihres Automobils die Erfüllung des Lebens und die Bestätigung ihres Status sehen.« Die ganze Perfidie dieser Beschreibung wird sichtbar, liest man dazu Klemperers Notizen, mit welchen Mühen und Kosten er im Dezember/Januar 1935 mit 54 Jahren noch Autofahren gelernt hat, um sich und seiner Frau »ein Stück Leben und Welt« wiederzugewinnen.

Fromme schafft es so – drei ausführliche Besprechungen lang –, das Thema der Tagebücher – die Nazi-Zeit – weitgehend zu umgehen, um sich auf vermeintliche oder tatsächliche Fehlleistungen Walter Nowojski und des Aufbau-Verlags zu konzentrieren und Klemperer so vor allem als »Kronzeugen« gegen ehemalige Funktionäre des DDR-Kulturbetriebs zu präsentieren.

Die allgemeine Begeisterung über Klemperers Tagebücher ist erstaunlich, wenn man ihren Umfang und unspektakulären Stil bedenkt. Sie bestehen eigentlich aus einer Kette ziemlich alltäglicher Eintragungen, interessant vor allem durch die Zeit und das persönliche Schicksal Klemperers. Geschrieben in einer sehr konzentrierten und knappen Sprache, entfaltet sich ein Protokoll des Alltags mit vielen Namen und Gesprächen, mit Berichten über Zahnarztbesuche, Krankenbulletins, die Widrigkeiten der Hausarbeit und immer wieder Zusammenfassungen der Lektüre, die Klemperer seiner Frau vorlas, ebenso wie der Werke, die er für seine Arbeit exzerpierte. Beinahe Tag für Tag folgt man Klemperer durch die zwölf Jahre Nationalsozialismus, sieht Schritt für Schritt, wie ihm seine berufliche Existenz, seine bürgerlichen Rechte, sein Haus und seine Möglichkeiten, sich in Dresden zu bewegen, einzukaufen, Bekannte und Freunde zu treffen, genommen werden. Ab 1940 werden die Wohnverhältnisse immer enger, die Angst vor der Deportation, vor dem Tod wird alltäglicher Begleiter Klemperers. Er wird – für ihn die psychisch am einschneidendsten empfundene Maßnahme – zum »Sternträger«, den jeder auf der Straße als Juden erkennen und anpöbeln kann. Ihm wird das Auto, die Schreibmaschine, das Radio, die Katze genommen. Er darf bestimmte Parks und Straßen nicht mehr betreten und wird zur Zwangsarbeit verpflichtet. Sehr genau protokolliert er die zahllosen Restriktionen, denen die Juden unterworfen werden – bis zum Verbot, Speiseeis zu kaufen. Jede Verordnung, der er ausgesetzt ist, begleitet er mit Hoffnungen, der rastlosen Suche nach Auswegen, den Befürchtungen, daß Schlimmeres bald kommt, zunehmender Verzweiflung. Klemperer beobachtet dabei seinen eigenen Alltag minutiös, was bisweilen nicht ohne Komik ist – so die eingehende Schilderung seiner Erfahrungen, als er 1935/36 Autofahren lernt und sich ein altes, gebrauchtes Auto kauft, mit dem er über Wochen täglich die Einfahrt seines Grundstückes lädiert. Ebenso nüchtern schildert er die Verfolgungsmaßnahmen, das bedrängte Zusammenleben in den sogenannten »Judenhäusern« in Dresden, nachdem er und seine Frau 1940 aus ihrem Haus in Dölzschen vertrieben wurden. Beharrlich versucht er trotz aller Bedrückungen, seine wissenschaftliche Arbeit fortzuführen. Nachdem ihm die Bibliotheken versagt wurden und er damit das Projekt einer französischen Literaturgeschichte des 18. Jahrhunderts nicht zu Ende führen kann, konzentrierte er sich bis 1942 auf seine Lebenserinnerungen, und als auch das unter den Lebensbedingungen in den »Judenhäusern« nicht mehr ging, blieb ihm schließlich nur noch die fast zwanghaft betriebene und äußerst gefährliche Fortführung seiner Tagebücher mit den Aufzeichnungen und Analysen zur Sprache des 3. Reiches. Für diese Sprachbeobachtungen besorgte er sich Nazi-Zeitungen, Hitlers »Mein Kampf« und alles, was ihm zum Teil unter nicht unerheblichem Risiko an Nazi-Veröffentlichungen greifbar war. So wird er, als die Gestapo Rosenbergs »Mythus des Zwanzigsten Jahrhunderts« bei ihm findet, minutenlang mit dem Buch auf den Kopf geschlagen. Auch wenn seine Frau die Manuskripte immer wieder zu einer befreundeten Ärztin nach Pirna brachte, um die Gefahr durch die stets drohenden Hausdurchsuchungen zu vermindern, blieb das Risiko, das Klemperer für sich und seine Angehörigen mit der Führung der Tagebücher einging, gewaltig. Die Tagebücher waren offensichtlich der »Strohhalm«, der ihm das Überleben ermöglichte.

> Wie oft habe ich in jungen Jahren den Angsttraum gehabt, hingerichtet werden zu sollen, und nun ist aus dem Angsttraum Wirklichkeit geworden, ich sehe ein Zimmer mit Galgen und Stuhl vor mir – nur eine Abwehr: mich auf die gräßliche Komik gerade des Falles Joachimsthal zu konzentrieren, mich auf das Beobachten, in den schriftstellerischen Stoff zu verbeißen, mir auf solche Weise selber den Mutigen vorzuspielen. Aber ich kann damit doch nur eine sehr dünne Eiskruste über den Angststrom ziehen, in dem ich anfallweise ersaufe. (27.Juli 1942)

In der Verfolgung bleibt Klemperer ein deutscher Philologie-Professor, der seine Umwelt gleichsam wie einen Text zu deuten sucht. Minutiös hält er Gespräche, Witze, Zeitungs- und Buchlektüre, Plakate und Parolen und, solange ihm das erlaubt war, Radioeindrücke fest und sucht – häufig ratlos – die Fragen zu beantworten, die uns heute genauso bewegen wie Klemperer. Wie weit hat der Nazismus und der Antisemitismus das »Volk« erfaßt, warum halten sich Hitler und die Nazis, was wissen die »kleinen« Leute von der

Verfolgung und Vernichtung. Durch das Nebeneinander von persönlichen und politischen Beobachtungen entsteht ebenso wie durch Klemperers strikte Beschränkung auf selbst Erlebtes oder Gehörtes eine unmittelbare Nähe zur Nazi-Zeit. Klemperers Protokolle werden zu einem »Film«, in dem Tag für Tag sein Leben im Nationalsozialismus abläuft. Da seine Einschätzungen, Schilderungen und Analysen nicht von dem Wissen um das Ende geleitet werden, bekommen die Tagebücher die filmische Unmittelbarkeit, die ihnen ihre große Faszination verleiht. Der Leser nimmt wie ein Kinozuschauer direkt teil – ohne die Sicherheit des Zuschauerraums verlassen zu müssen. Ein Beispiel:

> Gestern Tobruk von Rommel erobert, Sewastopol unmittelbar vor dem Fall. Sehr starker Eindruck. Nach Schwäche deutscherseits, nach Schluß vor dem Winter sieht es nicht aus. Und das Elend der Angst und Not geht weiter. – Einen Augenblick abends bei Steinitz. Er kommt aus Angst erst nach sieben zurück vom Friedhof; seine Frau keift auch in meiner Gegenwart mit ihm; sie kann sich außerdem nicht genugtun in Verachtung der Engländer und Überzeugtheit vom Endsiege Hitlers. Sehr unerquickliche Minuten.
> Herzls »Judenstaat« mit gemischten Gefühlen gelesen. An das ganz undeutsche Wesen des Nationalsozialismus kann ich nicht mehr glauben; er ist ein deutsches Eigengewächs, ein Karzinom aus deutschem Fleisch, eine Spielart des Krebses, wie es eine spanische Grippe gibt.
>
> Gegen Mittag
> Wenn Eva fortgeht, ist der Abschied jetzt immer sehr zärtlich, sie weiß ja nie, ob sie mich noch hier antreffen wird. Angst von Stunde zu Stunde; immer das zum Fenster laufen, wenn ein Auto rollt. Es ist kaum noch eine Übertreibung: Angst und Hunger füllen den Tag. Der Hunger wechselt mit Übelkeit: Die alten schlechten Kartoffeln vermag ich, wenn sie kalt sind, nur mit Widerwillen zu essen, und sie bekommen weder dem Magen noch dem Darm.
> Aber mehr als das quält die Angst. Wir sind mit Marken so ganz zu Ende , daß Eva ganz auf den markenfreien »Stamm« im Restaurant angewiesen ist. Morgen muß sie wieder nach Pirna. Da gehen dann wieder ein paar Blätter mit.
> Nachmittag
> Von gestern noch. Steinitz hatte auf der Kleiderkammer der Gemeinde zu tun und lief in ein Gestapoauto. Ein Uniformierter mit zwei Sternen. 'Was treibst du dich hier herum? Wie heißt du? Hab ich dir nicht schon mal ein paar in die Fresse gehauen? Nicht? Na, ich komm bald zu Besuch.' (23. Juni 1942)

Erstaunlich früh erhielt Klemperer die ersten Nachrichten von Auschwitz, die er bereits 1942 über zwei wegen geringer Vergehen aus Dresden deportierter Frauen notierte.

> Beide wurden von dem Frauenlager in Mecklenburg nach Auschwitz transportiert, das ein schnell arbeitendes Schlachthaus zu sein scheint. Todesursache: 'Alter und Herzschwäche'. (14. Oktober 1942).

Am 24. Oktober 1944 hört er, daß »nach Soldatenberichten« sechs bis sieben Millionen Juden ermordet seien.

Wie viele andere Zeugnisse in Klemperers Tagebuch sind diese Notizen ein Hinweis darauf, wie viel man von der Vernichtung der Juden im Nationalsozialismus auch als ein von fast allen Informationsquellen abgeschnittener Zeitgenosse wissen konnte. Daneben stehen aber auch andere Zeugnisse, die zeigen, daß selbst 1943 Klemperer auf Personen traf, die einfach nicht wußten, welchen Restriktionen Juden ausgesetzt waren. Unter seinen widersprüchlichen Erfahrungen von versteckter und offener Solidarität, von Mißachtung, Opportunismus, Ignoranz, öffentlichen Anpöbeleien und bewußter Grausamkeit fragt sich Victor Klemperer immer wieder, was eigentlich die »vox populi« zu Nationalsozialismus und zu Antisemitismus sei.

> Irgendwo müssen die Anhänger des Regimes doch wohl sitzen. Irgendwo muß die nationalsozialistische Propaganda doch wirken. Gestern abend rief mir wieder einmal ein graubärtiger Arbeiter vom Rad herunter: 'Du Judenlump' zu. (27. Juli 1942).

Gerade in Klemperers dokumentarischem Ehrgeiz und in seiner Zurückhaltung bei der Bewertung tritt uns wie in kaum einer anderen Quelle die Widersprüchlichkeit des NS-Alltags entgegen, die offensichtlich nicht so einfach auf einen griffigen Nenner zu bringen ist. Die Tagebücher machen aber auch sichtbar, wie selbstverständlich, beiläufig und eigentlich gleichgültig Verfolgung, Entrechtung, Vertreibung, Deportation und Vernichtung in der Mitte einer modernen Gesellschaft ablaufen kann. Wer nicht direkt beteiligt ist, schaut weg, ist indifferent oder hat Mitleid und gibt kleine Hilfen, ohne am Lauf der Dinge etwas ändern zu können. Ein anderes Beispiel:

> Voces populi: Auf dem Weg zu Katz, ein älterer Mann im Vorbeigehen: 'Judas!' Auf dem Korridor der Krankenkasse. Ich pendle als einziger Sternträger vor einer besetzten Bank auf und ab. Ich höre einen Arbeiter sprechen: 'Eine Spritze sollte man ihnen geben. Dann wären sie weg!' Meint er mich? Die Besternten? Ein paar Minuten später wird der Mann aufgerufen. Ich setze mich auf seinen Platz. Eine ältere Frau neben mir, flüsternd: 'Das war gemeene! Vielleicht geht es ihm mal so, wie er's ihnen wünscht. Man kann nicht wissen. Gott wird richten'.

Klemperers Blick auf seine Zeitgenossen in Dresden ist dabei so genau, da er eine sehr deutsche Perspektive behält und aus der Mitte »seines« Landes heraus beobachtet. Durch Herkunft, Bildungsweg, Kriegsteilnahme und auch durch seine wissenschaftlichen Arbeiten ist er mit »Leib und Seele« ein Deutscher, der »deutsch schreiben« muß, da er »deutsch fühlt«. Sein Deutschtum wird ihm jedoch im Lauf der 12 Nazi-Jahre zunehmend zum Problem.

> Im Stürmer (der an jeder Ecke aushängt) sah ich neulich ein Bild: zwei Mädchen im Seebad, Badekostüm. Darüber: 'Für Juden verboten', darunter: 'Wie schön, daß wir jetzt wieder unter uns sind!' Da fiel mir eine längst vergessene Kleinigkeit ein. September 1900 oder 1901 in Landsberg. Wir waren in der Unterprima 4 Juden unter 16, in der Oberprima 3 unter 8 Klassenschülern. Vom Antisemitismus war weder unter den Lehrern noch unter den Schülern Sonderliches zu spüren. Genauer rein gar nichts. Die Ahlwardtzeit und Stoeckerei kannte ich nur als historisches Faktum. Ich wußte nur, daß ein Jude weder Verbindungsstudent noch Offizier werde. Aber die beiden Brüder Boas, die auch in der Prima saßen, rechnete ich schon gar nicht zu den Juden, obwohl ihr Protestantismus ganz frischgebacken bei ihnen (nicht bei ihren Eltern) anfing. Am Versöhnungstage nahmen also die Juden nicht am Unterricht teil. Den nächsten Tag erzählten die Kameraden ohne alle Bösartigkeit lachend (so wie das Wort bestimmt von den durchaus humanen Lehrer nur scherzend gesprochen wurde), Kuhfahl, der Mathematiker, habe zu der verkleinerten Klasse gesagt: 'Heute sind wir unter uns.' Das Wort nahm in der Erinnerung geradezu grausige Bedeutung für mich an; es bestätigt mir den Anspruch der NSDAP, die wahre Meinung des deutschen Volkes auszudrücken. Und immer mehr glaube ich, daß Hitler wirklich die deutsche Volksseele verkörpert, daß er wirklich 'Deutschland' bedeutet und daß er sich deshalb halten und zu Recht halten wird. Womit ich denn nicht nur äußerlich vaterlandslos geworden bin. Und auch wenn die Regierung einmal wechseln sollte: Mein innerliches Zugehörigkeitsgefühl ist hin. (20. Juni 1937)

Im Oktober 1938:

> Mein Deutschtum wird mir niemand neh-

men, aber mein Nationalismus und Patriotismus ist hin für immer.

Insbesondere die »teutsche Romantik« wird ihm zur Quelle des Nazi-Übels:

> Ich habe den Korridor aufgewischt, ich war bei schwüler Hitze (im Mantel!) vormittag bei Frau Hirschel und nachmittags für 4 Pf Milch holen am Wasaplatz: so gehorcht die Feder nicht der Hand. – … Frau Hirschel (bis 1920 Walzels Assistentin) sagte, sie sei gleich ihrem Mann liberal jüdisch (nicht orthodox) und fanatisch deutsch. Ich klärte sie über das Wort fanatisch auf. 'Fanatisch deutsch' eine contradictio in adjecto, 'fanatisch' ein Lieblingswort Hitlers … Ich sprach von meinem Haß gegen die Romantik, seu teutsche Romantik. Es wird mir immer deutlicher, daß der Nationalsozialismus im Kern ein deutsches Gewächs ist, soviel Fremdes er auch übernimmt… Volk der Träumer und der Pedanten, der verstiegenen Überkonsequenz, der Nebelhaftigkeit und der genauesten Organisation. Auch die Grausamkeit, auch der Mord sind bei uns organisiert. Aus dem spontanen Antisemitismus macht man hier ein Institut für Judenproblem. Dabei (les extrêmes) wird aller Intellektualismus als jüdisch und flach abgelehnt. Der Deutsche fühlt und hat Tiefe. (17. August 1942)

Die Tagebücher durchziehen solche Reflexionen über Deutschtum und Nazi-Barbarei, immer geprägt durch Klemperers tiefe Zugehörigkeit zur deutschen Kultur. Während seine Verwandten, Freunde und jüdischen Kollegen auf vielen Wegen emigrieren, betreibt Klemperer die Auswanderung nur halbherzig, beginnt vielmehr 1934 noch ein eigenes Haus zu bauen.

> Für meinen Teil wird mir immer klarer, wie völlig ich ein nutzloses Geschöpf der Überkultur bin, lebensunfähig in primitiveren Umgebungen… Ich dagegen – nicht einmal Sprachlehrer kann ich sein, nur Geistesgeschichte vortragen, und nur in deutscher Sprache und in völlig deutschem Sinn. Ich muß hier leben und hier sterben. (9. Juli 1933)

Klemperers Auseinandersetzungen mit seinem Deutschtum gehen einher mit einer zunehmenden Beschäftigung mit Judentum und Zionismus. Es ist eine durch die Situation erzwungene Auseinandersetzung, da die Religionszugehörigkeit für ihn offensichtlich nur eine sehr untergeordnete Rolle spielte. So wird z.B. erst sehr spät in den Tagebüchern deutlich, daß er selbst zum Protestantismus übergetreten ist. Dem Zionismus steht er vollkommen ablehend gegenüber und sieht kaum Unterschiede zum Nationalsozialismus.

> Mir sind die Zionisten, die an den jüdsichen Staat von anno 70 p.C. (Zerstörung Jerusalems durch Titus) anknüpfen, genauso ekelhaft wie die Nazis. In ihrer Blutschnüffelei, ihrem 'alten Kulturkreis', ihrem teils geheuchelten, teils bornierten Zurückschrauben der Welt gleichen sie durchaus den Nationalsozialisten. Der Witz, man habe Hitler in Haifa ein Denkmal errichtet mit der Aufschrift 'Unserem Heerführer' hat eigentlich eine tiefe und unwitzige Berechtigung. Gedanklich ist er auch ihr Heerführer. Das ist das Phantastische an den Nationalsozialisten, daß sie gleichzeitig mit Sowjetrußland und mit Zion in Ideengemeinschaft leben. (13. Juni 1934)

Durch die Nazis jedoch auf sein Judesein reduziert, versucht er sich selbst intensiver mit dem Judentum auseinanderzusetzen. Gerade nach der Vertreibung aus ihrem Haus, im engen Zusammenleben mit den jüdischen Leidensgenossen in den verschiedenen Dresdener »Judenhäusern« und dem engen Kontakt mit den Mitarbeitern der Jüdischen Gemeinde, spiegeln seine Gedanken und Gespräche die Situation eines durch die Nazis zum Juden deklarierten Deutschen wider. Er besorgt sich Literatur zum Judentum und zum Zionismus und liest u.a Herzl, Rosenzweig, Buber, Elbogen, Schoeps und viele andere. Seine Distanz bleibt jedoch bestehen:

Jetzt die greuliche Broschüre von Schoeps. 'Wir deutschen Juden'. Wenn irgend möglich, gebe ich sie schon heute Markwalds zurück. Die Seegurke des Nationalsozialismus, noch zehntausendmal schlimmer als der Zionismus. (16. Juli 1942)

Klemperer konnte die Nazi-Zeit nur überleben, da er in einer sogenannten Mischehe mit einer »arischen« Frau lebte. Seine Tagebücher gehören zu den wenigen bislang veröffentlichten Zeugnissen aus dem Leben dieses Personenkreises, die aufgrund der verqueren Kategorisierung der Nationalsozialisten in Mischlinge 1. und 2. Grades, Angehörige von privilegierten und nicht-privilegierten Mischehen, die Chance hatten, nicht in die Lager deportiert zu werden. Wie Klemperers Schilderungen eindringlich zeigen, bedeutete dies, daß dennoch ständig die Deportation drohte, sei es, falls der »arische« Ehepartner starb oder sich scheiden ließ, sei es, daß ihm ein Vergehen unterlief, das sofort zur Verhaftung durch Polizei oder Gestapo und zur Deportation führen konnte.

Neue Talmudfrage, aber lebensgefährliche. Es ist Vorschrift für Juden, nur den Vorderperron der Elektrischen zu benutzen, das Innere des Wagens nicht zu betreten. Seit vorgestern tragen die Bahnen große Aufschrift neuer Verkehrsregelung: Nur vorn Aufstieg. Nur hinten Ausstieg. Welchem Gebot soll der Jude nun beim Absteigen folgen? Jede Gebotsüberschreitung kostet ihn, via Gefängnis und Lager, das Leben. Die Frage wird leidenschaftlich erörtert: Ihre Entscheidung werde ich notieren.
Mischeheleute, wenn er Jude, sie arisch, umgekehrt ist es nicht ganz so schlimm, haben jetzt allen Grund, umeinander besorgt zu sein: Stirbt sie, kommt er nach Theresienstadt, stirbt er, verfällt seine Hinterlassenschaft dem Staat. (21. Dezember 1944)

Klemperers Tagebücher sind eine fast unerschöpfliche Quelle für das Leben in Deutschland zwischen 1933 und 1945. Seine eigentümliche Position – aus der Mitte der Gesellschaft an ihren Rand gedrängt –, das hohe Reflexionsniveau und die Genauigkeit im Detail der alltäglichen Beobachtungen machen aus Klemperer geradezu einen »teilnehmenden Beobachter«, seine Notizen gleichsam zu einer ethnologischen Studie über Dresden in der NS-Zeit. Klemperers Überlebensstrategie, ein möglichst objektiver Beobachter zu sein und über diese Distanzierung die Angst und die fast unerträglichen Bedrückungen zu bekämpfen, schaffen eine Intensität, die historiographische Studien nicht erreichen können. Und auch ein Werk wie Walter Kempowski »Echolot«, der über die Sammlung und Zusammenstellung möglichst vieler »Stimmen« aus den ersten Monaten des Jahres 1943 die Zeit zum Sprechen zu bringen versucht, wird gegenüber Klemperer zu einem toten Rauschen vieler Stimmen – ein Stimmengewirr, das eigentlich nur erschöpft. Bei Klemperer werden die zahllosen Beobachtungen, Gespräche und Reflexionen durch seine Person zusammengehalten. Das Porträt der Zeit entsteht durch das Selbstporträt Klemperers. Da bei dieser Selbstreflexion die eigenen Irrtümer, Selbstzweifel, Eitelkeiten, die Momente der Gefühlskälte, die Angst und die Hoffnungen immer wieder mit großer Klarheit geschildert und analysiert werden, erhalten auch die Beschreibungen der Mitmenschen und der Nazi-Umwelt hohe Glaubwürdigkeit. Sie zeigen ein Deutschland, das auf schauerliche Weise begreiflich wird – eine Vorhölle, dessen zeitliche Dimension in Klemperers Tagebücher so quälend wie kaum sonst sichtbar wird. So wenn er am 31. Dezember 1942 resümiert:

Bitterste Stimmung. Alle mit denen wir voriges Silvester zusammen waren, sind ausgelöscht durch Mord, Selbstmord und Evakuierung. Das Jahr 42 war von den zehn NS-Jahren bisher das schlimmste. Wir haben immer neue Demütigung, Verfolgung, Mißhandlung, Schändung erlitten, Mord hat uns ständig umspritzt, und jeden Tag fühlten wir uns in Todesgefahr.

Erst zweieinhalb Jahre, über 800 Tage später, endet dieses Tagebuch der Nazi-Zeit mit einem Satz, würdig dem Ende eines großen Romans:

Am späteren Nachmittag stiegen wir nach Dölzschen hinauf.

(Die Orthographie entspricht der Schreibweise in den veröffentlichten Tagebüchern)

Victor Klemperer: Ich will Zeugnis ablegen bis zum letzten. Tagebücher 1933-1945. Aufbau Verlag, Berlin 1995

Martin Treml

»Wie doch die Ebenen, in denen wir uns bewegen, recht verschieden sind«

Bemerkungen zum Briefwechsel von Gustav Landauer und Fritz Mauthner

Die Worte, die Gustav Landauer in einem Dank für die Zusendung eines Buches von Fritz Mauthner an diesen richtet und mit denen er auch auf ein eigenes, noch im Druck befindliches Werk, *Die Revolution*, hinweist, sind symptomatisch für den Ton, in dem der Briefwechsel insgesamt gehalten ist. Man könnte von ihm sagen, er klinge in großer Sympathie und gleichzeitiger Distanz, sei bei aller Wärme zurückhaltend und mache die Korrespondenz der beiden ungleichen Freunde – man würde sie so nicht nennen, täten sie es nicht selbst – zu einer ungewohnten Lektüre.

Ermöglicht ist sie durch die Kärnerarbeit von Hanna Delf. Sie hatte sich – zunächst im Rahmen der Landauer-Werkausgabe – in den Archiven von Amsterdam, Jerusalem und New York auf Spurensuche begeben und war dabei in dem Maße fündig geworden, daß sie annähernd 600 Briefe, Postkarten und Billets, die erhalten sind, versehen mit einem ihrerseits verfaßten, kenntnisreichen und sorgfältigen Kommentar, nun einer interessierten Öffentlichkeit vorlegen konnte. Diese wird sich wohl in erster Linie aus all denen zusammensetzen, denen an Informationen aus erster Hand über Leben und Werk von Intellektuellen der letzten Jahrzehnte der Hohenzollernmonarchie und der beginnenden Weimarer Republik gelegen ist. Daß dies so wenige nicht sein müssen, hat etwa die Aufmerksamkeit gezeigt, mit der der großen Ausstellung über Walther Rathenau im Deutschen Historischen Museum Anfang des Jahres in Berlin begegnet wurde.

Nun hat ja die Lektüre von Briefwechseln bekanntermaßen ihre Tücken. So ist man ungebetener Leser allemal dann, wenn die Schreiben nicht schon für die Nachwelt verfaßt worden sind, und wird sich seinen Weg durch Nebensächlichkeiten, Besuchspläne und Familiengrüße suchen müssen. Im anderen Fall, blicken Zelebritäten auf die Ewigkeit, wird einem gemeinhin anderes zugemutet, und man hat mit einem gerüttelt Maß an Selbststilisierung zu rechnen. Als Musterbeispiel mag hier die Korrespondenz von Carl Jakob Burckhardt gelten, gewissermaßen einer Berühmtheit »als ob«, mag er auch ein wichtiger Zeuge für die Umgangsformen und den Verkehr der internationalen Gesellschaft Alteuropas sein. Briefe, wie sie etwa Freud an Freunde und Schüler schrieb, in denen eine glückliche Mischung von Alltag und Exzeptionalität zu finden ist, sind leider eine Seltenheit, die man im Fall der vorliegenden Schreiben ebenso wenig erwarten darf wie etwa den feierlichen Ton Burckhardts. Dennoch entschädigt die Korrespondenz für die Mühe, die sie ihren Lesern mitunter aufgibt, schafft sie doch nichts weniger als ein Panorama der Kaiserzeit. Allerdings ist es von der Peripherie her entworfen, an der jedoch – um ein Wort von Hanna Arendt zu bemühen – die Konflikte des Zentrums ausgetragen werden.

Ohnehin würde man zögern, Mauthner und Landauer, das ungleiche Paar, für Berühmtheiten zu erklären, hatten sie es auch verstanden, ein Gravitationsfeld je eigener Art zu errichten. Dennoch sind sie nicht erst heute zu marginalen und im wahrsten Sinn exzentrischen Figuren geworden. Gewiß hatten sie einen weiten Kreis von Bekanntschaften um sich geschlagen, haben in Debatten ihrer Zeit eingegriffen oder sind in sie verstrickt worden, allemal jedoch vom Rande oder privaten Zirkeln aus. Auf sie beide ist in den siebziger Jahren das verklärende und darum verfälschende Licht eines Nachruhms gefallen.

So wollte man in Mauthner seiner Sprachkritik wegen einen Vorreiter der analytischen Philosophie erkennen. Man meinte, als Zeugen dafür keinen geringeren als Ludwig Wittgenstein benennen zu können, der sich auf ihn in seinem *Tractatus logicophilosophicus* berufe. Tatsächlich findet sich Mauthner dort erwähnt, sogar im Zusammenhang des berühmten Diktum, alle Philosophie sei Sprachkritik. In Parenthese folgt dann jedoch der Zusatz: »allerdings nicht im Sinne Mauthners.« Gewiß ist so das Gedächtnis an ihn erhalten geblieben, wenn es auch im Zeichen der Negation stand. Umgekehrt ist mit Affirmation, ja Verehrung, an Landauer erinnert worden, seiner anarchistischen Reinheit wegen, die ihn zum Märtyrer der gerechten Sache gemacht hatte. Erich Mühsam wollte deshalb von ihm als vom »revolutionären Menschen« sprechen und teilte einen Bericht aus zweiter Hand mit, am Kreml seien »die Bilder der gefallenen und gefangenen bekannten Revolutionäre aus aller Welt außen an einer Mauer verewigt«, darunter neben seinem eigenen auch das Landauers.

Man hat sich also vor Übertreibungen, bis hin zu Verzerrungen keineswegs gehütet. Durch das Material, das die Edition von Hanna Delf nun in Teilen neu bekannt macht, vor allem aber durch den Umstand, daß die Briefe, die, wenn überhaupt, dann an verstreuten Orten publiziert waren, hier in einen größeren Zusammenhang gestellt werden, so daß auch Nebenfiguren deutlicher konturiert werden – etwa die Berliner Schriftstellerin Auguste Hauschner, eine Freundin Mauthners und zeitweilige Financière Landauers –, durch die so gewonnene Synopse zweier Lebensläufe kommt man in Versuchung, sich noch einmal an ein Porträt der beiden zu wagen. Vorsichtiger wird man meinen, es genüge, einige Farben anzumischen, zumal ja für die Modelle Standardbiographien im besten Sinne vorliegen: für Mauthner die von Joachim Kühn, *Gescheiterte Sprachkritik* (1975) und für Landauer die von Eugene Lunn, *Prophet of Community* (1973). Und doch muß es kein Schaden sein, sich noch einmal daranzumachen, immerhin gibt es ja für Parallelviten große Vorbilder.

Wenn man sich an den ersten bei der Lektüre gewonnen Eindruck hält und seine Sympathien verteilt, so gehören sie ohne Zögern Landauer. Der um zwanzig Jahre Jüngere ist nicht nur eindeutig der um eine Verbindung Werbende, sondern auch der Umtriebigere und eigentliche Dynamo der sich entwickelnden Freundschaft. Mauthner zeigt sich dagegen als ein von Kaprizen und Hypochondrie sondergleichen Geplagter, der niemals müde wird, von seinen Leiden zu sprechen, die ihn zu einem Psychosomatiker avant la lettre hätten werden lassen. Daß es dazu nicht gekommen ist, verdankt er in erster Linie Landauer, später dann seiner zweiten Frau Hedwig Straub. Auf den zweiten Blick wird man allerdings an Mauthners Klagen und seiner Misanthropie auch Gefallen finden, zumal sie einen heilsamen Kontrast ausmachen zu der bisweilen in den Enthusiasmus kippenden Naivität Landauers, die er in vielen der Aktivitäten, von denen in den Briefen berichtet wird, an den Tag legt.

Allerdings war Mauthner selbst in nicht geringem Maß von dessen Schwung getragen worden. Denn der eigentliche Beginn der Freundschaft datiert in das Jahr 1899, als Landauer dem an beginnenden Netzhautblutungen Leidenden anbietet, seinen ersten Band der *Beiträge zu einer Kritik der Sprache* redaktionell zu bearbeiten und mit Bemerkungen und Kommentaren zum privaten Gebrauch zu versehen. Ort der Arbeit, zu der Mauthner nach anfänglichem Mißverstehen und Zögern seine Zustimmung gibt, wird das Gefängnis Tegel bei Berlin, in dem der solcherart bestellte Redakteur eine sechsmonatige Haftstrafe wegen Beamtenbeleidigung abzusitzen hat. Die Zusammenarbeit trägt vielerlei Früchte, stellt sie nicht nur die Beziehung beider auf ein neues Fundament, sondern schafft auch ein Gespräch, das nicht abreißen wird.

Es fiele schwer zu entscheiden, welcher von beiden der Gebende, welcher der Nehmende gewesen war. Gewiß hätte ohne die Hilfe Landauers die *Sprachkritik* nicht zu dem werden können, was man über sie in den Briefen und Erinnerungen der Zeitgenossen erfährt. Sie habe als eine Pflichtlektüre gerade der Jüngeren gegolten, für die hier die Namen von Walter Benjamin und Gershom Scholem stehen. Dieser war übrigens von Landauer, »der ein großer Verehrer und auch Mitarbeiter Mauthners war« – so in *Von Berlin nach Jerusalem* –, auch von seiner »persönliche Erscheinung«, stark beeindruckt. Landauer selbst hat Mauthner vor allem eine stärkere Konzentration seines anarchistischen Protestes zu verdanken, nämlich eben durch das Projekt einer Sprachkritik, die – so der Mauthnerbiograph Kühn – »die Sprachskepsis und Sprachzerstörung am Anfang des 20.Jahrhunderts« als Tatsache anerkannt und damit neue Denkräume geschaffen hätte. Landauer wird dann versuchen, die Kritik der Sprache mit einer der Gesellschaft ihrer Sprecher zu verbinden. Auch die durch eine Anfrage Mauthners geschaffene Bekanntschaft mit den mystischen Schriften Meister Eckharts geben ihm eine Sicherheit, die, was vor allem in den literarischen Werken bis zur Schwiemeligkeit und zur Natur- und Volkstümelei getrieben war, ruhiger und klarer hat werden lassen. Ohnehin ist die Belletristik Landauers nur noch durch ihren symptomatischen Charakter für ein Aufbegehren einer jungen Generation gegen Lebensart, Moral und Politik der Alten erträglich – ein Umstand, der sie übrigens von den Romanen und Erzählungen Mauthners unterscheidet – auch er kein Fontane –, deren ästhetischer Rang für Heutige zwar gemindert, aber nicht gänzlich verloren ist.

Mit dem Abstand von einer Generation zur anderen ist freilich auch schon bezeichnet, was die Freunde am stärksten unterscheidet, was sie – könnte man meinen – geradezu zu Typen werden lasse und allemal mehr bedeute als Landauers »Güte der Menschennatur «gegenüber und Mauthners Verurteilung »zur Rolle des Zuschauers«, so dessen Einschätzung in einem der letzten Briefe an den in der Münchener Revolution Aktiven. In ihnen werden jene Konflikte laut, die das deutsche Judentum der Kaiserzeit darüber entzweite, was deutsch, was jüdisch sei, und wie vor allem beides zusammengehen könne. Um sich davon ein Bild zu machen, sei etwas weiter ausgeholt.

Landauer wie Mauthner entstammen beide Familien, deren gesellschaftliche Stellung vergleichbar ist, und die man den oberen jüdischen, auf die Assimilation setzenden Mittelstand nennen kann. Während es sich bei den Landauers um Repräsentanten des süddeutschen liberalen Bürgertums handelt, das sich in einem Milieu bewegt, dem auch der rebellische Sohn treu bleibt und das Lunn als »traditionell, völkisch, dezentralisiert und unabhängig« charakterisiert – eine fürwahr brisante Mischung –, stellen die Mauthners einen, wenn auch signifikanten Sonderfall dar. Der Vater von Fritz ist Tuchfabrikant in einer Kleinstadt im Westen Böhmens – man übersiedelt Mitte der fünfziger Jahre nach Prag – und der Bruder Ernst wird sogar den Aufstieg ins Wiener Großbürgertum schaffen. Er und die Seinen – ein wenig erinnern sie an die Trottas aus Joseph Roths *Radetzkymarsch* und *Kapuzinergruft* – sind im übrigen jene Wiener der Briefe, die erfolglos um Geld für eines von Landauers Projekten angegangen werden.

Für die Mauthners bestätigt sich nun tatsächlich die These Scholems, vor allem die böhmischen Frankisten, die Anhänger jenes Messias im Galizien und Podolien des 18.Jahrhunderts, der zum Katholizismus zwar übergetreten, in Wahrheit aber eine eigene Doktrin und Lebensführung entwickelt hatte, leisteten »einen Übergang der revolutionären Bilderwelt« – gemeint ist die der häretisch gewordenen Richtungen der Kabbala – »in die der Aufklärung«. Sie schienen derart in die Lage gesetzt, anders als die traditionell gebundenen Klassen vor allem der Donaumonarchie, aus den neuen Technologien und Industrien Kapital zu schlagen. So errichtete jener Ernst Mauthner in Prag eine Maschinenweberei und -spinnerei, die zu einem der größten Textilunternehmen des Habsburgerreichs wurde.

In einem Anhang seiner *Erinnerungen* erzählt Mauthner, sein Großvater mütterlicherseits habe dem Hofstaat, wenn nicht Franks selbst, so dem seiner Tochter Eva angehört, die zur Zeit der Französischen Revolution und Napoleons in Offenbach residierte. »[W]eil ich selbst als Knabe durch Tatsachen und Legenden, die meine Mutter über die Beziehungen meines Großvaters zu Frank zu erzählen wußte, gründlich aus jeder Religionsgemeinschaft hinausgestellt wurde«, erscheint der Knabe im Rückblick als Déraciné. Wie oft betont wurde, kann man darin auch eines der Motive seiner Sprachkritik erkennen. In einer berühmt gewordenen Passage aus den *Erinnerungen* berichtet Mauthner von den Beobachtungen eines jungen Juden über die Dreisprachigkeit seiner böhmischen Heimat.

> Er lernte damals (...) drei Sprachen zugleich verstehen: Deutsch als die Sprache der Beamten, der Bildung, der Dichtung und seines Umgangs; Tschechisch als die Sprache der Bauern und der Dienstmädchen, als die historische Sprache des glorreichen Königreichs Böhmen; ein bißchen Hebräisch als die heilige Sprache des Alten Testaments und als die Grundlage für das Mauscheldeutsch, welches er von Trödeljuden, aber gelegentlich auch von ganz gut gekleideten jüdischen Kaufleuten seines Umgangs oder gar seiner Verwandtschaft sprechen hörte.

Deutsch, Tschechisch und Hebräisch, aber neben der eigentlichen Hochsprache von Macht und Geist eben doch nur »Kuchelböhmisch« und »Mauscheldeutsch«, also Jiddisch – man versteht, der junge Mauthner glaubt nur eine Wahl zu kennen, die ihn schließlich von Prag nach Berlin führt und zum glühenden Bismarckverehrer werden läßt, für einen Angehörigen der Habsburgermonarchie vielleicht keine Selbstverständlichkeit. Man kann sich allerdings fragen, ob es für Mauthner zeit seines Lebens Selbstverständlichkeiten überhaupt gegeben hat.

Von solchen identifikatorischen Problemen scheint Landauer nicht gequält gewesen zu sein, am allerwenigsten von dem, ob er denn Deutscher wäre und wie er dann Jude sein könne. Mauthner, der »in Deutschland auf Deutschland wirken« möchte – so 1907 an den Freund – mußte sich ja gegen das Jiddische mit Vehemenz wenden, verwunderlich, denkt man an seine Liebe zu Dialekten oder an den Umstand, daß eben in der supranationalen Sprache der Aschkenasim ältere Formen des Deutschen am reinsten erhalten sind. Ob Landauer seine Reden und seine Konversation mit badischer Färbung hielt, können nur seine Zuhörer und Gesprächspartner wissen, aber jedenfalls ist er sein Leben lang, führt er es auch die längste Zeit am Rande Berlins, mit Süddeutschland verbunden geblieben. Man erfährt von keiner Urlaubsreise, die ihn und seine Familie nicht dorthin führte.

Mit seinem Festhalten an Traditionen, die bereits verloren sind, steht Landauer so auch in der Reihe der Kritiker der Moderne von der Romantik an, in der sich Vertreter der Linken wie der Rechten finden. Den Übeln der Großstadt soll ein Leben am Land in autonomen Gemeinschaften vorwiegend agrarischer, jedenfalls nichtindustrieller Produktion abhelfen, das in der Nähe zum Volk, aber eben nicht zum städtischen Proletariat geführt wird. Für diejenigen, die dazu bereit sind, mag gelten, was Landauer in einem seiner schönsten Werke schreibt, den Interpretationen von Shakespeares Dramen, die er am Kriegsende als Vorträge hält und als letztes seiner Bücher selbst noch für den Druck bearbeitet. Dort findet man in den Überlegungen zu Romeo und Julia, die ihm »besonders lieb« sind: sie beide »sind, als Liebende in einer Welt, die Feindschaft oder Fremdheit zur Bedingung macht, in einer Ausnahmelage, wie Flüchtlinge, die wissen, den Häschern können sie nicht entrinnen«.

Zu ihnen, Liebenden in einer Welt des Exils und der Verfolgung – man kann darin zurecht einen Reflex auf die jüdische Existenz in einer christlichen und sei es säkularen Gesellschaft sehen –, rechnet Landauer wohl auch all jene, die sich den Siedlungspro- jekten anschließen wollen. Diese Vorhaben machen eine Konstante in seinem Leben aus, beginnend in den Diskussionen innerhalb der »Neuen Gemeinschaft« um die Jahrhundertwende, über die Gründung des »Sozialistischen Bundes« 1908 – mit dem wiederherausgegebenen *Sozialisten* als Publikationsforum – bis hin zu den Gesprächen des »Aufbruchs« im sogenannten Siedlungsheim der »Freien Studentenschaft« während des Krieges, wo sich immerhin Walter Benjamin ebenso bewegte wie Hans Blüher. Mauthner gegenüber läßt Landauer von diesen Plänen wenig verlauten, sieht man einmal von der Aufforderung ab, Mitglied des »Sozialistischen Bundes« zu werden, was dieser nicht tun wird, wie man sich denken kann. Wohl ist Mauthner von Berlin fortgezogen und dies aus seiner Verachtung für die journalistischen »Stubenhocker« heraus, einer Variante des spezifisch Mauthnerschen Selbsthasses, seine Wohnstatt in Meersburg am Bodensee hat er allerdings nach literarischen Gesichtspunkten gewählt und sich im sogenannten »Glaserhäusle« niedergelassen, wo einst auch die Droste lebte.

Daß Landauer ein Faible für ordensähnliche Bildungen gehabt hat, fällt in die Augen. Wohl den Höhepunkt derartiger Vereinigungen kann man im »Forte-Kreis« erkennen – benannt nach dem italienischen Badeort Forte dei Marmi eingangs der Carrareser Steinbrüche –, einen internationalen »Bund der Aufrechten« – so Landauer –, zu dem neben diesem als deutsche Mitglieder noch Erich Gutkind, Martin Buber, Theodor Däubler und Florens Christian Rang zählten. Folgt man der Historikerin dieses Kreises, Christine Holste, in ihrem Urteil, so wäre er »[o]hne die aktive, konzeptionelle Mitwirkung« von Buber und Landauer »wahrscheinlich gar nicht zustande gekommen«. Gershom Scholem beschreibt die Idee der solcherart Versammelten, die im Juni 1914 in Potsdam ihre Gründungstagung veranstalteten, so:

> daß es einer kleinen Gruppe von Menschen, die eine gewisse Zeit zusammen aus dem reinen Geist leben und ohne jede Zurückhaltung in einen schöpferischen Gedankenaustausch, ja mehr, in eine pneumatische Gemeinschaft treten würden, vielleicht gelingen könne, um es esoterisch aber doch deutlich zu sagen, die Welt aus den Angeln zu heben und die europäische Kultur an ihren Wurzeln zu verändern.

Dazu ist es bekanntlich nicht gekommen. Es hatte der Krieg die Mitglieder entzweit, deren eine sich, wie etwa Martin Buber, in einen wahren Bluttaumel stürzten – ein Umschlagen von Esoterik in Militarismus, der nachdenklich macht. Landauer ist dagegen radikaler Kriegsgegner geblieben, und hat von dieser Position aus in wünschenswerter Deutlichkeit Kritik an seinen enthusiastischen Freunden geübt. Seine Stellungnahme gegenüber Buber, bei dessen Einlassungen komme »völlig Unzulängliches und Empörendes heraus«, kann ebenso auf den dem »Forte-Kreis« fernstehenden Mauthner gemünzt werden.

Tatsächlich bildet dessen rasender Nationalismus, der sich im Bannkreis infantiler Allmachtsphantasien bewegt – »wenn ich mit einem Fingerdruck England in die Luft sprengen könnte, so täte ich's und wäre glücklich« –, den Grund für das ernsteste Zerwürf-nis zwischen den Freunden, von denen uns die Briefe berichten. Ein schlechterer Adressat solcher Wünsche als Landauer wäre allerdings kaum denkbar, und so kann man sich darüber wundern, daß die Korrespondenz aufrechterhalten bleibt, ist der Ton auch bitter geworden, wirft man sich doch Chauvinismus und Selbstgerechtigkeit vor. Die unterschiedlichen Standpunkte kommen immer wieder zur Sprache, auch noch nach Kriegsende. Nicht daß Mauthner die Revolution grundsätzlich ablehnt, allein »die Rettung Deutschlands« – so im Dezember 1918 an den Freund liege ihm mehr am Herzen. Dieser hatte sich während der Münchener Räterepublik in verschiedenen Funktionen, schließlich als »Beauftragter für Volksaufklärung«, in den Brennpunkt der Geschehnisse gestellt. Sie sollten für ihn tödlich enden, ist er doch im Mai 1919 von Freikorpssoldaten mißhandelt und ermordet worden. Walter Benjamin hat in einem Brief an Florens Christian Rang, in dem er sich zum ungleichen Verhältnis von Juden und Deutschen äußert – »Reden soll der Jude sicher nicht« –, auch an Landauer erinnert, »der nicht »geredet«, sondern »geschrieen« hat und dessen Tod die Deutschen mit anderer Schwere bezichtigt.«

Zum Judentum mag Landauer, der sich für Bubers Entdeckung des Chassidismus begeisterte und »öfters in zionistischen Kreisen Vorträge hielt«, wie Scholem berichtet, weniger laut, aber deutlich geredet haben. Mauthner hat geschwiegen, höchstens gezetert, denkt man an seine in Werner Sombarts *Judentaufen* von 1912 erhobene Forderung, die Reichsgrenze nach Osten hin gegen einwandernde russische und polnische Juden zu schließen, andernfalls die empfohlene Assimilation der »abendländischen Juden« unterlaufen werden würde. Die Freunde selbst legten sich im Gespräch miteinander über Jüdisches eher Zurückhaltung auf. Wohl mag man Glückwünsche zum jüdischen Neujahr übermitteln, aber das tut man ebenso an den christlichen Weihnachten.

Eine Ausnahme bildet die freilich hastig

beendete Kontroverse, die sich um Landauers 'Sind das Ketzergedanken?' entsponnen hatte, einem Beitrag zu einem Sammelband, den der »Verein jüdischer Hochschüler« der Prager Universität 1913 herausgegeben hat. Dort werden auch Juden zu Mitgliedern einer »*neu werdenden* Als-ob-Nation« erklärt, einer Bildung, die »[i]n jedem Volk [...] entscheidende Trennungen zwischen den Vielen und den Wenigen« notwendig mache. Vor allem ein Gedanke verhält sich diametral zu der oben zitierten Aussage Mauthners in seinen *Erinnerungen.* Denn gerade die von diesem beklagte Existenz zwischen drei Sprachen und Klassen wird von Landauer zur jüdischen Eignung für diese »Als-ob-Nation« erklärt.

> Russische oder polnische Juden gibt es nicht, wohl aber zumindest dreifach mit Nationalität Gespeiste: denn sie, die Östlichen, sind Juden und sind Russen oder Polen oder Litauer und sind Deutsche eines besonderen Schlages [Mittelhochdeutsche, Jiddisch-Deutsche] zugleich.

Mauthner hat jene Forderung, die so viel vom bündischen, aber auch vom prophetischen Anspruch seines Freundes in sich trägt, und diesen Schluß, der so sehr eigenen und zentralen Vorstellungen und Stilisierungen zuwiderläuft, geflissentlich übergangen und sich an Landauers Bekenntnis gehalten, eben Jude *und* Deutscher zu sein. Indes hat er es in der Debatte um den eigentlichen Gehalt gebracht, wenn er in ihm den eigenen Standpunkt erkennen will.

> Ich fühle mich nur ein Deutscher; weiß dabei, daß mein Gehirn irgendwie einen Duktus hat, den man jüdisch nennt; umso schlimmer oder umso besser, ich kann und will es nicht ändern.« Deine Conclusio ist anders, und nur darin gehen wir auseinander.

Mauthner scheinen in seiner Auslegung allerdings seine Deutekünste im Stich gelassen zu haben, wenn man nicht an einen Lesefehler denken will. Denn Landauer schreibt:

> Mein Judentum spüre ich in meiner Mimik, in meinem Gesichtsausdruck, in meiner Haltung, meinem Aussehen, und so geben diese Zeichen mir die Gewißheit, daß es in allem lebt, was ich beginne und bin. Weitaus mehr aber – sofern es da ein Mehr gibt – als Chamisso der Franzose ein deutscher Dichter war, bin ich, der ich ein Jude bin, ein Deutscher.

Man muß nicht meinen, die beiden trennen in ihrer Meinung Welten, aber eine Welt Landauers unterschlägt Mauthner immerhin. Während er sich *nur ein Deutscher* fühlen wollte, so begriff sich jener als Jude und Deutscher zugleich. Es war die Vermutung geäußert worden, es handle sich hierbei um den Unterschied zweier Generationen, in denen das Deutsche zugunsten des Jüdischen zu-rückginge. Eine Generation weiter konnte dergleichen noch weiter gediehen sein, man erinnere sich an das Selbstverständnis etwa Scholems. Allerdings waren auch andere Optionen möglich, und man kann vorsichtiger sagen, die Ebenen, in denen sich die Juden Deutschlands und Österreichs von der Gründerzeit an bis noch in die Republiken nach dem ersten Krieg bewegten, hätten sich auf die verschiedenste Art und an unterschiedlichen Stellen berührt. Eine der Schnittflächen kann man durch den vorliegenden Briefwechsel nachgezeichnet finden.

Gustav Landauer – Fritz Mauthner, Briefwechsel 1890-1919. Bearbeitet von Hanna Delf. Herausgegeben von Hanna Delf und Julius H.Schoeps. 562 Seiten mit 8 Abbildungen auf Tafeln und 2 Faksimiles im Text. München 1994 (C.H.Beck) DM 128,–

Zu den Autorinnen und Autoren

Fritz Backhaus ist Historiker und arbeitet am Jüdischen Museum Frankfurt.

Dan Diner lehrt Neuere und Außereuropäische Geschichte an der Universsität Essen sowie an der School of History der Universität Tel-Aviv.

Avigdor Feldman lebt als Rechtsanwalt in Tel Aviv und veröffentlicht zu rechtstheoretischen und philosophischen Themen.

Klaus-Peter Friedrich lebt als Publizist in Wiesbaden und lehrt polnische Zeitgeschichte.

Stefan Huster lehrt Rechtswissenschaften an der Ruprecht-Karls-Universität in Heidelberg.

Lena lnowlocki ist wissenschaftliche Mitarbeiterin am soziologischen Institut der Johann-Wolfgang-Goethe-Universität in Frankfurt.

Julia lwersen ist Religionswissenschaftlerin und forscht zur Zeit in den USA.

Uffa Jensen studiert Philosophie in Berlin.

Martin Löw-Beer lehrt an der philosophischen Fakultät der Freien Universität Berlin.

Peter Niesen ist wissenschaftlicher Mitarbeiter am soziologischen Institut der Johann-Wolfgang-Goethe-Universität in Frankfurt.

Michael Spöttel ist Ethnologe und lebt in Achim-Borstel.

Martin Treml ist Judaist und wissenschaftlicher Mitarbeiter an der Freien Universität Berlin.

Lutz Wingert ist wissenschaftlicher Mitarbeiter an der philosophischen Fakultät der Johann-Wolfgang-Goethe-Universität in Frankfurt.